KB033439

광기와 천재

광기와
천재
루소부터
히틀러까지
문제적 열정의
내면 풍경
고명섭 지음
교양인
GYOYANGIN

차례

| 개정판 머리말 |

문제적 열정이 우리에게 던지는 것들

1961년 예루살렘 법정에 선 아돌프 아이히만(1906~1962)은 재판 내내 자신에게 죄가 없다고 항변했다. 상부의 명령을 이행하지 않았다면 오히려 양심의 가책을 느꼈을 것이라고 주장했다. 나치의 유대인 학살을 진두지휘한 사람의 표정이나 말투에서 후회의 쓰라림이나 자책의 괴로움 같은 것은 보이지 않았다. 정치철학자 한나 아렌트(1906~1975)는 법정에서 만난 그 아이히만에게 '악의 평범성(Banality of evil)'이라는 타이틀을 얹어주었다. 아이히만은 반성할 줄 모르고 성찰할 줄 모르는 인간, 요컨대 사유할 줄 모르는 인간이었다. 가공할 범죄를 무심히 기계처럼 집행한 그 아이히만은 감정이 없는 인간이었을까. 그렇지 않다는 증거가 있다. 냉혈동물 같아 보이는 아이히만도 젊은 시절 자신이 저지른 아주 작은 잘못 하나를 평생 잊지 못했다. 나치 친위대 장교로서 유대인을 모아 수용소로 보내는 일을 하던 중에 오스트리아 빈의 유대인 공동체 지도자 요제프 뢰벤헤르츠의 뺨을 때린 것이다. 아렌트는 아이히만의 그 일화를 이렇게 전한다.

"아이히만은 자신이 유대인 전체에 저지른 그 어떤 일에도 괴로워하지 않았어요. 하지만 그런 아이히만도 한 가지 사소한 사건에는 괴로워했어요. 빈에서 유대 공동체 의장을 심문하다가 그 사람 뺨을 갈긴 일이었죠. 뺨을 맞는 일보다 훨씬 더 나쁜 일이 유대인에게 일어나고 있었다는 것을 신은 다 아는데요. 하지만 아이히만은 뺨을 때린 자기 자신을 절대로 묵과하지 않았고 그걸 대단히 그릇된 일이라고 생각했어요."[1)]

그 일이 있고 난 뒤 뢰벤헤르츠는 아이히만과 협력해 유대인을 강제수용소로 보내는 일을 했다. 아이히만은 그 협력의 보답으로 전쟁이 끝날 때까지 뢰벤헤르츠가 빈에서 계속 살 수 있도록 보호해주었다. 그러고도 아이히만은 뢰벤헤르츠의 뺨을 때린 일을 기억에서 지우지 못했다. 아이히만 안에 다른 아이히만이 있다. 다시 말해, 유대인 절멸 계획을 사무적으로 실행하는 아이히만 안에 자제력을 잃고 유대인 뺨을 때린 일을 책망하는 또 다른 아이히만이 있다. 뺨 맞은 사람이 죽음의 구렁에 떨어지지 않도록 애써 도움을 주고도 아이히만의 마음에선 젊은 날의 분별없는 손찌검을 탓하는 자책의 손가락이 사라지지 않았다. 이 희비극적인 사건은 '악의 평범성' 밑에 잠복해 있는 '삶의 모순성'을 들여다보게 해준다. 아이히만의 악은 아무런 뿌리도 깊이도 없는, 평범하기 이를 데 없는 악이었지만, 동시에 그 악을 산출한 아이히만의 마음은 '평범성'이라는 말로는 설명하기 어려운 기이하고도 그로테스크한 역설을 품고 있었다.

아이히만의 역설은 어쩌면 인간이라는 존재가 지닌 보편적 역설을 보여주는 그리 특별하지 않은 사례일지도 모른다. 이 책이 들여다본 인간들은 그런 모순과 역설을 지닌 문제적 인간들이다. 문제적 인간들은 우리에게 문제를 던진다. 인간이 무엇인지 답해보라고 수수께끼를 던진다. 높이 자라든 깊이 자라든 정신의 크기가 클수록 문제의 크기도 커진다. 벌레 한 마리 죽이지 못할 것 같은 사람의 내면에서 사납고 무서운 원한이 쇠꼬챙이처럼 벌겋게 달아오른다. 모순투성이 인간은 도화지 같은 마음에 떨어진 작은 얼룩을 지우지 못해 어두운 동굴과도 같은 상상력의 극한 속으로 들어가 자기를 탄핵하고 자기를 처벌한다. 밖으로 누군가를 단죄하지 못하는 인간은 그만큼의 적의를 안으로 돌려 자기를 단죄한다. 불과 얼음, 광기와 천재, 온화함과 냉혹함이 한 마음 안에 동거한다. 우리의 마음은 그 기이한 마음들과 얼마나 다른가. 극한의 마음을 뒤쫓아 모순과 역설의 늪을 통과하여 우리는 우리 자신의 마음에 와닿는다.

오래전 절판된 책을 다시 펴내는 마음은 옛 일기를 들춰보는 것처럼 어색하고 새삼스럽다. 책을 편집하는 과정에서 몇몇 오류를 바로잡고 표현을 손질했다. 초판에 실렸던 '하이데거: 실존의 검투사, 존재의 파수꾼'은 그 사이에 하이데거의 삶과 사상에 관한 생각에 큰 변화가 생겨 새 판에는 싣지 않았다. 하이데거라는 희유의 정신 속으로 깊이 들어가보고 싶다면 《하이데거 극장: 존재의 비밀과 진리의 심연》(한길사, 2022)을 읽는 편이 나을 것이다. 잊힌 책을 깔끔하게 다시 살려내 준 교양인 출판사 편집진에 감사드린다.

2023년 12월 고명섭

| 머리말 |

'불행한 의식'의 모험과 투쟁

1.

"코바, 왜 당신한테 내 죽음이 필요하지?"[1)]

1953년 3월 5일 절대 권력자 이오시프 비사리오노비치 스탈린(1878~1953)이 숨을 거두었다. 그날 스탈린이 마지막 밤을 보냈던 별장의 책상 서랍에서 세 통의 편지가 발견됐다. 서랍 안에 신문지를 깔고 그 밑에 감추어놓은 이 편지들은 아무도 열어볼 수 없었던 스탈린의 비밀스런 내면세계를 얼핏 보여주었다. 다른 모든 사적인 편지들은 없애버렸는데, 스탈린은 이 세 통만은 마지막까지 남겨 두었다. 그 하나는 스탈린에게 대들었던 유고 연방의 지도자 요시프 티토(1892~1980)가 보낸 편지, 다른 하나는 스탈린의 정신적·정치적 스승이었던 블라디미르 일리치 레닌(1870~1924)이 자기 아내 크룹스카야에게 저지른 무례한 행동을 사과하라고 요구하며 병상에서 보낸 편지, 그리고 나머지 하나가 "코바, 왜 당신한테 내 죽음이 필요하지?"라고 단 한 줄로 짤막하게 묻는 니콜라이 부하린(1888~1938)의 편지였다.

'코바'는 스탈린의 별명이었다. 젊은 시절 스탈린은 그루지야 소설 속 주인공인 '의로운 산적' 코바에게 매료돼 스스로 코바라고 칭했다. 혁명 동지이자 절친한 친구였던 부하린도 스탈린을 사석에서 코바라고 불렀다. 부하린은 스탈린의 별장을 아무 때나 찾아갔고 스탈린 가족들과 허물없이 지냈다. 스탈린의 아이들을 귀여워했고 아이들과 같이 놀았다. 혁명 동지 가운데 부하린만큼 스탈린과 친한 사람도 없었다. 그런 부하린이 공포정치의 희생자가 됐다. 1937년 트로츠키파로 몰려 재판에 회부된 부하린은 자신에게 죽음밖에 남은 것이 없음을 깨닫고 감옥 안에서 마지막으로 이 짧은 편지를 써 스탈린에게 보냈다. 그것은 왜 그런 운명이 닥쳐야 하는지 알지 못하는 자가 속삭이듯 내지르는 단말마였다.

스탈린은 가장 가까운 친구도 정치적 이익을 계산해 죽음으로 내몰 만큼 잔인한 사람이었다. 부하린의 나직한 단말마는 1937~1938년 사이에 벌어진 대숙청의 절정이었다. 150만 명이 영문도 모른 채 체포돼 수십만 명이 죽임당하고 나머지는 시베리아 수용소에 갇혔다. 러시아혁명의 주역들이 거의 모두 목숨을 잃었다. 스탈린은 피의 축제를 벌였다. 그러나 그 잔혹한 독재자도 권력의 정상에 서기 전에는 건실한 혁명가였다. 혁명의 길에 나서기 전에는 순수한 열망을 지닌 문학청년이었다. 열여섯 살 스탈린이

고향 그루지야의 말로 쓴 시는 그가 세상을 얼마나 아름답게 보려고 했는지, 그의 꿈이 얼마나 맑았는지 보여준다.

연분홍빛 꽃봉오리가 피더니
온통 푸른빛 도는 보랏빛이네
부드러운 산들바람에
계곡의 백합 풀 위에 누웠네

종달새 짙푸른 하늘에서 노래하며
구름보다 더 높이 날고,
아름다운 목소리로 나이팅게일
숲 속에서 아이들에게 노래 불러주었네

꽃이여, 아 나의 그루지야여!
평화가 내 조국에 넘치게 하라.
친구들이여 노력해
빛내라 조국을!
–〈아침〉[2]

스탈린은 볼셰비키 혁명가가 된 뒤로 문학청년의 감상주의를 버렸다. 순수한 마음과 따뜻한 열망도 그의 마음 안에서 천천히 자취를 감추었다. 스탈린은 차가운 정치가가 되었고, 냉혹한 권력자가 되었다. 권력의 꼭대기에 선 스탈린은 자신과 가까운 사람들을 하나씩 둘씩, 나중에는 무더기로 죽였다. 부하린만 목숨을 잃은 것이 아니었다. 힘들었던 시절 스탈린을 돌봐줬던 처가 쪽 사람들도 대다수 죽거나 수용소로 끌려갔다. 아내는 자살했다. 마치 자신에게 인간성이 있다는 사실을 지워 없애려는 듯, 스탈린은 자신의 인간적 체취를 기억하는 모든 사람들을 죽음의 구렁텅이로 밀어 넣었다. 스탈린은 아득한 곳에서 신과 같은 존재가 되었다. 스탈린은 공포로써 통치했다. 스탈린은 가장 가까운 사람조차 믿지 못했다. 모두들 두려움에 떨었고 아무도 그의 친구가 되지 못했다. 스탈린은 고독했고, 견딜 수 없이 외로웠다. 스탈린의 죽음은 자신의 입김이 피워 올린 공포의 아이러니한 결과였다. 의식을 잃고 쓰러진 스탈린을 어떤 측근도 건드리지 못했다. 다들 두려워서 혼비백산했을 뿐이다. 스탈린은 목숨을 구할 때를 놓쳤다. 역사상 가장 무시무시했던 권력자는 자신이 건설한 공포 체제의 희생자가 됐다. 스탈린은 자기가 만든 운명에 갇힌 사람이었다. 그는 한 세계를 얼어붙게 했으나 세계와 행복하게 만나지 못했다. 자기 자신을 신의 지위로 끌어올렸으나, 자기 자신과 행복하게 만나지 못했다.

2.

《참을 수 없는 존재의 가벼움》에서 작가 밀란 쿤데라는 두 종류의 바람둥이를 이야기한다. 한쪽의 바람둥이는 '낭만적 집착형'이다. 그들은 "모든 여자에게서 자신의 고유한 꿈, 여자에 대한 자신의 주관적인 개념을 찾는다." "그들이 여자에게서 찾는 것은 그들 자신, 그들의 이상이다."[3] 그들이 찾는 애인은 언제나 똑같은 유형이다. 그렇기 때문에 애인이 바뀌어도 사람들은 거의 눈치를 채지 못한다. 쿤데라가 말하는 대로, '낭만적 집착형'이 찾아 헤매는 것은 실상은 애인이 아니다. 그는 애인 속에서 자기 자신의 이상을 발견하기를 욕망한다. 애인을 욕망하는 것이 아니라 자기 자신을 욕망하는 것이다. 그러므로 그의 사랑은 언제나 실패로, 실망으로 끝난다. "왜냐하면 이상이란 우리가 알다시피 결코 발견할 수 없는 것이기 때문이다."[4] 가닿을 수 없는 이상과 그로 인한 실망이 그를 끝없이 이 여자에게서 저 여자에게로 옮겨 다니게 한다. 그는 바쁘게 움직이지만 그 바쁨은 그의 갈증이 얼마나 큰지를 보여줄 뿐이다. 그는 결코 근원적 충족에 이르지 못한다. 그는 자기 자신의 이상에 갇힌 존재, 다시 말해 '불행한 의식'이다.

쿤데라가 드는 다른 한 종류의 바람둥이는 이 소설의 주인공 토마스와 같은 유형이다. 토마스에게 여자의 의미는 '여자와 여자 사이'에 있다. 나비가 꽃과 꽃 사이를 날아다니며 꿀을 빨듯, 토마스는 이 여자와 저 여자 사이의 미세한 차이에 탐닉한다. 한 여자가 지닌 '다름'을 만끽하고 나면 곧바로 다른 여자에게로 날아간다. 어떤 여자에게도 그는 붙들리지 않는다. 그에게는 이상적 여성, 다시 말해 기필코 찾아내야 할 영원한 여성 같은 것은 없다. 이상이 없으므로 실망도 없고 감동도 없다. 토마스와 같은 사람이야말로 진정한 의미의 바람둥이라고 쿤데라는 말한다. 이런 사람들은 너무나 자주 상대를 바꾸기 때문에 나중에는 자기가 누구를 만났는지조차 잊어버린다. 그들을 몰아가는 것은 어떻게든 '색다름'을 찾겠다는 욕망이다. 끝없는 차이의 물결 위를 그들은 질주하듯 스치고 지나간다. "바람둥이 호색한은 여자를 사냥하면서 점차 관습적인 여성미를 멀리하고(금세 싫증을 느낀다) 십중팔구 기이한 것을 수집하는 수집가가 된다."[5] 토마스가 보여주는 것은 '참을 수 없는 존재의 가벼움'이다. 그는 사랑의 참모습을 알지 못하므로, 사랑의 고통도 알지 못하고 사랑의 감동도 알지 못한다. 그의 탐닉은 무감동으로 끝나므로, 마침내 '가벼움'은 참을 수 없는 것이 되고 '무거움'으로 역전된다. 색다름의 다채로운 숲으로 보였던 삶은 아무런 변화도 느낌도 없이 무한히 펼쳐진 사막으로 바뀐다. 참을 수 없이 가벼운 삶은 참을 수 없이 무거운 삶이 된다. 엽색의 욕망에 갇힌 그의 내면은 불안하고 불행하다.

"사랑이란 둘인 것이 하나로 되면서도 그 이원성을 완전히 지양(제거)해버리지 않는 기적적인 일이다."[6] 장 이폴리트의 이 명제가 맞다면, 쿤데라가 말하는 두 종류의 바람둥이는 사랑의 무능력에 관한 한 동일한 존재다. 그들이 사랑을 하지 않는 것은 아니다. 진정한 사랑을 발견할 수 없고 진정한 사랑을 실현하지 못할 뿐이다. 편집증적 사랑도 분열증적 사랑도 불행한 사랑이란 점에서는 조금도 다르지 않다. 한쪽은 사랑의 이원성을 견디지 못해 그 이원성을 하나로 합쳐 자기 자신에게로 일체화하려다 그 사랑의 관계를 무너뜨리고 만다. 다른 한쪽은 '둘인 것이 하나로 되는' 사랑의 일원성을 믿지 않기 때문에 영원히 사랑의 표면에만 머물 뿐이다. 한쪽은 맹목적이고 다른 한쪽은 공허하다. 맹목적 사랑이든 공허한 사랑이든 두 경우 다 '불행한 의식'이며 '불행한 열망'이다.

3.

바람둥이는 삶의 보편적 역설에 관한 하나의 비유다. 소금쟁이처럼 자유롭게 이성과 이성 사이를 유영하는 듯이 보이지만, 그의 내면은 집착과 공허로 황량한 부자유의 세계다. 그는 자유를 박탈당한 존재다. 자유가 없는 그는 바깥 세계와도 행복하게 만나지 못한다. 어느 순간 불행이 엄습한다. 불행의 힘은 그의 의식을 그 자신의 삶에서 떼어낸다. 마치 나무에서 가지가 찢겨 나가듯 의식은 갈라지고 찢긴다. 그는 자기 자신에게 낯선 존재가 된다. 자기 안에서 그는 자유롭지 못하고 자기 안에서 자기 자신과 불화한다. 불안과 공포는 낮밤 없이 그의 영혼을 침탈하고 그에게 휴식의 여유를 주지 않는다. 내면의 평화를 흔드는 주위 세계의 가혹한 힘에 맞서 그는 일어서지 않으면 안 된다. 바깥 세계와의 싸움은 곧 자기 자신과의 싸움이다. 모든 투쟁은 자기 투쟁이다. 그는 운명을 탓하기를 그만두고, 고통의 근원적 해결책을 찾는다. 고통에서 해방되고 자기 자신과의 불화를 극복하는 것, 그것이 말하자면 자유다. 자유를 획득한다는 건 쉬운 일이 아니다. 그것은 생사를 건 싸움이며 목숨을 건 도박이다. "자유의 획득은 오직 생명을 겂으로써만 가능하다."[7]

자유의 획득이란 달리 말하면, 세계의 극복임과 동시에 세계와의 화해이고, 자기 자신의 극복임과 동시에 자기 자신과의 화해다. 그러나 그런 자유의 완성은 영원히 불가능한 꿈이다. 완전한 사랑이 그러하듯, 완전한 자유도 실현할 수 없는 이상이다. 자유를 향한 운동은 모든 삶의 운명이다. 안타까운 것은 그 운명이 필경 불행한 운명이라는 사실이다. 자유를 향해 난 길은 종착점이 없기 때문이다. 그리스 신화 속 시시포스는 산 정상으로 끊임없이 바위를 굴려 올려야 하는 형벌을 받았다. 꼭대기에 이르면 바위는 어김없이 다시 아래로 굴러 떨어진다. 알베르 카뮈(1913~1960)는 그 신화 속 인물에게서 저항의 정신을 읽어낸다.

"나는 이 사람이 무겁지만 한결같은 걸음걸이로, 아무리 해도 끝장을 볼 수 없는 고통을 향하여 다시 걸어 내려오는 것을 본다. 마치 내쉬는 숨과도 같은 이 시간, 또한 불행처럼 어김없이 되찾아오는 이 시간은 곧 의식의 시간이다. 그가 꼭대기를 떠나 신의 소굴을 향하여 조금씩 더 깊숙이 내려가는 순간 시지프(시시포스)는 자신의 운명보다 더 우월하다."[8)]

카뮈는 영원한 형벌을 묵묵히 견디는 시시포스를 두고 "그는 그의 바위보다 강하다"라고 말한다. 견딤이야말로 여기서는 저항의 형식이다. 그러나 삶은 통상 그런 견딤을 견디지 못한다. 어떤 시시포스는 형벌의 영원한 반복을 못 이겨 스스로 목숨을 끊을 것이다. 바위를 밀어 올리다 그 바위에 깔려 죽는 경우도 있을 것이다. 거대한 다이너마이트로 산 전체를 폭파해버리는 시시포스도 상상

할 수 있다. 스탈린은 어떤 경우에 속할까. 그는 운명과 세계의 주인이 되려고 했으나 최후의 순간에 그에게 남겨진 것은 견디기 어려운 고독과 공포뿐이었다. 불행한 운명 자체를 이겨내는 시시포스는 없다. 그렇다고 해서 운명과의 모든 투쟁이 다 비참한 것은 아니다. 운명에 대한 반항은 자주 끔찍한 재앙을 불러오지만, 때로 아름다운 진주를 빚기도 한다.

4.

여기에 모인 글을 쓰기 시작할 때 나는 이런 메모를 해 두었다.

"이 글이 소개하는 인간은 대푯값을 지녔다고 판단되는 인간이다. 대푯값을 지녔다는 것은 그 인간을 이해하면 '인간이란 무엇인가'라는 질문에 대한 해답의 실마리를 찾을 수 있다는 것을 뜻한다. 그러므로 대푯값은 바꿔 말하면 전형성인데, 다만 여기서는 전형성 자체를 뒤쫓기보다는 삶의 다양한 사태의 극한에 선 인간을 뒤쫓을 것이다. 자신을 한계상황까지 밀어붙이고 그럼으로써 삶의 모순을 스스로 드러내 보였던 인간이 이 글이 추적하는 인간이다. 그들의 행동양식과 사고방식을 따져보는 것은 곧 우리를 둘러싼 삶을 이해하는 데 나침반 노릇을 해줄 수 있다. 그들의 정신과 심장을 절개해 그 단면을 보면 만화경 같기도 하고 살풍경 같기도 한 풍경이 펼쳐지며, 때로는 경탄을 자아내는 숭고한 광경이 열리기도 한다."

그 풍경의 주인공들을 불러 '광기와 천재'라는 제목으로 묶었다.

이 제목은 슈테판 츠바이크(1881~1942)의 전기 작품 《천재와 광기》에서 따온 것이다. 그러나 츠바이크의 책과 이 책 사이에는 제목의 순서를 바꾼 만큼의 차이가 있다. 츠바이크가 '천재와 광기'의 인간 자체에 몰입했다면, 이 책은 천재와 광기를 인간이라는 세계의 미궁으로 들어가는 데 도움을 주는 실마리로 삼았을 뿐이다. 다시 말해 이 책의 주제는 '천재'나 '광기'와는 아무런 직접적 관련이 없다. 한계상황에서 자신을 한계 너머로 밀어붙이려 했던 사람들, 불행한 의식을 견딜 수 없어 끝 모를 모험에 뛰어들었던 사람들에게서 발견되는 속성이 광기이고 천재였을 뿐이다. 여기서 천재는 광기의 심연에서 솟아오르며, 광기는 천재의 어두운 그림자와 같다. 광기가 없었다면 천재성도 없었을 것이며, 천재가 아니었다면 광기는 아무런 의미도 없었을 것이다. 광기는 한계 체험까지 자신을 몰아갔던 내적인 충동의 다른 말이다. 그 광기의 충동이 열어놓은 지평 위에서 인간의 욕망과 절망과 희망이 새벽녘 안개처럼, 한낮의 햇살처럼 드러나 보일 것이라고 기대했다. 삶의 완성이 불가능한 꿈이듯, 인간에 대한 이해도 내 소박한 인식 저 너머에 있다. 그 아득함을 잠깐 엿보았을 뿐이다.

2007년 7월 고명섭

루소의 일생은 화해할 길 없는 모순의 드라마였다.
그러나 그 모순, 그 불화의 틈새에서 독창성으로
빛나는 목소리가 터져 나왔고, 새로운 시대가 열렸다.
이 불완전한 인간이야말로 인류사의 진정한 정신의 도약이
불완전성의 산물임을, 불완전한 인간의
커다란 내적 모순의 산물임을 증거하고 있다.

장 자크 루소

Jean-Jacques Rousseau

감수성의 혁명, 상상력의 저주

장 자크 루소(1712~1778)의 일생은 화해할 길 없는 모순의 드라마였다. 이 비극의 주인공은 자기 시대 전체와 불화했고, 그보다 먼저 자기 자신과 불화했다. 그는 계몽의 세기, 빛의 시대 18세기 한가운데서 아득한 어둠을 보았고, 그 어둠의 심장 속에 웅크리고 있는 자기 자신을 보았다. 그가 빛을 향해 발버둥치면 칠수록 어둠의 심장은 더 억세게 조여들었다. 출구 없는 시대의 자궁 안에서 그는 자기 자신과 가망 없는 사투를 벌였다.

모든 것이 모순이었다. 그는 역사상 가장 자기 중심적인 사람이라는 말을 들을 정도로 자기에 집착했지만, 꼭 그만큼의 강도로 자기를 혐오했다. 자신의 저서에서 문학과 예술이 사회를 타락시킨다고 성토했지만, 곧 이어 1000쪽에 이르는 방대한 연애소설을 씀으로써 자기 자신을 배반했다. 그 배반은 너무나 철저한 배반이어서, 그가 쓴 소설은 뒤따라오는 모든 소설 문학의 원류를 이루었고 낭만주의와 감상주의의 신기원을 열어젖혔다. 자신의 저작에서 가정생활의 소중함을 그토록 강조했지만, 그는 평생토록 가정다운 가정을 꾸려본 적이 없었다. 공화국 시민의 삶을 한없이 찬양했지만,

그는 죽을 때까지 시민의 질서 바깥을 떠돌았다. 그는 영원한 이방인, 영원한 방랑자, 영원한 떠돌이였다.

그가 쓴《에밀》은 근대 교육학의 출발점이었다. 최초로 어린이를 발견한 저작이었다. 그러나 이 거대한 작품의 저자는 현실에선 자기가 낳은 아이들을 남김없이 고아원에 버린 비정한 남자였다. 그는 아버지가 될 수 없는 사람이었다. 그는 상상력 안에서만 어린이를 사랑할 수 있었다. 자기 삶에 부착된, 삶의 일부인 아이, 곧 자식을 사랑하기에는 그의 부성이 너무 허약했다. 그 자신이 또 하나의 어린이였다. 어린이가 어린이를 사랑할 수는 있지만 어린이가 어린이를 키울 수는 없다. 이 영원한 어린이는 자기 내부를 들여다보았고 거기서 교육학의 모든 위대한 원리를 끌어냈다. 그의 가공할 상상력은 현실의 무능력을 지칠 줄 모르는 사유의 동력, 창작의 동력으로 바꾸어냈다. 그는 자기 시대의 부자와 귀족과 권세가를 끝없이 공격했지만, 그들의 아량과 호의와 후원이 없었다면 생계를 이어갈 수도 없었고 자기 책을 출판할 수도 없었다. 그의 모순은 끝이 없었다. 그러나 그 모순, 그 불화의 틈새에서 독창성으로 빛나는 목소리가 터져 나왔고, 새로운 시대가 열렸다. 이 불완전한 인간이야말로 인류사의 진정한 정신의 도약이 불완전성의 산물임을, 불완전한 인간의 커다란 내적 모순의 산물임을 증거하고 있다.

"나의 출생은 나의 첫 불행이었다"

장 자크 루소의 조국 제네바는 2세기 동안 자유와 독립을 유지해 온 도시 공화국이었다. 당시 파리의 인구가 50만 명이었던 데 비해 이 도시의 인구는 1만 8천 명에 지나지 않았다. 1712년 루소가 아버지 이자크 루소의 둘째 아들로 태어났을 때 이 작은 도시의 공기를 지배하고 있었던 것은 16세기 종교개혁가 장 칼뱅이 심어놓은 엄격한 청교도주의였다. 루소는 첫 호흡 때 들이켠 이 공기를 평생 잊지 못할 것이다. 시계 제조 기술자였던 아버지는 제네바 시민계급 하층에 속했다. 부유하지도 않았지만 가난하지도 않았던 아버지는 열렬한 공화주의자로서 공화국 제네바를 자랑스러워했다. 공화주의는 루소가 들이켠 공기의 또 다른 성분이었다.

모순 덩어리 그의 삶은 출발선에서 벌써 뒤엉켰다. 어머니 쉬잔 베르나르가 출산 후유증으로 루소를 낳은 지 9일 만에 세상을 떠나고 만 것이다. "나는 나의 어머니의 목숨을 앗았다. 나의 출생은 나의 첫 불행이었다."[1] 어린 루소는 아버지의 우산 아래서 유모와 고모의 손에 키워졌다. 아내를 몹시도 사랑했고 그래서 몹시도 그리워했던 아버지는 틈만 나면 어린 아들을 붙들고 울었다. "장 자크야, 엄마 이야기를 하자꾸나." "응, 아빠! 또 울게 될걸." "아, 엄마를 돌려주렴. 네가 단지 내 아들일 뿐이라면 이렇게 널 사랑하겠느냐."[2] 아버지는 아내의 죽음이 아들 탓임을 이렇게 은근히 강조했다. 루소의 자의식은 죄의식과 함께 피어났다. 자아의 호수엔 죄의식이 일으킨 불안의 파문이 번졌다. 루소의 자아 불안은 이후 근대인의 정신을 휩쓸게 될 그 자아 불안을 예고했다.

어린 루소는 대여섯 살 때 글을 깨우치고 곧 맹렬한 독서광이 되었다. 여섯 살 어린아이에게서 나타난 이 독특한 현상은 삶이 끝나는 날까지 그를 따라다닐 터였다. 루소는 어머니가 남겨준 소설책들을, 마찬가지로 어머니가 물려준 놀라운 감수성으로 순식간에 따라잡았다. "아버지와 나는 저녁 식사 후에 그것들을 읽기 시작했다. 우리는 한 권을 끝까지 읽지 않고서는 결코 떠나지 못했다. 나는 아주 짧은 기간에 지극히 빠른 독서력과 이해력을 얻었을 뿐만 아니라, 정열에 관해 내 나이 또래로서는 유례가 없는 지능을 갖추게 되었다."[3)]

어머니 서가의 소설책을 다 읽자 이제 루소는 아버지 서가로 눈을 돌렸다. 일곱 살 루소는 고전을 읽기 시작했다. "나는 날마다 아버지가 일하는 동안 그 책들을 읽어드렸다. 그때 내 나이 또래로서는 보기 드문, 아니 아마도 유례없는 취미를 그런 책들에 붙였다." 소설을 읽고 고전을 탐독하는 루소는 어린이였지만 어린이가 아니었다. "내 어린 시절은 전혀 어린이답지 않았다. 나는 항상 어른처럼 느끼고 생각했다. 커 가면서 비로소 정상 수준으로 돌아왔다."[4)] 다만 정상 수준으로 돌아왔을 뿐만 아니라 거기서 반대쪽으로 더 멀리 나아갔음을 그의 삶은 보여준다.

어린 루소가 특히 빠져든 책은 플루타르코스의 《영웅전》이었다. 루소는 이 고대 그리스 작가가 펼쳐놓은 위인들의 세계에 몰두해

1766년의 루소 초상화. 스코틀랜드 화가 앨런 램지의 그림.

허약한 현실을 잊었다. 그리스 사람이나 로마 사람이 되어 영웅들과 함께 모험에 뛰어들고 도전을 감행했다. 자유를 향한 정열이 솟구쳤다. 상상력은 무한대로 펼쳐졌다. 이때부터 루소 삶의 전형적인 모습, 곧 책의 세계야말로 현실이 되고 현실은 낯선 것이 되는 뒤집힌 삶이 시작되었다.

열여섯 살 무작정 길을 떠나다

어린 루소의 '에덴 시절'은 1722년 급작스럽게 끝났다. 쉽게 흥분하고 자존심이 강했던 아버지가 퇴역장교와 말다툼 끝에 칼로 상처를 입힌 뒤 제네바 호수 건너 작은 도시 니용으로 도망간 것이다. 아버지는 그 도시에서 다른 여자와 재혼해, 죽을 때까지 거기서 살았다. 일곱 살 위의 형 프랑수아도 시계공의 도제 생활을 하다 독일로 도망간 뒤 행방불명됐다. 열 살 루소는 사실상 고아가 되었다. 아버지도 어머니도 없는 루소는 외숙부 댁에 맡겨졌다. 외숙부는 루소를 제네바 근처 보세의 랑베르시에 목사 집에 기숙학생으로 들여보냈다. 루소는 2년 동안 이 집에서 라틴어 따위의 기초 교육을 받았다. 그 시절 루소의 영혼에 외상을 남기는 사건이 일어났다. 목사의 여동생이 아끼던 빗이 부러진 채 발견됐는데, 그게 루소가 한 짓일 거라고 짐작한 목사와 여동생이 열두 살 아이를 가혹하게 추궁하고 위협하고 체벌을 가한 것이다. 자신이 결백함을 아무리 이야기해도 믿어주지 않고 오히려 더 몰아붙이는 상황에 루소는 죽을 각오로 저항했다. "아무런 증거도 없이 죄인으로 몰아가는 것은 명백한 불의다. 이런 불의에는 결코 꺾이지 않는다." 루소의 이 체험은 불의를 보면 즉각 분노의 불을 뿜는 성격을 심어주었다.

> 내가 느낀 것은 오직 분개, 격분, 절망뿐이었다. …… 어떤 부당한 행위를 보거나 들을 때면 그 대상이 어떠한 것이든 그리고 그것이 어디서 저질러졌든 그 결과가 내게 돌아오기라도 하듯이 내 마음속에서는 불길이 일어난다. 사나운 폭군의 잔인한 짓들이며 교활한 사제의 음모를 읽을 때, 나는 백 번 죽는 한이 있더라도, 당장 달려가서 그 비열한 놈들을 찔러 죽이고 싶어진다.[5)]

절망의 쓰라림을 맛본 루소는 제네바에 돌아와 도제 생활을 시작했다. 처음엔 재판소 서기 밑에서 필사 견습공 일을 했으나 게으르고 무능하다는 이유로 여섯 달 만에 쫓겨났다. 필사 일에 루소는 조금도 흥미를 느끼지 못했지만, 이때의 경험은 훗날 그가 악보 필사로 생계를 이어가는 데 커다란 도움을 주게 된다. 1725년 루소는 동판 조각사 아벨 뒤코맹 집에 들어가 도제가 되었다. 그러나 한번 시작된 불운은 끝을 보이지 않았다. 조각 일에는 흥미를 느꼈지만 그를 지도하는 젊은 장인이 문제였다. 난폭한 뒤코맹은 걸핏하면 폭력을 휘둘렀다. 매 맞고 욕먹는 데 이골이 난 루소는 폭군의 주먹에서 빠져나갈 틈만 노렸다. "두목의 압제 때문에 원래 내가 좋아할 수도 있었을 일이 견딜 수 없게 되고, 거짓말, 게으름, 도둑질 따위 원래 내가 싫어할 만한 악덕이 붙게 되었다."[6]

열서너 살에 삶의 밑바닥까지 내려온 루소가 새삼스럽게 발견한 도피처가 책이었다. 한동안 잊고 지냈던 독서열이 다시 타올랐다. 매일같이 도서 대여점에서 책을 빌려다 읽었다.

> 이 독서는 일하는 시간을 빼앗았기에, 새로운 죄가 되어 새로운 벌을 받게끔 만들었다. 구속으로 들볶인 이 취미는 열정으로 바뀌고, 곧 광기로 바뀌었다. …… 좋은 책, 나쁜 책 닥치는 대로 가리지 않고, 모조리 똑같은 탐욕으로 읽어내렸다. 작업대에서도 읽고, 심부름 다니는 도중에도 읽고, 옷장 속에서도 읽었다. …… 독서로 머리가 돌 지경이 되어, 그저 책을 읽기만 했다. 두목이 엿보다가 현장을 붙들고는 두들겨 패고, 내 책을 빼앗곤 했다. 얼마나 많은 책이 찢기고, 불태워지고, 창밖으로 내던져졌던가![7]

그렇게 열여섯 살이 되었다. 루소의 삶에는 아무것도 나아진 것이 없었다. 책 속에서 수없이 상상의 세계를 세우고 부수었을 뿐 무엇 하나 바뀐 것이 없었다. 불안이 안개처럼 흘러 다녔고 불만이 끓어올랐으며 알 수 없는 향수에 눈물이 흘렀다. 1728년 3월 제네바 성문 밖으로 봄나들이를 나갔던 루소는 때가 늦어 성문이 닫히는 바람에 시내로 들어갈 수가 없었다. 제때 안 들어왔다고 주인에게 매를 맞을까 봐 두려워진 루소는 작업장에 돌아가기를 포기하고 발길을 거꾸로 돌렸다. 폭군의 주먹, 가혹한 현실로부터 탈주하는 일은 어린 날과의 영원한 작별이기도 했다. 16년 동안 삶을 의탁했던 고향을 등진 루소는 그 세월만큼의 방랑 시대, 아니 그보다 훨씬 긴 방랑 시대를 앞에 두고 있었다.

무작정 길을 떠났지만 일단 압제에서 해방되자 이 소년의 제어할 길 없는 상상력은 마음속에 근거 없는 희망을 띄워 올렸다.

> 내가 얻어냈다고 생각한 독립이 나를 움직이는 유일한 감정이었다. 자유롭고 나 자신의 주인이 된 나는 무엇이든 할 수 있고 무엇이든 손에 넣을 수 있을 것만 같았다. …… 나는 태연자약하게 광대한 세계로 들어섰다. …… 나는 매력적인 사교계 하나로 족하다. 오직 성 하나가 내 야망의 한계였다. 성주 내외분의 귀염둥이가 되고 그 따님의 공인된 애인이며 그 아들의 친구가 되고 이웃사람들의 보호자가 되면 나는 만족이다. 그 이상 아무것도 나에게 더 필요하지 않았다.[8)]

이 미래의 사상가, 프랑스와 유럽을 혼란과 열광과 논란에 빠뜨릴 이 미래의 문호는 아직 자기 내부의 천재성을 조금도 자각하지 못했다. 그는 상상 속에서 야심의 날개를 한껏 펼쳤지만, 그 최대치의 상상은 소박하고 유치한 날갯짓에 지나지 않았다. 그가 자신의 진정한 재능, 진정한 야망을 깨달으려면 20년의 세월이 더 필요했다.

청년 루소의 '황금시대'

제네바를 떠나 방랑길에 접어든 지 얼마 안 돼 루소는 운명의 여신이 인도해주듯 한 여인을 만났다. 가톨릭 사제의 소개로 스위스 안시에서 프랑수아즈 루이즈 드 바랑 남작부인을 알게 된 것이다. 열다섯 살 때 부모의 뜻대로 결혼을 한 그녀는 곧 인습적인 결혼 생활에 싫증을 느껴 그 생활을 청산하고 안시에 와 있던 터였다. 첫 만남에서 루소는 마치 잃어버린 엄마를 만난 듯 황홀한 감격에 휩싸였고, 바랑 부인은 그런 루소를 아들처럼 친밀하게 받아들였다. 루소보다 열세 살 많았던 바랑 부인은 즉각 루소의 모든 것이 되었다. 이후 15년 동안 바랑 부인은 루소의 후견인, 교육자, 친구, 그리고 애인으로서 청년 루소의 삶에 결정적 영향을 끼쳤다.

그러나 두 사람이 한집에 정착하기까지는 시간이 더 필요했다. 가톨릭으로 막 개종했던 바랑 부인은 루소가 가톨릭으로 종교를 바꾸기를 바랐다. 바랑 부인의 권유로 루소는 알프스산맥을 넘어 이탈리아 토리노로 갔다. 그곳 개종자 구호소에서 3개월을 보낸 뒤 루소는 가톨릭 신자가 됐다. 그러나 종교가 밥을 먹여주지는 않았다. 루소는 토리노의 한 상점에 점원으로 취직했다. 그러나 얼마 지나지 않아 젊은 여주인 바질 부인을 남몰래 흠모하다가 쫓겨났고, 다시 구봉 백작 가문의 하인으로 들어갔다. 루소는 거기서 백작의 손녀에게 흠뻑 빠져들었다. 하지만 동경과 흠모만으로는 아무것도 이룰 수 없었다. 루소의 수줍음은 유별난 것이어서 사랑의 감정이 일자마자 마취제처럼 그의 몸을 굳게 해버렸다. 다가가고 싶은 마음이 커질수록 몸은 점점 더 단단히 얼어붙었다. 아무리 노력해도 수줍음을 이겨낼 수 없었다. 루소는 오직 상상 속에서만 사랑의 불꽃을 피울 수 있었고, 굳어버린 혀가 말하지 못했던 것을 글 안에서만 자유롭게 풀어낼 수 있었다.

단 하나의 예외가 있었다면 그것은 바랑 부인이었다. 1년여 만에 다시 만난 바랑 부인은 루소를 변함없는 따뜻함으로 맞아주었다. "첫날부터 가장 달콤한 친밀감이 우리들 사이에서 이루어졌다. 그 친밀감을 그녀는 남은 생애 동안 그대로 유지했다. '아가(Petit)'가 내 이름이 되었고, '엄마(Maman)'가 그녀 이름이 되었다."[9)]

루소는 바랑 부인의 도움으로 신학교에 들어갔다. 그러나 구속을 견디지 못하는 기질 때문에 중도에 그만두었다. 스무 살 고개를 넘어가던 루소에게 직업적 야심이 있었다면 음악가가 되는 것이었다. 기초도 없고 선생도 없었던 그에게 음악가의 길이 순탄했다면 오히려 이상한 일이다. 기껏해야 엉터리 작곡가 행세를 하는 것이 전부였다. 그래도 그의 노력은 끈질긴 데가 있어서, 훗날 그는 파리에서 오페라 작곡가로 이름을 올리게 된다.

바랑 부인이 오랫동안 집을 비운 사이 루소는 뇌샤텔에서 예루살렘까지 1년여 동안 여러 곳을 돌아다녔다. 그가 찾아간 곳 중에는 파리도 있었다. 그러나 루소는 당대의 문화 중심지에서 혐오감만을 느꼈다. 그 감정은 그가 훗날 파리에 정착한 뒤에도 사라지지 않았고, 살면 살수록 나쁜 감정은 더욱 커졌다. 1731년 스위스 사부아 지방 샹베리에서 그는 바랑 부인과 재회했다. 이때부터 8~9년 동안 그는 바랑 부인의 후원 아래 장래의 문필가로서 학식을 쌓았다. "바로 이 귀중한 시기에 잡다하고 연속성 없는 내 교육이 견실해지고 확고해져서, 나로 하여금 바야흐로 다가올 폭풍우 속을 변함없이 뚫고 나아갈 수 있게 만들어준 것이다."[10)]

20대 초반의 루소는 계몽주의 시대 지식인의 우두머리 볼테르(1694~1778)를 알게 되었다.

> 볼테르가 쓴 것이라면 어느 것 하나 빼놓지 않고 읽었다. 그의 글을 읽는 취미로 하여 나는 우아한 문체의 글쓰기를 배우고, 내가 심취한 그 작가의 아름답고 다채로운 필치를 본뜨도록 노력하고 싶은 욕망이 일어났다. 얼마 후 그의 《철학 서한》이 간행되었다. 그것이 가장 많이 나를 '연구' 쪽으로 이끌어 갔고, 그때 싹튼 이 연구에 대한 흥미는 그 후 결코 꺼진 적이 없다.[11)]

이것이 두 사람 사이에 30년 동안 지속될 만남의 미약한 시작이었다. 그들의 관계는 그것이 현실화하면 할수록 호의는 엷어지고 악의가 그 자리를 차례로 대신하게 될 것이다.

1735년 루소와 바랑 부인은 샹베리 근처 '레 샤르메트'라는 계곡의 작은 집으로 거처를 옮겼다. 그리고 이제야말로 두 사람 사이에 참다운 행복의 시간이 열렸다. 성인이 된 루소는 다시 한 번 어린 시절 잃어버린 낙원을 되찾았다.

바랑 부인. 바랑 부인은 후견인, 교육자, 친구, 애인으로서 청년 루소의 삶에 결정적 영향을 끼쳤다.

나는 해가 뜰 때 해와 함께 일어나며 행복했다. 나는 산책하며 행복했고, 엄마를 보며 행복했다. 나는 작은 숲과 산을 쏘다니고 골짜기를 헤맸으며, 책을 읽고 한가로움에 몸을 맡기고 정원 일을 하고 집안일을 도왔다. 행복은 어디를 가나 나를 따라다녔다. 행복은 어떤 특정 사물 속에 있었던 것이 아니라 바로 나 자신 안에 있었다.[12)]

루소는 삶의 종착지에 이르러서도 이 '황금시대'와 황금시대의 여주인을 가장 행복했던 추억으로 돌이킨다.

내가 순수하게, 그리고 방해받지 않고 전적으로 나 자신이었으며, 내 삶을 살았다고 진정으로 말할 수 있는 내 인생의 그 유일하고 짧았던 시기를 나는 기쁨과 감동 어린 마음으로 회상해보지 않은 날이 단 하루도 없다.[13)]

그러나 이 독학자의 행복한 수업 시대도 마침내 끝나고 말았다. 루소가 한동안 레 샤르메트의 집을 비운 사이 젊은 사내가 들어와 자신의 자리를 차지했다. 바랑 부인은 관대하고 따뜻했지만, 단 하나의 사랑에 목숨 거는 사람은 아니었다. 루소와 '엄마' 사이에 끼어든 사내 때문에 루소의 마음속에서 레 샤르메트의 낙원은 찬바람 부는 황무지로 바뀌어버렸다. 서른 살이 된 루소는 레 샤르메트를 떠났다. 십수 년 전 제네바를 떠날 때는 목적지가 없었지만, 이번에는 목표가 분명했다. '파리에서 새로운 삶을 시작해보자.' 그는 현금 15루이와 공들여 쓴 희극 작품 〈나르시스〉 원고, 그리고 자신이 새로 개발한 악보 표기법을 들고 1742년 7월 파리에 도착했다.

그는 새 악보 표기법에 내심 기대를 걸고 있었다. 이게 채택되면 모든 일이 순조롭게 풀릴 것이다. 그러나 과학 아카데미는 그의 야심 찬 작품을 받아주지 않았다. 처음부터 일이 꼬이기 시작했다. 다행스런 것이 있었다면, 사교계에 영향력 있는 귀부인들을 알게 된 것, 그리고 과학 아카데미를 드나들면서 당대의 젊은 지식인들과 사귈 기회를 얻었다는 것이다. 돈도 없고 이름도 없는 시골뜨기 음악가 지망생은 인연의 가느다란 끈에 매달려 삶의 미로를 빠져나가려고 더듬었다. 살롱과 카페의 로코코 분위기에 기분을 맞추며 자신을 알아줄 사람들을 찾았다.

파리에 온 지 1년 만에야 루소는 직업다운 직업을 얻었다. 베네치아 주재 프랑스 대사로 임명된 몽테그 백작이 자신의 비서가 돼달라고 제안한 것이다. 루소는 상당한 기대를 품고 베네치아로 갔다. 그러나 비서로 생활한 1년은 그에게 인간에 대한 불신과 정치에 대한 환멸만 안겨주었다. 대사의 무지와 무능은 놀라울 정도여서 그는 공문서를 제대로 읽을 줄도 쓸 줄도 몰랐다. 모든 실무적인 일은 대사 비서인 루소의 몫이었다. 그런데도 대사는 귀족이라는 이유로 거드름을 피웠고, 신분이 낮은 루소를 멸시하고 함부로 대했다. 이 불행한 체험으로 루소는 정치의 원리에 처음으로 깊은 관심을 품게 되었고, "모든 것이 정치와 관계 맺고 있음을, 그리고 사람들이 어떤 방법을 쓰든 모든 나라의 국민은 그 정부의 성격이 그들을 만드는 것 이외의 존재가 결코 될 수 없으리라는 것"을 깨닫게 됐다.[14] 사실 귀족과 평민 사이의 계급 갈등은 이미 18세기 프랑스에서 중대한 사회적 문제였다. 그 시대의 계몽주의 운동은 그 문제를 합리적이고도 원만하게 해결해보려는 노력이기도 했다. 루소의 경험은 이 운동의 물결 속으로 그를 밀어 넣는 계기가 됐다. 그러나 루소는 유별나게 민감한 감수성으로 이 경험에 독특하고도 격렬한 색채를 입혔고, 그리하여 동시대 어느 정치사상가보다 과격하게 이 문제에 대한 해결책을 내놓았다. 그러나 그 해결책이 구체화하기까지는 아직 시간이 필요했다.

다섯 아이를 버린 아버지

자존심에 깊은 상처를 입은 루소는 비서직을 벗어던지고 파리로 돌아왔다. 1744년 루소는 평생의 반려자를 만났다. 자신이 하숙하던 집 세탁부였던 스물세 살의 테레즈 르바쇠르가 그의 삶의 동반자가 될 사람이었다. 그러나 말이 동반자이지, 그들의 관계는 결코 사랑의 관계가 아니었다. 처음부터 루소는 테레즈를 사랑의 대상이 아닌 성욕의 대상으로 바라보았다. 테레즈가 사랑의 대상이었다면 그의 수줍은 성격 때문에 제대로 접근조차 못했을 것이 틀림없다. 사랑의 대상과 성욕의 대상의 이런 분리야말로 내면 깊숙한 곳에서 루소를 균열시킨 모순이었다. 만난 지 얼마 되지 않아 루소는 테레즈에게 이렇게 말했다. "결코 버리지도 않겠지만 결혼하지도 않겠다."[15] 두 사람의 관계는 루소가 테레즈의 생계를 책임져 주는 대신 테레즈는 루소에게 생활의 안정을 주는 편의적인 관계였다. 테레즈는 셈을 할 줄도 시계를 읽을 줄도 모르는 사람이었지만 루소의 충실한 반려 노릇을 했고, 1768년 20여 년의 동거 끝에 정식으로 결혼했다. 테레즈의 헌신적인 배려에 마침내 그녀를 아내로 받아들인 것이었다.

루소는 테레즈를 만남으로써 바랑 부인의 빈자리를 메웠지만, 동시에 그 만남은 커다란 불행의 씨앗을 뿌리는 일이기도 했다. 바로 자식들이었다. 1746년부터 1755년 사이에 다섯 명의 아이들을 출생과 동시에 차례로 고아원에 내맡겼다. 그것이 당시의 파리에서 흔히 있는 일이었던 것은 사실이다. 파리 시의 통계를 보면 1740~1749년 사이에 수도에서 버려진 아이들의 숫자는 3만 2917명이었다. 1750~1759년 사이 그 숫자는 6만 7033명에 이르렀다.[16] 신생아의 3분의 1이 넘는 아이들이 버려진 것이다. 계몽주의 운동의 중심 인물 가운데 하나였던 장 르 롱 달랑베르(1717~1783)가 사생아로 태어나 바로 그렇게 버려진 아이였다. 루소는 그런 관행을 들먹이며 자신의 행위를 변호했지만, 나중에 적이 된 그의 친구들은 그의 자식 유기 문제를 끊임없이 거론하며 비난했다.

루소가 친구였던 프랑쾨유의 부인에게 쓴 편지는 그가 왜 아이를 버렸는지 잘 보여준다.

> 저는 하루하루 힘겹게 벌어먹고 삽니다. 그런 제가 어떻게 가족을 부양할 수 있겠습니까? 또 가정의 걱정과 소란스런 아이들이, 수입이 되는 일을 하는 데 꼭 필요한 정신의 평안을 앗아 간다면 작가라는 직업을 계속 유지할 수 있겠습니까? 배고픔이 구술한 글들은 별로 벌이가 되지 못합니다. …… 부인, 아이들은 악당을 아버지로 갖기보다 차라리 고아인 것이 더 좋습니다.[17)]

돈이 없어서 아이를 버렸다는 것은 표면적인 이유였다. 좀 더 직접적인 이유는 이 편지가 알려주는 대로, 작가로서 성공하는 데 방해가 될지 모른다는 두려움이었다. 루소는 출세를 위해 아버지의 자리를 한사코 외면할 만큼 자기 중심적인 사람이었다. 그러나 진정한 이유는 따로 있었다. 아버지가 되기에 루소의 정신은 너무 허약했다. 그는 아이들을 책임질 만큼 정신력이 강하지 못한 '미성숙한 사람'이었다. 그의 아버지가 어린 루소를 버리고 니용으로 도망간 데서 알 수 있듯이, 루소의 아버지는 루소의 내면에 아버지의 상을 심어주지 못했다.[18)] 그러나 심리적 허약함이 자식을 버린 행위를 정당화해주지는 못한다. 루소는 틈이 날 때마다 변명했지만, 끝내 그 죄책감을 극복하지 못했다. 결국 훗날 쓴 교육서 《에밀》에서 죄책감에 시달리는 자신의 본심을 털어놓지 않을 수 없었다.

> 가난도 일도 체면도 자식을 키우고 직접 교육시키는 일로부터 그를 면제해줄 수 없다. 독자들이여, 그 점에 대해서는 나를 믿어도 좋다. 누

구든 인간으로서의 정을 가지고 있으면서 그토록 신성한 의무를 저버리는 자에게 예언하건대, 그는 오랫동안 자신의 잘못에 대해 통한의 눈물을 쏟게 될 것이며 결코 그 무엇으로도 위로받지 못하리라.[19]

1740년대 내내 루소의 꿈은 인정받는 오페라 작곡가가 되는 것이었다. 1745년 루소는 작곡가 장 필리프 라모가 곡을 쓰고 볼테르가 대본을 쓴 음악축제극 〈나바라의 공주〉를 막간극으로 개작하는 일을 맡았다. 볼테르나 라모나 수정 작업에 매달릴 시간도 의욕도 없었다. 무명의 음악가 루소가 그들을 대신해 이 힘든 일을 해나갔다. 루소는 수정 작업과 관련해 볼테르에게 정중한 편지를 보냈다. 편지를 통해 최초의 접촉이 이루어진 것이다. 볼테르는 생면부지의 루소에게 공손한 태도로 답장을 썼다. "선생님, 당신은 지금까지 항상 분리돼 있던 두 가지 재능(작곡과 극작-인용자)을 함께 지니고 계십니다. 저는 당신이 그 재능을 별로 가치가 없는 작품에 쏟는 것이 애석할 따름입니다. 당신은 이 작품을 마음대로 다루셔도 됩니다."[20] 이들의 첫 편지 교환은 이렇게 공손했지만 머지않아 그것은 가시 돋친 설전으로 바뀔 것이다.

"나는 다른 세계를 보았고 다른 사람이 되었다"

이 무렵 루소는 디드로(1713~1784), 콩디야크(1715~1780) 같은 젊은 계몽주의 지식인들을 알게 되었다. 두 사람은 막 《백과전서》를 기획한 참이었다. 루소를 포함한 세 사람은 일 주일에 한 번씩 만나 식사를 했고, 그 기회에 루소는 달랑베르와도 사귀게 되었다. 루소는 또 디드로의 제안을 받아들여 《백과전서》의 음악 항목을 집필하기도 했다. 이 시기 루소는 '문예 공화국'의 당당한 일원이 되어보려고 온갖 노력을 다했지만, 뚜렷한 전망을 찾을 수 없었다. 역경의 밑바닥에 내몰려 기가 꺾인 그는 출세와 명성의 모든 꿈을 접겠다고 결심하기도 했다.

바로 그때 가난과 비참에 지친 루소에게 일생일대의 전환점이 찾아들었다. 1749년 10월 그는 파리 근교 뱅센으로 디드로를 면회하러 갔다. 그때 디드로는 얼마 전 펴낸 《눈먼 자들에 관한 편지》로 무신론 유포 혐의를 받아 뱅센 성에 감금돼 있었다. 뱅센으로 가는 길에 루소는 잡지 〈메르퀴르 드 프랑스〉를 뒤적이다 디종 아카데미가 낸 현상 논문 주제를 발견했다. '학문과 예술의 진보는 도덕을 타락시키는 데 기여했는가 아니면 승화시키는 데 기여했는가?' 그 논제를 읽는 순간 겪은 놀라운 내적 경험을 뒷날 루소는 자신의 후원자 기욤 드 말제르브에게 보낸 편지에서 이렇게 밝혔다.

> 그것을 읽는 순간 나는 갑작스런 영감 같은 것이 떠오르는 것을 느꼈습니다. 수천 개의 불빛이 내 영혼을 비추는 것만 같았습니다. 생생한 사상이 내게 떼 지어 밀려들었습니다. 힘차고도 당혹스럽게 그것은 나를 설명할 수 없는 혼란 속으로 밀어 넣었습니다. 술에 취한 것 같은 현

기증이 느껴졌습니다. 맥박이 고동쳤고 가슴이 부풀어 올랐습니다. 나는 더는 걸으면서 숨을 쉴 수가 없었으므로 길가에 있는 나무 아래 쓰러졌습니다. 나는 그곳에서 반 시간 동안이나 흥분에 휩싸인 채 그대로 있었습니다. 다시 일어났을 때 나는 나도 모르게 흘린 눈물로 윗도리 앞자락이 흠뻑 젖어 있는 것을 발견했습니다. 오, 선생님, 만일 그 나무 아래서 내가 보고 느낀 것을 4분의 1만이라도 쓸 수 있었다면, 사회 제도의 모든 모순을 얼마나 명료하게 드러낼 수 있었겠습니까! 우리 제도가 안고 있는 모든 폐해를 얼마나 힘 있게 낱낱이 폭로할 수 있었겠습니까![21]

이 묘사는 천재적 영감이 솟구치는 혹은 들이치는 순간을 전형적으로 보여준다. 루소의 경험에서 특징적인 것은 너무나 흥분한 나머지 윗도리가 다 젖도록 눈물을 쏟았다는 점이다. 갑자기 세상의 진실을 통찰한 루소는 학문과 예술로 치장한 이 세상이야말로 타락하고 부패했으며 그 세상의 질서에 짓밟히던 자신이야말로 순수하다는 충격적인 발견을 한 것이다. 이로써 그는 오랫동안 자신을 짓누르던 자책감과 죄의식에서 해방됐고, 그 순간 회한의 눈물, 희열의 눈물을 주체할 길 없이 흘린 것이었다. 루소는 그의 내면에 있는 모든 어둠을 몰아내어 자신은 투명해지고 그 어둠은 바깥으로 옮겨지는 것을 느꼈다. 이제 바깥의 세상은 빛의 사도인 루소가 폭로해야 할 어둠의 세상이 되었다.[22] 이 깨달음을 기점으로 하여 루소는 "다른 세계를 보았고 다른 사람이 되었다."[23]

디드로는 루소에게 현상 논문 모집에 응하라고 격려했고, 루소는 그날 뱅센에서 얻은 영감을 글로 옮겼다. 그렇게 하여 태어난 〈학문 · 예술론〉은 이듬해 디종 아카데미에서 수상했고 이어 책으로 출간됐다. 루소는 이 논문에서 학문과 예술이 인간의 참된 행복에 아무런 기여도 하지 않았을 뿐만 아니라 오히려 인간성을 타락시켰다고 단언했다. 문명사회 전체가 루소의 가차 없는 공격을 받았다. 그는 인간의 역사야말로 문명의 진보에 따른 도덕의 퇴화로 얼룩진 불행과 악덕 창궐의 역사라고 규탄했다. 말의 포탄은 학자와 문인을 향해서도 날아갔다.

> 책 쓰는 사람들과 문인들과 한가한 학자들, 이 잘난 체하는 공허한 말재주꾼들은 해로운 독설로 신앙의 토대를 서서히 잠식하고 미덕을 말살한다.[24]

루소가 쓴 글의 모든 내용은 당대 지식인들의 통념에 대한 정면 도전이었다. 볼테르를 비롯한 계몽주의 지식인 가운데 어느 누구도 학문과 예술과 지식을 부정한 사람은 없었다. 오히려 이것들이야말로 진보의 동력이요 원천이라고 이들은 확신하고 있었다. 루소는 이 확신에 망치를 내리쳤다. 책이 출간되자마자 각처에서 공격의 화살이 날아왔고, 무명의 음악가 루소는 일약 지식계의 유명 인사로 떠올랐다. 이제야 루소는 자신의 진정한 재능이 음악이 아니라 언어에 있음을 느닷없이 깨달았다. 그는 말제르브에게 보낸 같은 편지에서 이렇게 털어놓았다. "저는 생각지도 않았는데 그렇게 문인이 되었습니다. 그것은 거의 제 의지에 반하는 일이었습니다."[25]

루소는 자기에게 쏟아지는 비판에 대응하느라 또 자신의 집을 찾아드는 방문객들을 응대하느라 생계 수단인 악보 필사 일을 할 수 없을 지경이었다. 유명해지자마자 그는 오히려 사람들에게서 멀어지기 시작했다. 한번 날아오르기 시작한 명성은 점점 더 높이 솟구쳤고, 그럴수록 그는 사람들을 기피하는 신경질쟁이가 됐다. 1752년 루소는 오페라 작곡가로서도 마침내 성공을 거두었다. 그가 쓴 〈마을의 점쟁이〉가 프랑스 왕 루이 15세 앞에서 공연되었다. 왕은 루소의 알현을 허락했다. 그러나 루소는 끝내 국왕 앞에 나타나지 않았다. 불안과 초조의 밤을 지새운 뒤 그는 국왕을 만나는 것이 너무 떨려 차라리 그 자리를 피해버리자고 생각했던 것이다. 그는 초조감이 찾아들면 오줌이 마려워 견디지 못하는 질병을 앓고 있었다. 왕 앞에서 오줌이 마려우면 어쩌나 하는 불안을 그는 이겨내지 못했다. 왕을 알현하면 받을 수 있었던 상당한 액수의 연금도 함께 날아갔다.

《인간 불평등 기원론》, 문명을 탄핵하다

1753년 디종 아카데미는 또 다른 현상 논제를 제시했다. '인간 사이의 불평등의 기원은 무엇이며, 불평등은 자연법에 의해 허용되는가?' 루소는 이번에도 이 현상 논문 모집에 응했다. 〈인간 불평등 기원론〉이었다. 심사 위원들은 그 논문에 상을 주지 않았다. 그도 그럴 것이 〈인간 불평등 기원론〉은 〈학문 · 예술론〉보다 훨씬 더 직접적으로 훨씬 더 과격하게 인간 사회를 공격했던 것이다. 루소는 '사회적 악의 발생학'이라 할 이 논문에서 인간의 진보가 사유재산 제도를 낳았고, 사유재산 제도야말로 인간 불평등의 뿌리이며 불행의 근원이라고 규정했다. 자연 상태의 미개인에게는 존재하지 않았던 불평등이 사회 상태의 문명인에게서 번성했고 문명이 진보하면 할수록 불평등은 커지고 그에 따라 사회적 악도 커졌다고 못 박았다. 루소는 논문의 결론을 이렇게 맺었다.

> 불평등은 자연 상태에서는 거의 찾아볼 수 없으므로 인간 능력의 발달과 정신의 진보에 따라 성장하고 강화되며 소유권과 법률의 제정에 따라 안정되고 합법화된다고 결론 내릴 수 있다. …… 자연법을 어떻게 규정하든 어린애가 노인에게 명령하고 바보가 현명한 사람을 이끌며, 대다수의 사람들이 생존에 꼭 필요한 최소한의 것마저 갖추지 못한 채 굶주리는 판국인데 한 줌의 사람들에게서는 사치품이 넘쳐 난다는 것은 명백히 자연의 법칙에 위배된다.[26]

소유도 구속도 몰랐던 자연 상태의 미개인을 찬양하고 문명사회의 근대인을 저주하는 이런 어법은 당대 사회의 모순과 문제를 효

과적으로 드러내려는 일종의 반어적 수사였다. 1755년 《인간 불평등 기원론》이 발간되자 이 논문을 둘러싼 논란은 걷잡을 수 없이 커졌다. 특히 논란이 집중된 부분은 《인간 불평등 기원론》 2부 첫머리였다.

> 인류사상 최초로 한 조각의 땅에 울타리를 치고 "이 땅은 내 것이다"라고 말할 생각이 든 사람이 …… 바로 문명사회를 처음 세운 사람이다. 만약 누군가가 나서서 말뚝을 뽑아버리고 이웃들에게 "조심해라. 사기꾼을 믿어서는 안 된다. 땅의 산물은 모든 사람 것이지만 땅은 그 누구 것도 아니라는 사실을 잊으면 파멸할 것이다"라고 외쳤더라면 인류는 그 많은 범죄와 전쟁과 살인을 겪지 않아도 되었을 것이다.[27]

이미 〈학문·예술론〉에서 견해의 차이를 보았던 볼테르는 사유재산을 규탄하는 이 부분을 읽으며 책의 여백에 "이것은 부자들이 가난한 사람들에게 약탈당하는 것을 보고 싶어 하는 거지의 철학이다"라고 썼다.[28] 제네바 근처에 커다란 영지를 구입한 볼테르에게 루소의 주장은 확실히 위협적이었을 것이다. 볼테르는 또 이 논문을 두고, 읽다 보면 "네 발로 기고 싶은" 충동이 일어나는 책이라고 비꼬았다.[29] 그러나 이 말은 루소의 책을 일부러 오독했거나 잘못 이해하고서 내뱉은 것이었다. 루소는 이 논문 안에서 벌써 이렇게 말하고 있기 때문이다.

그렇다면 어떻게 해야 하는가? 사회를 파괴하여 내 것과 네 것의 경계를 없애고 숲으로 들어가 곰들과 함께 살아야 할 것인가? 이것이 나의 적대자들이 내리는 결론이지만, 나는 그와 같은 결론을 끌어냈다는 것에 대해 그들에게 수치심을 안겨주고 그에 대한 예방책을 마련하고자 한다. …… 정념이 원시의 순수성을 영원히 파괴해버린 나와 같은 인간들은 이제는 풀이나 도토리로 살아갈 수 없고 법률이나 통치자 없이는 살아갈 수 없다.[30]

다수의 사람들이 루소의 과감한 주장에 거세게 대들었지만, 불평등 탄핵문이자 평등 선언문인 이 논문을 열렬히 옹호하는 사람들도 적지 않았다. 독일 계몽주의 작가 고트홀트 에프라임 레싱(1729~1781)은 〈베를린 특보〉에 쓴 글에서 "그는 어디서나 용감한 철학자이며, 아무리 널리 용인되고 있는 편견이라 해도 결코 따르지 않고 진리를 향해 똑바로 나아간다"라고 《인간 불평등 기원론》에 찬사를 보냈다.

파리에서 명성을 얻은 루소는 1754년 조국 제네바를 방문했다. 잠긴 성문 앞에서 도망치듯 돌아선 지 26년 만에 그는 금의환향했고, 고향에서 열렬한 환영을 받았으며 자신의 옛 종교인 개신교로 돌아갔다. 그는 파리를 떠나 제네바에 다시 정착할 생각을 했다. 그러나 바로 그 무렵 그의 적수 볼테르가 제네바에 눌러앉은 걸 알고 그는 다시 발길을 돌렸다.

《신엘로이즈》, 감수성의 폭발

1756년 루소는 후원자였던 데피네 부인이 파리 근교 몽모랑시에 마련해준 시골 별장 '에르미타주'로 들어가 은거 생활을 시작했다. 이름이 알려질수록 그를 향한 비난도 거칠어졌고 예민한 루소는 그런 말들을 견디지 못했다. '은자의 집'을 뜻하는 에르미타주는 그의 정신 상태에 꼭 맞은 이름이었다. 무더운 여름 루소의 상상력은 이 한적한 시골집에서 더욱 광포하게 타올랐다. 사랑을 향한 가없는 갈증이 그의 머릿속에서 이상적인 여인을 탄생시켰다. 자신이 조각한 여인상에 빠져들었던 그리스 신화의 조각가 피그말리온처럼 루소는 이 몽상 속의 여인과 애절하고도 뜨거운 편지를 주고받았다. 이 환상의 여인과 사랑에 빠져 있을 때 루소의 은거지에 데피네 부인의 시누이 소피 두드토 부인이 나타났다. 파리 시절 알고 지내던 그 젊은 귀족 부인과 시골 별장에서 재회하자 루소의 가슴은 순식간에 열정의 불길로 타올랐다. 안타까운 것은 두드토 부인이 루소의 친구 생랑베르에게 빠져 있었다는 사실이다. "우리는 둘 다 사랑에 도취돼 있었다. 그녀는 그녀의 애인에게, 나는 그녀에 대한 사랑에." 루소는 현실의 두드토 부인에게 털어놓지 못한 모든 정념과 사랑의 말들을 자신이 잉크와 종이로 창조한 환상의 여인 쥘리에게 쏟아부었다. 애초 흐릿했던 이 종이 위의 여인은 두드토 부인의 이미지를 껴안으면서 생기와 활력으로 살아 움직이기 시작했다. 처음엔 그저 편지를 주고받는 관계였던 쥘리는 점차 열렬한 연애소설의 여자 주인공이 되어 갔다.

그러나 두드토 부인을 향한 은밀한 열정도 오래 가지 못했다. 루소의 마음을 알아챈 데피네 부인의 질투심이 발동했다. 그녀는 루소의 후원자로서 모욕감을 느꼈다. 에르미타주에 들어간 지 1년 반 만에 루소는 그곳을 떠나야 했다. 1757년 12월 그는 몽모랑시의 몽루이로 옮겼다. 이번에는 뤽상부르 공작이 마련해준 집이었다.

이 무렵 루소의 정신 한가운데서 처음으로 박해 망상이 나타났다. 루소는 자신이 누군가의 음모 때문에 데피네 부인과 불화하고 그녀의 별장에서 쫓겨났다고 생각했다. 그 음모가들의 명단에 그는 가깝게 지내던 친구들의 이름을 하나씩 올리기 시작했다. 독일에서 온 작가 프리드리히 멜키오르 그림이 제일 먼저 적으로 들어섰다. 그림이 데피네 부인을 꼬드겨 자신을 파멸시키려 한다고 생각한 루소는 그에게 절교 편지를 보냈다. 그런 의심이 전혀 근거가 없는 것은 아니었지만, 피해망상적 상상력은 작은 실마리를 거대한 파멸의 음모로 확장했다. 이어 디드로와 처음으로 충돌이 일어났다. 1758년 달랑베르가 《백과전서》 제네바 편에 쓴 글이 자신의 조국을 모욕했다고 느낀 루소는 〈연극에 관해 달랑베르에게 보내는 편지〉를 써 보냈다. 그는 엄격한 칼뱅 도덕주의자 편에 서서 극장은 도덕성을 함양하는 학교가 아니기 때문에 제네바에는 그런 것이 필요 없다고 주장했다. 바로 몇 년 전까지 극장에서 오페라 작곡가로서 성공해보려 발버둥 쳤던 그는 자신의 과거를 까마득히 잊어버렸다. 어쨌든 이 편지에서 루소는 백과전서파로부터 독립을 선언했고, 특히 서두에서 디드로와의 절교를 명시했다. 디드로는 루소에 대해 이렇게 말했다.

이 사람은 나를 불안감으로 가득 채웠다. 그가 옆에 있으면 저주받은 영혼이 내 곁에 있는 것만 같았다. 나는 다시는 그를 보고 싶지 않다. 그는 내게 지옥과 악마를 믿게 만들었다.[31]

이어 1760년 루소는 볼테르에게 편지를 보냈다. 편지는 명료한 한 문장으로 끝났다. "나는 당신이 싫다."[32]

루소는 몽루이에 파묻혀 산 5년 동안 자기 삶에서 가장 창조적인 시절을 보냈다. 먼저 쥘리와의 사랑을 그린 소설이 1758년 가을 '쥘리 혹은 신엘로이즈'라는 이름으로 완성됐다. 《신엘로이즈》는 순식간에 유럽 전역을 강타했다. 이 소설은 사랑의 최고 형태가 도덕과 미덕의 완성에 있음을 설교했다.

도의가 사랑을 떠나면 사랑은 그 가장 큰 매력을 잃게 됩니다. 사랑의 가치를 전부 느끼기 위해서는 마음이 사랑에 만족해야 하고 사랑은 사랑의 대상을 고양시키면서 우리를 고양시켜야 합니다. 완벽성에 대한 관념을 제거하면 열광이 사라지고 존경을 제거하면 사랑은 아무것도 아닙니다.[33]

그러나 이런 도덕적 설교만 있었다면 이 소설이 그토록 막대한 반향을 불러일으킨 공전의 베스트셀러가 되지 못했을 것임은 분명하다. 다른 어떤 것에 앞서 이 소설은 새로운 감수성의 도래를, 새로운 묘사법의 등장을 알렸다. 쥘리의 연인 생프뢰가 토해내는 열변은 이전에는 들어본 적 없는 감각성으로 열정의 황홀경을 섬뜩하게 드러냈다.

당신의 입술에서 무슨 독을 빨아 마셨는지 피가 부글부글 끓고 지글지글 타는구려. 나는 그 독 때문에 죽을 것 같소. …… 하늘의 불길도 지금 나를 벌건 불꽃으로 휩싸는 이 불길만큼 내 몸을 사르게 할 순 없을 거요. …… 오, 나의 달콤한 여인이여, 우리 죽어버립시다![34]

《신엘로이즈》는 문학의 새로운 시대가 열렸음을 알리는 전령이자 전범이었다. 한 남자가 자신의 모습을, 자신의 감정을 그렇게 완전히 드러내는 일은 전에는 볼 수 없었던 현상이었다. 나아가 루소는 소설 속 인물들의 내밀한 사랑에 자연을 불러들였는데, 이 또한 과거에는 볼 수 없는 새로운 것이었다.

비밀스런 마법이 모든 사물을 아름답게 만들고 나의 감각을 매수했나보오. 사람들은 당신의 행복한 연인에게 그가 숭배하는 아름다운 여인과 그를 불태우는 불꽃에 걸맞은 신방을 마련해주려고 대지가 스스로를 치장한다고 생각할 것이오. …… 사랑의 불길이 없으면 죽은 것이나 마찬가지인 자연에 생기를 불어넣읍시다![35]

그리하여 질서와 이성과 형식과 절제를 본질로 하는 고전주의 문학이 끝나고 감정과 심장과 느낌과 눈물을 주조로 하는 낭만주의 문학이 들어섰다. 괴테의 《젊은 베르테르의 고뇌》도 루소의 《신엘로이즈》라는 거의 히스테리 수준의 '감수성의 혁명'이 없었다면 결코 그 모습으로 등장할 수 없었다.

《에밀》과 《사회계약론》

몽루이의 거처에서 《신엘로이즈》 집필을 마친 루소는 곧바로 다음 작품 《에밀》 집필에 들어갔다. 자기 아이들을 모두 고아원에 버린 루소는 다시 한 번 자기 존재의 현실 저편에서 상상력을 최대치로 가동해 어린이 교육에 관한 소설적 작품을 집필한다. 그는 《에밀》을 완성하는 데 꼬박 3년을 들였다. 서문에서 "무질서한 데다 거의 일관성이 없는 성찰 및 관찰들을 모은 아주 하잘것없는 작품"[36] 이라고 이 저작을 낮추어 이야기했지만, 1000쪽에 이르는 이 대작은 루소의 모든 고민과 경험과 열망이 한데 얽혀 들어가서 인간 정신이 이루어낼 수 있는 최고의 업적 가운데 하나가 되었다. 《에밀》은 루소의 내적 모순이 극한에 이르러 폭발한 작품이기도 했다. 루소는 자신이 겪었던 본질적 경험들을 부정하고 거부함으로써 어린이 교육의 모범을 창출하려 했다. 어려서부터 한순간도 독서광이 아니었던 적이 없는 루소는 단호하게 "나는 책을 싫어한다. 그것은 알지도 못하는 것에 대해 이야기하는 법만을 가르친다"라고 선언한다.[37] 독서로 인해 자신의 본래적 순수성이 위협받고 깨졌다고 생각한 것이다. 삶의 진실을 보려면 책이 아니라 자연을 향해야 한다. 그리하여 그는 어린이에게서 책을 빼앗아야 한다고 주장한다.

> 그렇게 나는 아이에게서 모든 과제를 없앰으로써 아이의 가장 불행한 도구, 즉 책을 제거하는 것이다. 독서는 아이에게 재앙인데도 어른들이 빠지지 않고 시키는 거의 유일한 것이다. 열두 살이 되어야 에밀은 겨우 책이라는 것이 무엇인지 알게 될 것이다.[38]

루소의 이런 독특한 주장은 그 나름의 일관된 사상에 근거한 것이었다. 그는《에밀》첫 줄에서 이렇게 단언한다. "모든 것은 조물주의 손에서 떠날 때는 선하지만, 인간의 손에 들어오면 타락한다." 그러므로 순수하게 태어난 아이에게서 그 순수성을 보존해주려면 인간의 손때가 묻은 것들에서 아이를 멀리 떼어놓아야 한다. 자연 속에서 자연과 함께 자랄 때 아이의 정신은 깨끗함을 유지할 수 있다. 그러나 아무리 신경 써서 아이를 자연 속에서 키우더라도 아이는 결국 사회로 돌아갈 수밖에 없다. 루소는《에밀》에서 인간을 타락시키고 고통에 빠뜨리는 불합리하고 비인간적인 사회 제도를 강력하게 성토한다.

> 스스로 벌지 않은 것으로 빈둥대며 먹고 사는 사람은 그것을 훔친

것과 같다. 아무 일도 하지 않으면서 국가가 지불하는 보조금을 받는 사람은 여행자를 희생시켜 살아가는 노상강도와 다름없다. …… 그러므로 일을 하는 것은 사회적 인간에게는 필요 불가결하다. 부자든 빈자든, 강자든 약자든, 일하지 않고 놀고먹는 시민은 모두 도둑인 것이다.[39]

이 급진적인 목소리는 30년 후에 올 프랑스대혁명을 예견하는 문장과 연결돼 있다.

당신은 현재의 사회 질서를 신뢰한다. 그것이 불가피한 변혁을 면할 수 없다는 사실을 생각지도 못한 채 말이다. 귀족이 하인이 되고, 부자가 가난한 자가 되며, 군주가 신하가 된다. 그런 운명적인 사건은 너무나 희귀해서, 당신은 그런 사건에 말려들지 않을 것이라고 생각하는가? 우리는 위기 상황과 변혁의 시대에 접근하고 있다.[40]

《에밀》은 교육학과 정치학과 인간학이 총체적으로 결합된 저작이다. 《에밀》이 뒷세대에 끼친 영향은 문학에서 《신엘로이즈》가 끼친 영향을 능가했다. 시계처럼 정확하게 생활했던 독일 철학자 이마누엘 칸트는 딱 한 번 산책하는 것을 잊어버렸는데, 그때 바로 《에밀》을 읽고 있었다. 근대 교육학의 아버지로 불리는 요한 하인리히 페스탈로치는 루소의 이 저작에서 영감을 얻어 새로운 교육 운동을 시작했다.

루소는 《에밀》을 집필함과 동시에 그의 3대 저작 가운데 마지막 한 권인 《사회계약론》도 함께 썼다. 두 작품은 거의 동시에 완성됐으며, 거의 동시에 출간됐다. 《사회계약론》은 "인간은 본래 자유인으로 태어났다. 그런데 그는 어디서나 쇠사슬에 묶여 있다"라는 문장으로 시작하는데, 그것은 《에밀》의 첫 문장에 정확히 대응했다. 《사회계약론》은 인간이 지닌 본질적 자유에 관한 혁명적 선언이었다. 이 글에서 루소는 《인간 불평등 기원론》에서 제기한 문제, 곧 타락한 사회를 어떻게 재건할 것인가 하는 문제에 대한 대답을 시도했다.

루소는 동시대 계몽철학자들처럼 인간성의 꾸준한 향상과 사회의 자연스런 발전을 믿기를 거부했기 때문에, 참으로 인간다운 새로운 사회를 만들어내려면 훨씬 더 근본적인 처방이 있어야 한다고 생각했다. 여기가 바로 그의 역사적 비관주의가 혁명적 의지주의로 도약하는 지점이다. 그는 모든 개인이 한 사람의 시민으로서 혹은 한 사람의 도덕적 행위자로서 지닌 공통의 의지를 '일반의지'라고 명명하고 그 일반의지의 이름으로 완전하고도 절대적인 사회계약을 요구했다. 이때의 사회계약은 "구성원 각자가 전체 공동체에 모든 권리와 함께 자신을 전적으로 양도하는 것"이자 "각자가 자신의 신체와 모든 능력을 공동의 것으로 만들어 일반의지의 최고 감독 아래 두는 것"을 말한다.[41] 여기서 일반의지는 공동체를 구성하는 모든 개인들의 개별 의지 안에 있는 공통의 의지이기 때문에, 일반의지에 복종하는 것은 결국 자기 자신의 의지에 복종하는 것과 같다. 그리하여 일반의지에 대한 복종은 각자가 자기 자신으로 서는 자유의 행위가 된다. 복종이야말로 자유의 실현이다. 그러나 구체적인 현실에서는 개별 의지들이 일반의지를 항상 실현할 수는 없다는 것을 루소도 알고 있었다. 따라서 그는 일반의지를 제대로 실현할 수 있도록 공동체 구성원들의 덕성을 키워줄 교육과 종교의 필요성을 강조했다. 문제는 일반의지를 참칭한 특정한 존재가 일반의지의 이름으로 자신을 절대적 실체로 드높이고 절대적 강제권을 획득하게 될 경우다. 그렇게 되면 그 권력자는 전체주의적 지배자로 떨어질 수도 있게 된다. 자유의 보편적 실현을 보장하는 '일반의지' 개념이 자유의 보편적 말살을 가져오는 폭력적 의지를 승인해주는 꼴이 될 수도 있는 것이다. 루소는 《사회계약론》에서 이런 위험을 충분히 지적하지 않았다.

루소의 책에는 이런 약점이 있었지만, 그 이론이 지닌 '자유와 평등의 보편적 실현'이라는 정당하고도 매혹적인 정신은 프랑스대혁명에 커다란 영향을 주었다. 특히 혁명의 급진화를 이끌었던 자코뱅파의 지도자 막시밀리앙 드 로베스피에르(1758~1794)는 루소를 인류의 참된 스승으로 높이면서 그의 이론을 혁명의 현실에 적용하려 했다. 공안위원회의 로베스피에르 책상 위에는 언제나 루소의 《사회계약론》이 놓여 있었다.

망상에 갇힌 불행한 망명자

1762년 4월 《사회계약론》이 먼저 출간되고 이어 6월에 《에밀》이 세상에 나왔다. 두 저작은 루소의 명성을 극점에 올려놓았다. 그러나 그것은 루소의 삶을 불행의 구렁텅이로 내동댕이치는 일이기도 했다. 파리에서 체포령이 내려졌고 그의 책이 불태워졌다. 《에밀》 4부에 들어간 '사부아 보좌신부의 신앙고백'이 결정적인 문제가 됐다. 루소의 심혈이 짙게 밴 100쪽짜리 소책자 분량의 이 글은 자신의 종교관을 응축해놓은 것이었다. 루소는 여기서 계시종교로서 기독교를 부정하고 이성과 양심을 통해 신의 존재를 입증하는 일종의 '이신론'을 주장했다. 다시 말해, 신을 영원하고도 보편적인 질서의 창조자로 인정하면서도 은총이나 계시를 통해 인간의 삶에 구체적으로 개입하는 전통 신앙의 신관은 부정했다. 그것이 가톨릭과 개신교를 막론하고 모든 정통 기독교인들의 분노를 산 것이다. 논란과 소란은 주로 이 이신론을 두고 벌어졌지만, 루소의 종교관은 관용을 강조한다는 점에서도 당대의 기독교와 충돌했다.

인류의 3분의 2는 유대교도도 이슬람교도도 기독교도도 아니네. 모세나 예수 그리스도나 마호메트에 대해 들어보지도 못한 사람이 얼마나 많은가?

나는 모든 사람들이 서로 사랑하고 형제처럼 여기도록, 또 모든 종교를 존중하고 저마다 계속 자기 종교 안에서 평화롭게 살도록 인도하려고 노력할 것이네. 누군가에게 태어날 때 가졌던 종교를 버리라고 설득하는 것은, 좋지 않은 일을 하라고 설득하는 것이네.[42]

《인간 불평등 기원론》과 《사회계약론》에서 그토록 자랑스러워했던 루소의 조국 제네바는 그가 공화국 땅에 들어오는 것 자체를 금지했다. 루소는 제네바 시민권을 영원히 포기하고 무국적자가 됐다. 그는 체포를 피해 스위스와 프로이센의 이곳저곳을 떠돌았다. 그러는 동안 전 유럽에서 루소에 대한 "전례 없이 광포한 저주의 함성이 터져 나왔다." "온갖 잡지, 온갖 신문, 온갖 소책자들이 무시무시한 경종을 울렸다. …… 내가 불경스런 자, 무신론자, 미친 놈, 공수병자, 야수, 이리라는 것이었다."[43]

더욱 끔찍한 일은 한때나마 동지였던 볼테르가 도망 중인 루소를 더욱 궁지로 몰아넣었다는 것이다. 볼테르는 《시민의 견해》라는 소책자를 익명으로 써 루소의 등에 말의 비수를 꽂았다. 이 소책자를 펴내기 직전 저 유명한 《관용론》(1763)으로 종교적 불관용을 고발했던 볼테르는 자신의 적수에게 관용을 베풀 생각이 없었다. "나와 견해가 다르더라도 그 견해가 억압받는다면 그 억압받는 자와 함께 싸울 것이다"라고 공언했던 이 관용의 사도는 루소에 대해서만큼은 자신의 공언을 식언으로 만들었다. 신랄하고 악의가 번득이는 이 소책자에서 볼테르는 루소가 자식들을 고아원 문 앞에 버렸다고 떠들었다. 나아가 루소가 경비대의 창녀를 끌고 다

넜고, 방탕에 빠져 매독으로 온몸이 썩어 들어가고 있다고 비방했다.[44] 볼테르는 자신이 마치 경건한 기독교인이라도 된 듯, 루소가 예수와 기독교와 그 사제들을 모욕한 '바보이자 중상모략가'라고 비난했다.[45] 추악하고 비지성적인 인신공격의 절정이었다. 루소는 자신을 비열하게 공격한 자가 누구인지도 모른 채 1764년 〈산에서 보내는 편지〉를 써 자신의 '진실'을 힘겹게 방어했다.

두 사람의 싸움은 프랑스 계몽주의 절정에서 벌어진 가장 볼썽사납고 반계몽적인 사건이었다. 백과전서파의 사실상의 우두머리였던 볼테르는 디드로·콩디야크·달랑베르 같은 여러 부관을 거느린 지성계의 사령관이었고, "재사들이 살롱과 카페에서 칼 대신 말로 대결하던 18세기에 제왕처럼 군림했다."[46] 그는 18세기 전반 계몽주의 정신의 대표자였다. 그러나 한 무명의 이방인이 난데없이 나타나 더 전투적이고 더 급진적인 목소리로 포효하자, 볼테르의 위엄은 일시에 흔들렸다. 루소에 비하면 볼테르의 사상은 그리 진보적인 편이 아니었다. 그는 일찍이 프랑스의 루이 15세는 물론이고 독일과 러시아의 이른바 '계몽 군주'들과도 스스럼없이 어울리던 사람이었다. 그가 과격해진 것은 루소의 등장 이후였다. 일종의 명성 경쟁을 벌였던 것이다.

볼테르는 파리와 그 도시의 유쾌함과 사치의 아들이었다. 반면 루소는 제네바의 아들이었고, 자신이 당했던 신분 차별과 자신이 누릴 수 없었던 사치에 대한 반감으로 가득 찬 음울하고도 청교도적인 시민이

계몽주의 시대 백과전서파의 중심이었던 볼테르.

었다. 볼테르는 문명의 죄는 문명이 가져온 안락함과 예술로 상쇄된다고 믿었다. 그러나 루소는 도처에서 불쾌함을 보았고 거의 모든 것을 비판했다. 개혁론자들은 볼테르에게 귀를 기울였고, 혁명가들은 루소에게 귀를 기울였다.[47]

"유럽 문화의 역사에 볼테르와 루소 간의 관계보다 더 깊은 상징적 의미를 지닌 개인적 관계는 없을 것이다."[48] 루소와 볼테르의 갈등은 개인적 충돌을 넘어 한 시대를 양분하는 세계관의 대결이었던 셈이다.

1765년 가을 루소는 스위스 비엔 호수 생피에르 섬까지 쫓겨 들어갔다. 그러나 거기서도 두 달 만에 퇴거 명령을 받은 루소는 파리에 머물던 영국 철학자 데이비드 흄(1711~1776)의 도움을 받아 이듬해 1월 런던에 도착했다. 평소 루소를 높이 평가했던 흄은 그에게 시골의 거처를 마련해주었다. 그러나 흄과의 관계도 1년 만에 파탄을 맞았다. 루소가 박해받는 망명자였던 것은 사실이다. 그러나 그는 자신의 상상력 속에서 그 박해를 망상의 수준으로까지 증폭해 모든 사람이 자신을 파멸의 구렁에 빠뜨리려고 집단 음모를 꾸미고 있다고 생각했고 마침내는 흄마저 그 '암흑의 공작'에 가담했다고 믿었다. 영국에서 지인에게 쓴 편지에서 루소는 이렇게 절규했다. "저는 사람들이 무슨 의도로 저를 영국으로 데려왔는지 모릅니다." "선생님, 너무 괴롭습니다. 당신 앞에는 절망의 문턱까지 내몰린 불행한 사람이 있습니다."[49] 루소는 1767년 영국을 떠나 프랑스 칼레로 들어갔다. 절망감에 사로잡힌 그는 체포의 위험을 무릅쓰고 프랑스 각지를 메뚜기처럼 옮겨 다니는 생활을 시작한다.

《고백》, 전대미문의 자기 폭로

박해 망상과 추적 망상에 시달리던 루소는 자신의 결백을 입증하고 자신의 진실을 낱낱이 알리는 거대한 작업에 들어갔다. 최후의 대작 《고백》 집필이었다. 영국에서 시작해 5년 동안 이어 간 자서전 집필 작업은 문학사의 또 다른 신기원을 이루었다. 루소는 "전례 없는 진실성으로 유일무이한 작품을 만들겠다"는 결심대로 이 고백록에서 자신의 밝은 면은 말할 것도 없고, 인간이라면 감추고 싶어 할 수밖에 없는 모든 추악하고 비열한 모습을 있는 그대로 드러냈다. 자신이 기억할 수 있는 모든 세세한 체험을 거기에 담았다. 삶의 어둠과 밝음을 거짓 없이 그려냄으로써 그는 자기 내면의 진실성을 이해받고 싶어 했다. 사후 출간된 《고백》은 이 전대미문의 자기 폭로로 근대 문학의 특정한 양식을 창시한 작품이 됐으며, 이 책을 따라 수없이 많은 고백록들이 쏟아졌다. 그리하여 루소 이후 처음으로 체험문학, 고백문학이라는 개념이 성립했다. "자기 작품들이란 모두 '거대한 고백의 조각들'에 불과하다고 선언했을 때 괴테가 염두에 둔 것도 이런 루소적인 개념이었다. 문학에서 자기 관찰과 자기 탐닉에 대한 병적인 열광, 그리고 벌거벗은 자기 자신을 드러내면 드러낼수록 작품은 더욱 진실하고 설득력 있게 된다는 견해는 루소의 정신적 유산에 속한다. 이후 100년 내지 150년간의 서양 문학에서 비중 있는 업적은 모두 이런 주관주의의 낙인이 찍혔다."[50)]

1770년 《고백》을 완성한 루소는 시골의 도피 생활을 청산하고 파리로 돌아오는 모험을 감행했다. 늙고 병든 그는 8년 동안의 도피 생활에 지쳤다. 루소는 지인들의 집에서 《고백》의 내용 일부를 낭독했다. 그러나 이 소식을 들은 왕년의 후원자 데피네 부인이 자신의 치부가 드러날까 봐 경찰청장을 찾았고, 루소는 낭독을 금지당했다. 이 경험은 잠복해 있던 박해 망상을 다시 깨워 일으켰다. 1772년 그는 쇠약한 몸에서 갈취하듯 마지막 기력을 뽑아 4년에 걸쳐 《대화: 루소는 장 자크를 심판한다》를 집필했다. 웅변과 광기로 가득 찬 이 작품은 박해에 대한 최후의 저항이었다. 《대화》는 말년에 특히 그를 괴롭혔던 망상에 대한 충격적 기록이자 증명이기도 했다. 그는 이 작품의 맨 앞을 꾸미는 제사를 이렇게 썼다. "아무도 나를 이해하지 못하기 때문에 여기서 나는 이방인이다." 그것은 그가 처음 파리에 와 절망의 밑바닥에서 썼던 〈학문·예술론〉의 제사를 반복한 것이었다. 1776년 4월 여전히 박해받고 있다고 믿던 루소는 '아직도 정의와 진리를 사랑하는 모든 프랑스 사람들에게'라는 제목의 팸플릿을 만들어 지나가는 사람들에게 배포했다. 그러나 이 실성한 듯한 노인의 말에 귀를 기울이는 사람은 아무도 없었다. 루소는 완전히 체념했다. 모든 것을 포기했다.

> 이제 나는 이 지상에 혼자다. 오직 나 자신뿐, 형제도 이웃도 친구도 사회도 없다. 세상에서 가장 친절하고 애정이 넘치는 한 사람이 이렇게 그들에게서 만장일치로 추방되었다.[51]

그는 '필연에 반항하지 않고 운명에 복종하기로 결심'했다. 그는 자신이 한없이 좋아했던 산과 들을 천천히 산책했고 집에 돌아오면 '몽상'을 담담히 적어 나갔다. 말없이 자신을 반겨주는 꽃과 풀을 채집하고 연구했다. 1778년 돈도 떨어지고 몸도 쇠약해진 루소는 파리 근교 에르므농빌로 이사했다. 그해 7월 2일 아내 테레즈와 아침을 먹은 뒤 그는 두통을 호소하며 쓰러져 11시경에 절명했다. 뇌졸중이었다.

"굴종으로 얻는 평화보다 위험한 자유를 선택하겠다"

루소의 삶은 모순과 대결과 갈등의 연속이었다. 그는 모든 것들과, 심지어 자신의 삶 자체와도 불화했지만, 단 하나, '자유'라는 자기 삶의 원칙과는 다투지 않았다. 그는 처음부터 끝까지 이 원칙을 고수했다. 그에게 자유는 "원하는 것을 하는 것이 아니라 원하지 않는 것을 하지 않는 것"이었다.[52] 《인간 불평등 기원론》에서 그는 "자유는 인간의 여러 가지 능력 가운데 가장 고귀한 것"이며, 생명과 자유야말로 자연의 본질적 선물이라고 선언했다. "자유를 제거하면 인간의 품위가 떨어지고 생명을 제거하면 인간의 존재는 소멸한다. 이것을 포기하는 것은 자연과 이성을 동시에 거스르는 일이다."[53] 그러나 루소는 이런 소극적인 자유를 넘어 더 많은 자유를 원했다. 《사회계약론》에선 또 이렇게 선언했다. "인간이 자유를 포기한다는 것은 곧 인간의 자격, 인간의 권리, 나아가 그 의무까지 포기하는 것이다."[54] "나는 굴종으로 얻는 평화보다 위험한 자유를 선택하겠다."[55] 그는 자유를 절대적 가치로 끌어올린 최초의 철학자였다.

"자유는 자유로운 인간 마음속에 있다. 자유로운 인간은 어디에 가서도 자유로우며, 악한 인간은 어디를 가도 노예 상태에 있다."[56] 그에게 자유의 반대말은 곧 '악'이었다. 루소는 이 자유의 원리를 단 한순간도 저버리지 않았다. 루소는 자유의 원리를 지켜냄으로써 자기 존재의 모순을 극복했고, 불화 속에서 일관성을 찾아냈으며 패배 속에서 승리하였다.

그가 죽고 11년 뒤 프랑스대혁명이 터졌다. 1794년 국민공회는 루소의 시신을 혁명 영웅들의 전당 팡테옹 신전으로 옮겼다. 프랑스혁명을 이끌었던 로베스피에르는 루소에 관해 이렇게 말했다.

> 아, 혁명의 선구자였던 그가 혁명을 직접 보았더라면, 그의 고결한 정신은 틀림없이 극도로 감격해 정의와 평등의 사업을 옹호했을 것입니다. 누가 그것을 의심하겠습니까.[57]

20세기 사회사가 아르놀트 하우저의 평가야말로 적실하고도 온당하다.

루소가 끼친 영향력의 깊이와 폭은 이루 헤아릴 수 없을 정도다. 그는 후일의 마르크스나 프로이트처럼 한 세대가 지나기 전에 수백만 사람들의 생각을 변화시키고 또한 일일이 그 이름을 알 수 없는 수많은 사람들의 사상을 변화시킨 위대한 정신들 중의 하나다. 어쨌든 18세기 말이 되면 지식인의 범주에 드는 사람치고 루소 사상에 감염되지 않은 사람이 거의 없다시피 했다. 이러한 영향력이란 한 작가가 가장 심오한 의미에서 자기 시대의 대표자요 대변자일 때에만 가능한 법이다. 루소는 그 자신 민중의 한 사람으로서 말한 최초의 인물이요 민중을 위해 말하는 것이 곧 자기를 위해 말하는 것이기도 했던 최초의 인물이며, 다른 사람에게 반역을 고취할 뿐만 아니라 스스로 한 사람의 반역아였던 최초의 인물이다. 그의 선배들이 개량주의자, 사회개혁자, 박애주의자였다면 그는 최초의 진정한 혁명가였다.[58]

푸코는 어떤 도덕도 도덕적이지 않음을,
설교대 뒤에 어두운 야심이, 지배의 욕망이 도사리고 있음을
폭로했다. 서양 정신이 오랫동안 붙들고 있던
믿음의 뿌리를 뽑아 올려 그 뿌리가 썩었음을 만인에게 알렸다.
학문 세계를 통치하던 모든 권위의 상징물들은
그의 망치질에 산산이 부서지고 철거되었다.

미셸 푸코

Michel Foucault

한없이 자유에 가까운 광기

미셸 푸코(1926~1984)는 배덕자였다. 근대 서구가 수백 년 동안 쌓아 올린 도덕의 신전을 모독한 사람이었다. 어떤 도덕도 도덕적이지 않음을, 설교대 뒤에 어두운 야심이, 지배의 욕망이 도사리고 있음을 폭로한 사람이었다. 그는 배교자였다. 서양 정신이 오랫동안 붙들고 있던 믿음의 체계를 조롱하고 더럽히고 거꾸러뜨린 사람이었다. 신념의 뿌리를 뽑아 올려 그 뿌리가 썩었음을 만인에게 알린 사람이었다. 그는 지식계의 무뢰한이었다. 아무리 고상한 진리도, 아무리 고귀한 교훈도 그의 망치를 피해 가지 못했다. 학문 세계를 통치하던 모든 권위의 상징물들은 그의 망치질에 산산이 부서지고 철거되었다. 거짓의 바벨탑은 속절없이 무너졌다.

그가 망치를 휘두르고 믿음의 뿌리를 뽑고 도덕을 규탄한 데는 절박한 이유가 있었다. 그는 자신이 근대 세계가 구축한 믿음과 도덕과 진리의 감옥에 처박힌 수인이라고 느꼈다. 죄 없이 잡혀가 처벌받는 자, 감시당하고 교화당할 처지에 놓인 자라고 느꼈다. 그는 자기 내부에서 꿈틀거리는 '비정상성'에 쫓기는 자였다. 강박관념 속에서만 그런 것이 아니었다. 실제로도 그의 정신은 광기에 근접

한 곳에서 오랫동안 흔들렸다. '정상인'의 세계에서 격리되고 수용되어 마땅한 '광인'이 그 자신이었다. 그의 광기는 '비정상'의 또 다른 이름인 '동성애'를 동반한 것이어서 더욱 집요하고 혹독했다. 아니, '정상인'의 눈에는 동성애 자체가 비이성이고 광기였다. 동성애는 영혼의 질병이었고, 동성애자는 교정받고 치료받아야 할 환자였다. 그는 이성애가 보편으로, 정상으로 통하는 세상에서 자신의 기밀을 드러낼 수 없었다. 그는 '정상인'들의 사회에서 영원한 타자, 영원한 이방인, 영원한 소수자였다. 그 독특한, 불행한 자리에서 그는 세상을 다르게 보았다. 놀라운 일들이 벌어졌다. 서양 근대 역사 전체가 그에게는 거대한 위선, 거대한 기만, 거대한 감옥으로 다가왔다. 그래, 이것들을 무너뜨리지 않으면 안 된다. 그는 수용소 같은 자신의 세계에서 아무도 모르게 단단한 망치를 만들기 시작했다.

파리고등사범의 광기 어린 천재

푸코의 개인사는 엘리트가 갖춰야 할 조건을 거의 모두 갖춘 것처럼 보인다. 푸코의 아버지 폴 푸코는 프랑스 남서쪽 고색창연한 작은 도시 푸아티에의 명망 있는 외과의사였다. 1926년 푸코가 태어났을 때 그에게 부족한 것은 아무것도 없었다. 유복한 부르주아의 아들이 아버지의 뜻대로 가업을 이어받았다면, 뒷날의 푸코는 없었을 것이다. 예정된 삶의 경로를 벗어나게 만든 것은 아버지와의 불화였다. 푸코는 아버지를 증오했고, 마찬가지로 아버지의 세계를 증오했다. 인생의 진로를 선택해야 했을 때 푸코는 의사의 길을 완강히 거부했다. 그는 역사를 좋아했고 문학에 심취했다. 이 어린 역사학도, 명민한 문학 소년은 1943년 바칼로레아(대학 입학 자격시험)를 치른 뒤 '파리고등사범'을 진학 목표로 삼았다. 현대 프랑스 지성사를 수놓은 수많은 별들을 쏘아 올린 이 고등교육기관은 인문 분야의 우수한 두뇌만을 가려 키우는 지성의 산실이었다. 여유 있는 집안의 똑똑한 자식이라고는 하지만 지방 소도시에서 저 오만한 엘리트의 전당을 노린다는 것은 커다란 도전이었다. 1945년 첫 번째 도전에 실패한 열아홉 살의 푸코는 아무런 애정도 없었던 고향을 떠나 파리 앙리 4세 고등학교의 고등사범 준비반에 편입학했다. 샤를 드골 장군의 입성과 함께 독일군의 손아귀에서 벗어난 지 막 1년이 지난 수도에서 시골뜨기 재수생 푸코는 와신상담, 절치부심했다. 푸코는 악착같이 공부했다. 그 시절 이 미래의 사상가에게 의미심장한 만남이 다가왔다. 앙리 4세 고등학교에서 철학을 가르치던 젊은 선생 장 이폴리트였다. 이폴리트는 전후 프랑스에 헤겔 철학 바람을 일으킨 중심 인물이었다. 그 바람을 일으키기 직전이었던 그는 앙리 4세 고등학교에 겨우 두 달 몸담았다가 곧바로 대학 강단으로 갔지만, 푸코는 그의 매혹적인 강의에서 헤겔의 목소리를 들었고, 철학의 목소리를 들었다.[1] 세이렌의 노랫소리와도 같은 그 목소리에 사로잡힌 푸코는 죽을 때까지 철학의 포로가 된 자신을 원망하지 않게 될 것이다. 이듬해 푸코는 파리고등사범 입학시험에 합격했다. 전국에서 뽑힌 38명의 합격자 가운데 4등이었다.

1946년 가을 파리고등사범의 교정에 스무 살 신입생 푸코는 첫발을 내디뎠다. 장 폴 사르트르가 거닐었고 앙리 베르그송, 로맹 롤랑이 공부하던 그 교정이었다. 파리고등사범에 입학했다는 것은 출세로 가는 고속열차 표를 얻었다는 것과 같은 뜻이었다. 그러나 이 열차에 올라타자마자 푸코는 어지러움과 메스꺼움을 느꼈다. 현기증 나는 속도에 실려 그의 내부에서 으르렁거리던 야수 같은 기질이 기어나왔다. 아픈 짐승처럼 기숙사 방에 틀어박혀 있다가도 사람을 만나기만 하면 격렬한 논쟁을 벌였고 불같이 화를 냈으며 사방에 공격성을 드러냈다. 고등사범 학생들은 남보다 뛰어나야 한다는 생각이 몸에 밴 이들이었다. 거만한 엘리트주의가 거들먹거리며 활보하는 곳이 그곳이었다. 푸코는 그런 행태를 볼 때마다 할 수 있는 한 최대의 야유와 조롱을 퍼부었다. 그러나 그렇다고 해서 푸코 자신이 고등사범의 엘리트주의 바이러스에 면역돼 있는 것은 아니었다. 자만심으로 치면 푸코를 따를 자가 없었다. "푸코는 자신이 소유하고 있다고 믿는 천재성을 과시하기를 좋아했다. 그것이 좀 심했기 때문에 그는 곧 거의 모든 사람들로부터 미움을 샀다. 그리고 반쯤 미치광이 취급을 받았다."[2] 그것이 끝이 아니었다. 푸코의 행동은 유별난 학생들 가운데서도 유별났다. 그의 광기는 허용치를 넘어선 것이었다.

푸코는 검은색 양복에 흰색 터틀넥을 즐겨 입었다. 뒷날 옷차림만으로도 벌써 주인공을 알아보게 할 '푸코 패션'이었다.

"어느 날인가는 교실 바닥에 누워 면도칼로 가슴을 그으려는 순간 어떤 선생이 보고 제지한 적도 있었다. 또 한번은 밤새도록 손에 칼을 들고 한 친구를 쫓아다닌 적도 있었다."[3)]

이어 자살 충동이 뒤따랐다. 푸코는 고등사범을 졸업할 때까지 여러 번 자살 시도를 했고, 주변에선 그가 자살을 저지르지 못하도록 감시해야 할 정도였다. 고등사범 입학 후 2년이 지난 1948년 푸코의 아버지는 아들을 데리고 정신 치료를 받으러 병원을 찾았다. 푸코는 3주 만에 병원을 빠져나왔는데, 그때 막 알게 된 한 선배의 충고를 따른 것이었다. 그 선배는 뒷날 프랑스 공산당의 유명한 이론가가 된 루이 알튀세르(1918~1990)였다. 고등사범 조교였던 알튀세르는 그 자신도 정신 이상 증세가 있었고, 나중에는 정신착란 상태에서 사랑하는 아내를 목졸라 죽이기도 했다. 어쨌거나 두 사람은 그 시절 동병상련의 우정을 주고받았다.

정신분석학, 실존주의, 마르크스주의를 넘어

푸코의 정신이 위험 수위를 넘나든 것은 말 못할 사정에 기인한 바가 컸다. 동성애였다. 1940년대 말, 그리고 그 후로도 오랫동안 동성애는 비난의 대상이자 치료의 대상이었다. 말하자면 그것은 범죄적 행위였고 도덕적 과오였다. 밤에 몰래 기숙사를 빠져나가 동성애자들의 술집에 갔다 온 날이면, 푸코는 수치심과 모멸감과 혐오감으로 자리에 앓아누웠다. 그 무렵 푸코와 유사한 나날을 보낸 한 작가는 동성애자로서 그때의 심리 상태를 이렇게 요약했다.

> 1) 나는 내 주위의 그 누구에게도 말하지 못할 이상한 일에 흥미를 느껴 다른 사람들과 동떨어져 살게 될 것이며, 2) 이런 상황은 끊임없는 고통의 원천이 될 것이지만, 3) 그러나 이것은 또한 나의 은밀한 우월성의 표지라는 것을 깨달았다. 자만심과 당혹감이 혼합된 채 일반인으로부터 비난의 표적이 되고 있는 어떤 비밀결사에 들어간다는 사실이 나의 청소년 시절을 심하게 동요시켰다.[4)]

그러니까 푸코는 동성애로 인해, 죄를 저지르고 있다는 치욕감과 남들과 다른 존재라는 우월감을 동시에 느꼈다. 그러나 우월감은 쉽게 허물어졌어도 치욕감은 좀처럼 사라지지 않았다. 푸코는 정신적 궁지에서 벗어나보려고 심리학과 정신의학과 정신분석학 책들을 닥치는 대로 읽었다. 그는 그 분야의 사실상의 전문가가 되었다. 그렇다면 푸코는 왜 정신분석학자가 되지 않았을까?

> 그 당시는 정신의학과 정신분석학의 시대였다. 의사들은 성직자와 경찰관의 뒤를 이어 동성애에 대해 준엄한 논고를 했는데, 그들의 논고는 외관상 과학의 권위를 띠고 있었으므로 더욱 더 사람들에게 설득력이 있었다. 그들의 어조는 마치 자녀를 걱정하는 아버지와도 같았다. 정신분석학자가 "나는 행복한 동성애자를 만난 적이 없다"라고 쓴 글

을 읽을 때마다 나는 그 판결을 의심할 수 없는 진리로 받아들였고, 나의 불행한 운명 속에 더욱 더 몸을 움츠렸다.[5)]

자신의 뒤바꿀 수 없는 운명을 과학의 이름으로 단죄하는데, 그 정신분석의 판관들과 똑같은 옷을 입고 '이성의 법정'으로 들어갈 수는 없는 일이었던 것이다. 이 과학과 이성은 머지않아 푸코가 기나긴 싸움을 벌일 상대가 된다. 그러나 우선은 더 많은 공부가 필요했다. 이 학문의 어린 사자는 닥치는 대로 지식을 먹어치워 몸집을 키웠다. 플라톤에서부터 헤겔에 이르기까지 철학의 전통을 모조리 섭렵했을 뿐만 아니라 그 시절 프랑스 지성계를 지배하고 있던 실존주의와 마르크스주의를 왕성하게 포식했다. 당시 실존주의와 마르크스주의는 헤겔 철학의 품에서 키워진 쌍생아였다. 2차 세계대전 중 나치의 지배 아래서 싹튼 실존주의는 그 대표자 사르트르(1905~1980)의 '사회 참여' 활동의 힘을 받아 거역할 수 없는 권위로 군림했다. 사르트르는 수많은 구조주의 전사들의 협공으로 물러날 때까지 20여 년 동안 한 치의 흔들림도 없이 프랑스 지성계의 권좌를 지켰다. 마찬가지로 마르크스주의는 2차 세계대전 중 레지스탕스 운동의 선봉이었다는 빛나는 훈장을 앞세우며 프랑스 지식인들을 굴복시켰다. 지식인치고 마르크스주의를 기웃거리지 않은 사람이 없었고, 공산당원이 아니면 지식인 축에도 끼기 어려웠다. 사르트르는 자신의 저서 《변증법적 이성 비판》에서 마르크스주의의 지배력을 "우리 시대의 넘을 수 없는 지평"이라고 묘사했다. 지식인들이 그 지평을 넘어서기까지는 30년의 세월이 걸렸다. 동유럽 사회주의의 암담한 현실이 알려지고 특히 소련의 반체제 작가 알렉산드르 솔제니친의 《수용소군도》가 서방에 소개된 1970년대 후반에야 마르크스주의의 위력은 마침내 꺾이기 시작했다.

푸코는 이 이성의 목소리를 외면할 수 없었다. 이성의 목소리, 요컨대, 마르크스주의와 실존주의는 '주체의 철학'이었다. 이때의 주체는 역사 발전의 주체였고 자본주의의 모순을 뚫고 나갈 주체였고, 이 의미 없는 삶에 결단과 실천으로 의미를 부여하는 주체였다. 주체는 모든 존재하는 것들에 가치를 부여하는 주권자였고 그러므로 이 세계의 존재 근거였다. 푸코는 이 주체의 위엄에 찬 부름에 철학 공부로 응답했다. 입학시험을 준비하던 때와 똑같이 푸코는 정신의 흔들림 속에서도 마치 전투를 치르듯 공부에 매달렸다. 그러나 자신의 주위를 휘감고 있는 '주체의 철학'은 이 동성애자를 삐딱하기 그지없는 시선으로 내려다보았다. 정신이 오락가락하는 이 성도착자를 주체로 받아주기에는 뭔가 탐탁지 않은 게 있었던 것이다. 1950년 알튀세르의 권유를 받아 공산당에 입당했던 푸코는 3년 만에 공산당에서 탈퇴했다. 당시의 프랑스 공산당은 동성애를 '부르주아적 악덕 · 퇴폐'로 규정했고, 푸코는 그 규정의 구속감을 견디지 못했다. 해방의 사상은 이 성적 소수자에게 억압의 사상이었던 것이다.

프로이트 안에서도 사르트르 안에서도 마르크스 안에서도 평화를 얻지 못한 푸코는 문학에서 위안을 찾았다. 조르주 바타유, 모리스 블랑쇼, 피에르 클로소프스키 같은 작가들에게서 그는 어떤 근본적 동질성을 발견했다. 이들은 정상성을 벗어나 질서의 바깥으로 뛰쳐나가는 위반을 찬미했고, 삶을 극한까지 밀어붙여 얻는 한계 경험을 인식의 참된 도구로 받들었다. 광기야말로 여기서는 비정상이 아니라 이른바 정상의 삶은 도달할 수 없는 탁월한 인식의 통로였다. 그리고 이 위반과 광기의 작가들을 통해 그의 평생의 지적 동반자 프리드리히 니체(1844~1900)를 만날 수 있었다.

니체의 발견, 고고학과 계보학

자살의 심연에 빠지지 않고 고등사범을 졸업한 푸코는 1951년 교수자격시험을 통과했다. 이어 그해 가을부터 모교인 고등사범의 강사가 됐고, 이듬해부터는 릴 대학에도 강의를 나갔다. 강단은 푸코에게 어울리는 장소였다. 스물다섯 살에 푸코는 벌써 능숙한 선생이었다. 다른 강좌보다 훨씬 많은 학생들이 푸코의 강의에 몰려들었다. 연극 같기도 하고 웅변 같기도 한 강의는 지성의 힘으로 학생들의 정신을 빨아들였다. 그의 강의에는 앞으로 점점 더 많은 사람이 몰려들 것이다.

1954년 푸코는 최초의 작품 《정신병과 인격》을 펴냈다. 그러나 처음부터 대가의 솜씨를 발휘하기는 쉽지 않은 일이다. 겸손한 태도로 일관한 이 책은 뒷날 눈부시게 타오를 푸코의 고유한 문체나

푸코의 진정한 스승 프리드리히 니체. 니체의 사유에서 푸코는 자신의 연구의 무기인 '고고학'과 '계보학'을 끄집어냈다.

정신을 찾아보기 어려웠다. 정신병리학을 다룬 첫 저작엔 그가 채 벗어나지 못한 마르크스주의의 그림자가 짙게 깔려 있었다. 진정 푸코다운 작품이 탄생하려면 10년 가까운 세월이 더 흘러야 했다.

《정신병과 인격》을 쓰던 그해에 푸코는 니체의 저작과 조우했다. 운명 같은 만남이었다. 사유의 극한을 실험하다 정신이 붕괴되고 만 이 광기의 철학자에게서 푸코는 동류의식만 느낀 것이 아니었다. 이제까지 문학이 주던 위안과 용기를 넘어서는 막강한 통찰력을 그는 앞 시대 사유의 대가로부터 넘겨받았다. 니체야말로 푸코의 유일한 진정한 스승이었다. 서양 근대 사상을 뿌리까지 파고들어가 면밀히 검토한 이 불편하기 그지없는 철학적 탐험가에게서 푸코는 편안한 거처를 발견했다. 니체는 도덕의 계보를 거슬러 그 기원까지 탐색함으로써 당대의 선악 관념이 아무런 정당성도 설득력도 없음을 밝혔다. 이 후퇴 없는 사유의 전사에게서 푸코는 자신의 튼튼한 연구의 무기인 '고고학'과 '계보학'을 끄집어냈다. 고고학자가 땅거죽 속에 묻힌 삶의 흔적들을 발굴해 사라진 문명의 지도를 그려내듯, 푸코의 고고학은 고문서 더미를 뒤져 한 시대를 지배한 사유의 지도를 그려냈다. 고고학적 발굴이 깊어질수록 성격이 다른 문명들이 켜켜이 드러나듯이 지식의 고고학은 시대마다 사고를 결정짓는 규칙들의 질서가 번번이 다름을 알려준다. 그러므로 우리가 사유의 보편 법칙이라고 부르는 것은 실은 모든 시대를 포괄하는 보편적인 법칙이 아니라 한 특정한 시대를 지배한 특수한 사유 방식일 뿐임이 드러난다. 그것을 우리 시대에 적용해보면, 지금 보편으로 또는 표준으로 통하는 것들이 사실은 우리 시대에만 통용되는 특수한 기준일 뿐이며, 다음 시대에는 표준의 지위에서 밀려날 수도 있는 기준일 뿐이다. 푸코의 고고학은 보편과 진리의 이름으로 절대적 지배력을 휘두르는 모든 지식과 제도를 상대화해 버린다.

그런가 하면 계보학은 진리로 행세하는 담론과 숙명처럼 강요되는 제도를 그 기원에까지 추적해 들어감으로써 그것들이 실은 누군가의 이익에, 누군가의 권력에 봉사하는 것일 뿐, 결코 진리도 숙명도 아님을 폭로한다. 이를테면, 계보학적 시선에서 보면 당대의 도덕은 당대 지배 세력의 도덕일 뿐이며, 당대의 제도는 당대 지배 세력의 제도일 뿐이다. 그것들은 언제부턴가 보편의 탈을 쓰고 영원한 도덕으로, 영원한 가치로 등장했을 뿐이다. 이것이 말하자면 족보학과 계보학의 차이다. 족보학이 혈통을 거슬러 올라가 기원의 신성함을, 선조의 위대함을 찾아냄으로써 현재를 정당화하는 작업이라면, 계보학은 발생의 지점을 파헤침으로써 그 정당성 자체를 근본적인 의문에 부쳐버리는 작업이다. 자명하다고 느껴졌던 것들을 계보학의 시선으로 따져보면 전혀 자명하지 않음이 드러나는 것이다.[6] 니체에게서 이어받은 이 연구의 방법론, 비판의 무기를 갈고 닦아 푸코는 자신을 시대에 맞서 싸우는 맹렬한 투사로 일으켜 세우게 된다.

그러나 아직 푸코는 20대의 풋풋한 젊은이였다. 시대의 거대한 장벽을 넘기에는 지식의 장대가 짧았고 지성의 힘이 모자랐다. 게

다가 프랑스는 그의 숨통을 옥죄는 곳이었다. 여기저기에 벽이 있었다. 다른 사람들은 느끼지도 못하는 억압의 스모그에 푸코는 질식할 것만 같았다. 공산당 안에 있을 때에도 기질상 '거리의 투사'가 되지 못했던 그는 마르크스주의와 멀어진 뒤에는 냉소적이고 사변적인 회의주의에 더욱 익숙해졌다. 억압적 질서와 직접 싸울 수 없다면 구멍을 파고 도주하는 편이 나을 것이다. 1955년 푸코는 스웨덴에 일자리가 생기자 대학 강사 직을 때려치우고 서둘러 그곳으로 갔다. 그것은 말하자면 자발적 망명이었다. 1958년까지 3년 동안 스웨덴에서 프랑스 문화원을 운영했던 그는 다시 폴란드 바르샤바로 건너가 그곳에서 같은 일을 했다. 그러나 바르샤바 생활은 1년 만에 급작스럽게 중단됐고, 그는 다시 독일 함부르크로 건너가 1년을 더 보냈다.

푸코가 폴란드를 떠나야 했던 것도 그의 '수치스러운 비밀'과 관련이 있었다. 사회주의 공화국 폴란드의 숨막힐 듯 음울한 도시에서 한 소년을 만나 잠시 행복한 나날을 보냈는데, 이 소년이 서방 국가의 외교가에 침투한 폴란드 경찰의 끄나풀이었다. 어느 날 아침 프랑스 대사가 푸코를 불러 "폴란드를 떠나시오"라고 말했다. "언제요?"라고 푸코가 물었고, "지금 당장"이라고 대사가 대답했다. 푸코의 사생활의 '과오'에 실망했지만 대사는 그의 업무 능력에 대해서만큼은 찬사로 가득 찬 보고서를 썼다. "명석하고 빈틈없고 날카로운 두뇌와 깊은 학식을 지닌 미셸 푸코는 행정 감각마저 지니고 있다."[7]

《광기의 역사》의 탄생

1960년 푸코는 프랑스로 돌아와 클레르몽 페랑 대학의 강사가 됐다. 그 사이 5년 동안 푸코는 북유럽의 기나긴 밤, 폴란드의 황량한 날, 함부르크의 고독 속에서 박사 학위 논문을 완성했다. 대학 도서관에 상주하다시피 하며 고문서를 끝없이 뒤져 만들어낸 이 논문은 1961년 심사위원회를 통과했다. 푸코다움으로 가득 찬 최초의 저작 《광기의 역사》가 탄생한 것이다. 16세기 말부터 19세기 초까지, 저자 자신이 '고전주의 시대'라고 이름 붙인 이 시기에 어떤 경로로 광인이 정상인으로부터 분리돼 따로 감금되고 그들에게 정신병이라는 의학적 병명이 붙여졌는지 밝혀 보여주었다. 이 두툼한 고고학적 탐구서는 서문에서부터 맹렬한 기세로 역사를 읽는 새로운 관점을 선포했다.

공통의 언어가 없다. …… 18세기 말에 광기를 정신병으로 규정한 이래 미친 사람과의 대화는 단절되고, 정상인과의 분리는 기정사실화했으며, 전에 광기와 이성 사이에서 이루어졌던 대화는 …… 완전히 망각 속에 묻히게 되었다. 정신과 의사의 언어는 광기에 대한 이성의 독백일 뿐, 그런 침묵 위에서 진정한 언어는 형성될 수 없다. 나는 이 언어의 역사를 쓰려는 것이 아니라 이 침묵의 고고학을 쓰려는 것이다.[8)]

푸코는 이 서문에서 명백하게 자신이 의사의 편이 아니라 광인의 편입을 선언한다. 의사의 언어, 다시 말해 이성의 언어에 의해 묵살당해 침묵 속에 파묻힌 광인의 언어를 되살리겠다고 다짐한다. 고전주의 시대에 정상이 비정상을 배제하고 격리하고 감금하고 추방함으로써 비정상을 광기로 규정하고, 이 규정을 통해 역으로 정상 자신을 규정했음을 푸코의 논문은 입증해 간다. 정상은 울타리 밖으로 광기를 쫓아내고 지워버림으로써 자신의 승리를 얻어냈다. 승리한 정상은 이제 광기로 규정된 비정상을 심판한다.

> 정신병원은 관찰, 진단, 치료의 자유스러운 구역이 아니다. 그것은 환자가 고발되고 재판받고 선고받는 사법적인 장소이며, 거기서 풀려나기 위해서는 깊은 심리학적 영역에서의 소송 절차, 즉 회개가 있어야만 하는 것이다. 광기는 비록 밖에서는 무죄였더라도 수용소 안에서는 처벌의 대상이다. 그것은 오랫동안 적어도 오늘날까지도 도덕적 세계의 수인으로 남아 있다.[9]

이 엄격한 학술 논문은 동시에, 스스로 광인과 동일시했던 푸코 자신의 피맺힌 외침이기도 했다. 그는 이 정상인들의 세계에서 자신이 고발당하고 단죄당하고 추방당한 존재라고, 다시 말해 또 다른 광인이라고 느꼈다. 푸코는 나중에 이렇게 고백했다. "그 책(《광기의 역사》)은 연구 계획들의 종합적 결과였을 뿐만 아니라, 내가 그 당시 겪었던 직접적인 경험들을 반영하는 저작이었습니다."[10] 책의 맺음말에서 푸코는 다시 선언했다.

> 광기를 측정하고 심리학에 의해 그것을 설명한다고 믿는 이 세계는 이제 거꾸로 그 광기 앞에서 자신을 설명해야만 한다. …… 그리고 광기에 대한 지식은 결코 이 세계에 확신을 주지 못하며 오로지 그 광기의 작품들만이 이 세계를 설명해줄 뿐이다.[11]

푸코의 박사 학위 논문은 책으로 출간되었다. 특수한 역사를 다룬 전문 서적인 듯 보이는 이 책의 의미심장한 의도를 여러 사람이 눈치챘다. 여기저기서 논평과 해설이 뒤따랐다. 그 중에서도 가장 정확한 평가는 노철학자 가스통 바슐라르에게서 나왔을 것이다. 푸코의 책을 읽은 바슐라르는 다음과 같은 내용의 편지를 보냈다.

> 나는 오늘 당신의 위대한 역작을 다 읽었습니다. …… 사회학자들은 미개 인종의 집단을 연구하기 위해 외국으로 나갔습니다. 당신은 그들에게 우리가 야만의 혼성집단임을 증명해 보여주었습니다. 당신은 진정한 탐험가입니다.[12]

《광기의 역사》가 수많은 비평의 대상이 된 것은 사실이지만, 훗날의 다른 저작들처럼 즉각적인 실천적 반향을 불러일으킨 것은 아니었다. 이 책은 프랑스뿐만 아니라 온 유럽을 흔들어놓을 1968년 5월의 혁명을 거친 뒤에야 '반정신의학 운동'의 성전으로 재발견돼 널리 퍼지게 된다.

《말과 사물》이라는 폭탄

박사 학위를 얻은 푸코는 1962년 클레르몽 페랑 대학 철학과의 정식 교수로 승진했다. 강단이 푸코에게 어울렸던 것처럼 명성도 푸코에게 어울렸다. 그는 검은색 벨벳 양복에 흰색 터틀넥을 즐겨 입었다. 뒷날 수없이 많은 사진 속에서 그 옷차림만으로도 벌써 주인공을 알아보게 할 '푸코 패션'이었다. 멋쟁이 푸코의 외모에선 10여 년 전 위태로운 정신을 싸매고 웅크려 있던 고등사범의 푸코는 사라지고 없었다. 그는 자신의 삶을 즐기는 듯이 보였다. 뒷날의 투사, 전투적 지식인의 예감 같은 것은 전혀 찾아볼 수 없었다. 그 시기 그는 공산주의자와의 사적인 싸움에 몰두해 있었다. 클레르몽 페랑 대학 철학과에 임용된 프랑스 공산당 정치국원 로제 가로디를 푸코는 학과장이라는 자신의 직위를 이용해 끝없이 들볶았다. 공산주의와 연관된 모든 불행한 기억들을 씻어내려는 듯 그는 온갖 트집을 잡아 가로디를 괴롭히고 모욕하고 조롱했다. 왕년의 '야유의 대가'는 보고서의 철자 하나만 틀려도 가로디를 불러세워 그의 무능을 가혹하게 질책했다. 반자본주의 투쟁 속에서 심신을 단련한 이 공산당의 권력자도 푸코의 집요한 공격에 마침내 백기를 들고 말았다. 가로디가 2년 만에 클레르몽 페랑을 떠나자 푸코는 환호했다. 어쨌거나 푸코의 투쟁은 그때까지도 사적인 복수에 머물러 있었다.

《광기의 역사》가 출간되고 5년이 지난 뒤 푸코의 이름을 이전과는 비교할 수도 없이 높은 곳으로 띄워 올릴 또 하나의 저작이 출간됐다. 1966년에 나온 《말과 사물》은 푸코를 그야말로 프랑스 최고의 지식인 반열에 올려놓았다. 이 엄격한 학술 저작에 쏟아진 관심은 말 그대로 열광적이었다. 서점에 놓인 책들이 마치 아침 식사용 빵처럼 팔려나갔다.

> 당시 신문 기사를 보면 사람들은 푸코의 작품을 바닷가 모래밭에서도 읽었고, 아니 최소한 바캉스를 떠날 때 가지고 갔고, 그런 사건을 자신도 모르지 않는다는 것을 과시하기 위해 그저 무심히 놓았다는 듯이 카페의 테이블 한 옆에 그 책을 슬쩍 놓아두었다. ……《말과 사물》이 얼마나 큰 반향을 일으켰던지 …… 유행을 가혹하게 풍자한 장 뤼크 고다르의 영화 〈중국 여자〉(1967)에도 나왔다.[13)]

사람들이 무턱대고 이 책에 덤벼든 건 사실이었지만, 《말과 사물》이 관심의 표적이 된 데는 이유가 있었다. 이 책은 구조주의와 실존주의의 최후의 결전에 던져진 폭탄이었다. 물론 구조주의 진영에서 던진 폭탄이었다. 구조주의 인류학자 클로드 레비스트로스가 먼저 사르트르의 실존주의는 주체를 특권화한 현대의 신화라고 공격하며 싸움의 선봉에 나섰고, 이어 자크 라캉의 정신분석학, 루이 알튀세르의 마르크스주의적 이데올로기론이 뒤를 이었다. 구조주의 진영은 실존주의가 내세우는 '주체의 우월성'에 반대했다. 구조주의 진영에 선 사람들에게 주체는 다른 모든 것에 앞서는 특권적 존재가 아니라, 보이지 않는 사회구조가 낳은 산물이거나, 무의식의 지배를 받는 의식의 한 형태이거나, 지배 이데올로기가 개인을 포섭해 주체로 불러낸 결과일 뿐이었다. 이들의 잇따른 공격으로 사르트르의 권위는 심각한 타격을 입었다.

그 위에 던져진 것이 《말과 사물》이었다. '인간과학(인문과학)의 고고학'이라는 부제를 단 푸코의 책은 구조주의와 유사한 방식으로 세계를 설명했다. 역사를 고고학적으로 조사해 검토해보면 어떤 특정한 시대의 문화를 규정하는 심층적인 규칙이 있다는 것이다. 그 규칙들의 체계를 푸코는 '에피스테메'라고 이름지었다. 마치 지질이 단층을 이루어 포개져 있듯이, 시대마다 다른 에피스테메가 시간의 지층을 이루며 쌓여 있고 그 에피스테메가 각각의 시대에 따라 사람들의 사고방식을 각각 다르게 규정한다는 것이 푸코의 설명이었다. 그 고고학적 진단에 따라 푸코는 인간에 대한 과학적 질문이 비교적 최근에 등장한 것임을 밝혀낸다.

> 최소한 한 가지 사실은 분명하다. 그것은 인간이 가장 오래되고 항구적인 인식의 대상이 아니라는 것이다. …… 16세기 이래의 유럽 문화로 한정해보면 우리는 거기서 인간이 최근의 발명품이라는 것을 확신할 수 있다. …… 우리들의 사유에 대한 고고학적 탐색은 인간이 최근의 발명품이라는 사실을 분명하게 보여준다.[14]

푸코는 인간이 인식의 대상으로 떠오른 것이 기껏 200년도 안

된 18세기 말~19세기 초였다고 못박음으로써 그 인간의 한 형태인 주체 또한 최근의 발명품임을 강조했다. 이것이 직접적으로 사르트르를 겨냥하는 것임은 사르트르 자신이 먼저 알아보았다. 사르트르는 푸코를 겨냥해 "부르주아지의 최후의 보루"이라고 반박했다. 10여 년 뒤 푸코는 이탈리아 공산당원 두치오 트롬바도리와 한 긴 인터뷰에서 이 문제를 다시 꺼내 조롱조로 말했다. "사르트르는 나를 '부르주아지의 최후의 보루'라고 지칭했습니다. 불쌍한 부르주아지! 그들이 '보루'로서 나를 필요로 할 정도였다면, 그들은 이미 오래전에 권력을 잃었을 텐데 말이죠!"

사르트르는 또 푸코가 《말과 사물》에서 마르크스주의를 무너뜨리려 한다고 지적했는데, 이것은 정확한 통찰이었다. 푸코는 19세기 에피스테메 속에 마르크스의 '정치경제학 담론'을 집어넣음으로써, 마르크스의 이론이 시대를 초월한 보편 이론이 아니라 한 시대의 에피스테메 안에 갇힌, 따라서 다른 시대라면 통용되지 않을 이론이라고 설명했다. 이것은 마르크스의 이론을 절대적·보편적 지위에서 상대적 지위로 떨어뜨리는 일이었다.

> 사실, 나는 바로 마르크스의 정치경제학을 성전화하는 식의 열광에 반대하고자 했습니다. …… 마르크스의 경제적 담론의 규칙들이 19세기의 과학적 담론 형성의 기준이 지닌 에피스테메를 공유한다는 사실을 부정할 수 있는 것은 아닙니다.[15]

푸코의 《말과 사물》은 좌파 · 우파를 가리지 않고 수많은 진영으로부터 비판을 받았지만, 동시에 마르크스주의와 실존주의의 강압적인 군림을 못 견뎌하던 사람들에게는 해방의 소식으로 전해졌다. 푸코는 과거 자신을 짓눌렀던 사상들로부터 스스로 해방되기 위해 책을 썼고, 그럼으로써 비슷한 처지의 다른 많은 사람들을 정신의 감옥으로부터 해방시켰다. 그것이 《말과 사물》의 유례없는 성공의 비밀 가운데 하나였다.

쇠파이프를 든 정치 투사

푸코는 《말과 사물》에 쏟아진 갈채 속에서 한동안 행복감을 느꼈지만, 얼마 지나지 않아 자신에게 명성을 안겨준 그 책을 냉정하게 보기 시작했다. 그러자 그 책이 자신이 이제껏 쓴 책 중 가장 부족한 책으로 느껴졌다. 그는 이 책에 쏟아진 오해에 대한 답변으로 후속작 《지식의 고고학》을 써 1969년 펴냈다. 이 책의 서문에서 그는 본론과는 상관없이 자신의 '변신'의 권리를 주장했다.

> 내가 누구인지 묻지 말라. 나에게 거기에 그렇게 머물러 있으라고 요구하지도 말라. 이것이 나의 도덕이다. 이것이 내 신분증명서의 원칙이다.[16)]

푸코가 이 책을 쓴 곳은 북아프리카 튀니지의 수도 튀니스였다. 《말과 사물》이 일으킨 흥분을 뒤로하고 푸코는 1966년 가을 6년 만에 다시 자발적 망명을 떠났다. 《지식의 고고학》에서 밝힌 '변신의 권리 주장'은 이 제3세계의 도시에서 그가 겪은 중대한 사건에서 비롯한 것이었다. 프랑스에서 68년 5월 혁명이 일어나기 전에 푸코가 가르치던 튀니스 대학에서 먼저 1966년 12월 시위가 벌어져 점점 거세지다가 1968년 3월에는 봉기로 번졌다. 푸코는 수없이 많은 젊은이들이 체포, 구속, 고문, 심지어 죽음을 각오하고 반정부 투쟁에 몸을 던지는 것을 목격했다. 그는 경찰을 피해 도망치는 학생들을 집으로 데려와 숨겨주었고 자기 정원에 학생들이 등사기를 감추어 두고 유인물을 찍을 수 있도록 해주었다. 프랑스인이라는 신분이 보호해주었지만 푸코 자신도 미행당하고 위협받았으며 구타를 당하기도 했다. 그런 일을 겪으면서 푸코는 자신이 이제껏 진지하게 생각해보지 못한 문제에 직면했다. 그가 프랑스에서 그토록 거부하고 깨부수려 했던 마르크스주의가 이곳에서는 거대한 저항의 에너지, 목숨을 건 투쟁의 원동력 노릇을 한다는 사실을 발견한 것이다.

튀니지에서는 모든 사람들이 매우 격렬하고 강도 높게, 그리고 엄청난 열정을 품고 마르크스주의에 빠져들고 있었습니다. 그 젊은이들에게 마르크스주의는 단지 현실을 분석하는 하나의 방법에 그치지 않았습니다. 그것은 일종의 도덕적 힘이자 놀라운 실존적 행위였지요. ……

나를 바꾼 것은 프랑스에서 일어난 1968년 5월이 아닙니다. 나를 바꾼 것은 제3세계에서 일어난 1968년 3월이었습니다. …… 무엇이 한 개인으로 하여금, 이익과 권력을 향한 추호의 욕망이나 야망에 물들지 않은 채, 완전한 자기희생을 가능하게, 그것을 원하게, 그리고 그것을 실천하게 만들 수 있을까요? 내가 튀니지에서 본 것이 바로 이에 대한 답이었습니다. 그곳에서는 자본주의와 식민주의, 그리고 신식민주의가 만들어낸 상황들이 참을 수 없는 것이었기 때문에 투쟁이 필요하다는 사실이 너무나 명확했습니다. 그런데 이러한 종류의 투쟁에서는 직접적이고 실존적인, 말하자면 신체적인 참여의 문제가 즉각적으로 뒤따르기 마련이지요. 내가 보기엔, 이론을 참고하는 것은 그리 본질적인 것이 아니었습니다. …… 그들 사이에 벌어진 진정한 논쟁은, 마르크스주의의 다양한 해석을 넘어서, 전략과 전술을 선택하고 무엇을 할 것인가를 결정하는 문제였습니다. …… 프랑스 대학가에서 바리케이드를 치는 것과 튀니지의 경우처럼 15년의 감옥 생활의 위험을 감수하는 것을 서로 비교할 수는 없는 일이지요.[17)]

푸코가 튀니지에서 목격한 것은 육체와 목숨을 담보로 한 구체적인 실천이었다. 여기서 푸코의 사유는 급격한 변곡점을 그렸다. 냉소적이고 사변적인 회의주의자는 일거에 정치적 실천의 최전선에 선 투사로 바뀌었다. 1968년 가을 튀니지에서 돌아온 푸코는 68년 5월이 일으킨 거대한 변화의 소용돌이 속으로 들어갔다. 그는 5월 혁명이 낳은 뱅센 실험대학의 창설그룹에 들어가 철학과 교수직을 맡았다. 1969년 1월 새 대학은 문을 열자마자 즉각 파업부터 시작했다. 마오주의자 · 트로츠키주의자를 비롯한 온갖 종류의 살벌한 좌익 투사들이 모인 학교에서는 집회와 시위와 폭력이 멈추지 않았다. 경찰과의 충돌만 있었던 것이 아니다. 좌익 분파들끼리도 격투를 벌였다. 교수들은 시험을 치르는 것은 엄두도 내지 못했다. '지적 테러리즘의 분위기' 속에서 푸코는 철학과를 이끌었다. 그는 수백 명의 수강생을 앞에 놓고 열정적으로 강의했지만, 강의가 끝나면 쇠파이프를 들고 시위대 앞에 나섰고 경찰을 향해 돌을 던졌다. 그가 이끄는 철학과는 극한의 무질서의 정점이었다.

푸코의 이런 과격한 실천은 틀림없이 튀니지의 학생들에게서 자극받은 것이었다. 동시에 그것은 푸코가 문학 속에서 매혹됐던 '한계 경험'의 정치적 변형이기도 했다. 극한에 놓인 삶의 지점에 도달하는 경험, 주체가 더는 예전의 주체일 수 없는 방식으로 혹은 주체의 소멸이나 분해에 이를 수도 있는 방식으로 주체 자체를 뿌리 뽑는 경험이 푸코가 염두에 둔 한계 경험이었다.[18] 푸코는 몸을 움직이는 정치적 실천을 통해 이 극한의 경험에 다다르려고 했다. 그 경험을 향한 쉼 없는 실천 속에서 2년을 보낸 푸코는 투쟁하는 지식인의 화신 같은 존재가 되었다.

암호문처럼 떠오른 단어 '권력'

1970년 12월 푸코는 또 한번 변화의 국면에 이르렀다. 프랑스 최고 권위의 대학 '콜레주 드 프랑스'가 이 맹렬한 싸움꾼을 교수로 뽑은 것이다. 이 유서 깊은 대학은 학생도 없고 학위도 없고 시험도 없는 곳이었다. 당대 최고의 학자를 교수로 모셔놓고 그가 강의를 하면 누구나 들을 수 있는 곳이 콜레주 드 프랑스였다. 이 영광의 자리에 오른 첫날 그의 취임 강의의 주제는 '담론'이었다. 다시 말하면 '강의'가 이 강의의 주제였다. 그의 강의를 들으러 발디딜 틈 없이 밀려든 청중을 앞에 두고 그는 인상 깊은 문장들을 내뱉었다.

> 아무도, 그가 어떤 조건을 만족시키지 못한다면 혹은 그가 처음부터 그러한 자격을 갖추고 있는 것이 아니라면, 담론의 질서 속으로 들어가지 못할 것이다. 더 정확히 말해, 담론의 모든 영역들은 동등하게 개방되어 있지 않다.[19)]

다시 말하면, 콜레주 드 프랑스 같은 영광스러운 자리는 아무에게나 허용된 것이 아니라는 뜻이었다. 또한 똑같은 정치적 발언이라 해도 권위 있는 사람의 목소리는 비중 있게 받아들여지지만, 일반인의 목소리는 그저 무시될 뿐이라는 뜻이기도 했다. 이 말로써 푸코가 자신의 권위를 스스로 입증해 보이려 한 것은 결코 아니었다. 푸코는 사회가 자신에게 할당해준 권위를 활용해 정치적 실천의 장에 자기 자신을 좀 더 효율적으로 개입시키고자 했다. 푸코는 1984년 죽는 순간까지 콜레주 드 프랑스의 강의실을 단 한 번의 늘어짐도 없이 팽팽한 지적 긴장감 속에 끌어갔지만, 그와 동시에 정치적 실천의 현장에 어김없이 나타났다.

1970년대 내내 그의 실천은 이루 헤아릴 수 없이 다양했다. 1971년에 만든 '감옥정보그룹'은 그 중에서도 가장 오래 지속된 실천 활동의 장이었다. 이 운동의 기관지 제1호에서 그는 운동의 성격과 목표를 밝혔다.

> 우리의 일상생활에서 경찰의 통제가 점점 우리 주위를 옥죄어 오고 있다. …… 우리는 '감시' 체제 안에 살고 있다. …… 감옥에 죄수들이 넘쳐 흐르고 있다고 한다. 그러나 감옥을 가득 메운 죄수들이 선량한 시민이라면? …… 그것(감옥)은 우리 사회 체제의 숨겨진 영역이며, 우리 삶의 어두운 칸이다. 우리는 그것을 알 권리가 있다. …… 우리는 감옥이란 무엇인지, 누가 거기에 가고, 어떻게 해서 거기에 가는지, 거기서는 무슨 일이 일어나는지, 죄수들과 그 감시원들의 생활은 어떤 것인지 …… 세상에 알리고 싶다. 그리고 거기에서 어떻게 빠져나오는지, 또 우리 사회에서 출소자들의 지위는 어떠한 것인지를 역시 알리고 싶다.[20)]

감옥정보운동은 푸코다운 발상이었다. 정신병동만큼이나 어둡고 밀폐된 공간을 열어젖히려는 그의 노력은 사회의 가장 어두운 영역을 들여다봄으로써 사회의 가장 밝은 영역의 위선과 기만을 폭로하는 일이었다. 푸코는 믿기지 않는 정열과 끈질긴 열정으로 이 운동을 이끌었다. 푸코는 수없이 많은 활동에 자신의 몸을 배당했다. 그 실천의 마당에서 그는 과거의 적대자인 사르트르와 만나기도 했다. 1971년 11월 반인종주의 시위 현장에서 두 사람은 한 목소리로 인종차별 철폐를 외쳤다. 사르트르와 푸코 사이에 격렬한 설전이 오간 지 5년 만이었다. 이미 거동이 불편해진 노구의 사르트르는 이듬해 1월 감옥정보그룹의 시위에 다시 참여해 "우리 모두를 강제 수용소의 상황에 몰아넣고 있는 이 억압 체제에 대항한 투쟁"을 호소했다.

푸코는 사르트르가 초대 사장이 된 일간지 〈리베라시옹〉의 창간에도 동참했다. 온갖 부류의 좌익 투사들이 모인 이 신문에 푸코도 기사를 썼고 '콜레주 드 프랑스의 교수이며 투사'로 소개됐다. 그러나 기자들이 지식인들의 직접 참여를 달가워하지 않았기 때문에 푸코는 이 활동에서 곧 손을 뗐다. 머잖아 〈리베라시옹〉은 내부 알력과 갈등으로 스스로 주저앉을 지경에까지 이르렀다. 한 참여자는 나중에 이렇게 썼다. "그들은 곧 사랑하기를 그쳤다. 몇 달이 지나지 않아서 그들은 각기 세속 재판권으로 무장하고 서로가 서로를 죽이기 시작했다."[21]

푸코는 가장 철저한 우익 신문이 사실을 변질시키는 것과 꼭 마찬가지로 이 신문이 매일같이 거짓말을 쓰고 있는 것을 보고 슬픔

1969년 파리의 한 시위 현장에서 푸코와 사르트르.

을 느꼈다. 이 시기에 정치에 대한 푸코의 발언에는 하나의 주제가 등장한다. 신뢰를 얻으려면 다른 어떤 것보다 먼저 진실을 알고 진실을 말해야 한다는 것이다. 언론이 지켜야 할 가장 중요한 원칙은 진실과 정직이라는 것이다.[22)]

1970년대 투쟁을 거치면서 푸코에게는 '새로운 사르트르'라는 별명이 붙었다. 그가 그토록 거부했던 사르트르라는 이름이 그의 이름에 포개진 것은 아이러니다. 그러나 두 사람 사이에는 분명한 철학적 차이가 있었다. 사르트르가 인민을 대신하여 혹은 대표하여 모든 일에 나서는 총체적 지식인이었다면, 푸코는 자신이 다른 누군가를 대신하거나 대표한다는 것을 한사코 거부하고 다만 특정한 영역에서 특수한 지식을 활용해 사회의 억압 질서에 구멍을 뚫고 균열을 내는 '국지적 지식인'에 머물고자 했다. 그런 견해를 그는 뜻 맞는 동료이자 실천의 동지였던 철학자 질 들뢰즈와의 1972년 대담에서도 분명하게 밝혔다.

> 가장 최근의 격변(68년 5월 혁명)을 통해 지식인들은 대중이 지식을 얻기 위해 더는 자신들을 필요로 하지 않는다는 사실을 깨달았습니다. 대중은 어떠한 환상도 없이 완벽하게 알고 있습니다. 대중은 지식인보다 더 잘 알고 있고, 스스로를 확실하게 표현할 수 있습니다. …… 지식인의 역할은 더는 스스로를 '대중의 앞에 혹은 옆에' 위치시키고 그곳에서 침묵하는 진실을 밝히는 데 있지 않습니다. 오히려 오늘날 지식인의 역할은 그 자신을 '지식', '진리', '의식', '담론'의 영역에서 권력의 대

상이자 도구로 변화시키려는 권력의 여러 형태들에 맞서 싸우는 것입니다.[23)]

1968년 이후 정치적 실천의 최전선에서 매일매일 투쟁하면서 푸코의 눈앞에 그 전에는 보이지 않았던 주제가 명료하게 떠올랐다. '권력'이 그것이었다.

나 자신의 경험을 포함해 이런 모든 다양한 경험에서 하나의 단어가 마치 보이지 않는 잉크처럼 쓰여졌다가 적당한 시약을 바르면 종이 위에 나타나는 메시지처럼 등장했습니다. 그것은 바로 '권력'이라는 단어였지요.[24)]

푸코는 이전의 모든 작업에서 권력이라는 단어만 쓰지 않은 채 권력의 문제를 다루었던 것이다. 그는 그 권력의 문제를 실천의 과정에서 좀 더 분명하게 느끼게 되었다. 특정한 제도가 '이성'이나 '정상성'의 이름으로 개인들을 비정상 혹은 광인으로 낙인찍음으로써, 개인들에게 권력을 행사하는 과정을 면밀히 탐구한 것이 푸코의 이전 연구 활동이었던 것이다.

권력의 문제를 명확하게 의식한 상태에서 또 감옥정보운동의 구체적 경험을 바탕에 깔고서 1975년 푸코는 《감시와 처벌》을 써냈다. 이 책은 '감옥의 탄생'을 계보학적으로 추적함으로써 권력의 시선이 어떻게 작동하는지를 역사를 통해 보여주는 작업이었다. 이 책은 18세기에 등장하고 발전한 자유주의가 그 '자유'를 지탱하는 보조 수단으로 깊고 어두운 지하 감옥을 만들어냈으며, 인간 육체와 정신을 훈육해 질서에 순종하는 인간으로 길들이는 규율 사회를 제도로 정착시켰음을 섬뜩하게 입증했다. 《감시와 처벌》은 《말과 사물》에 이어 또 다시 커다란 반향을 불러일으켰다. 1년 반 뒤 푸코는 《성의 역사 1: 앎의 의지》를 펴냈다. 푸코는 여기서 다시 한 번 기존의 통념에 도전했다. 1968년 이래 프랑스 사회에 상식으로 자리잡은 정신분석학은 '성은 억압되었다'는 가설을 움직일 수 없는 진실로 제시했다. 모든 사람들이 성에 대해 말했다. 부르주아 도덕이 성을 억압하고 억눌렀다는 것이 요지였다. 성이야말로 인간의 진실을 드러내주고 성해방이야말로 인간에게 행복을 제공할 수 있으리라고 정신분석 담론은 주장했다. 《성의 역사 1》은 첫 페이지에서부터 이런 성억압설의 공식들을 날려버렸다. "우리는 다른 사람의 성 고백을 들어주는 것으로 돈을 버는 직업이 있는 유일한 문명 안에 살고 있다"[25)]

《성의 역사 1》은 성을 고리로 삼아 권력과 지식의 결탁 관계, 의존 관계를 드러내 보여줌으로써 《감시와 처벌》의 주제를 한 걸음 더 전진시켰다. 이 책에 쏟아진 관심도 앞 저작에 못지 않았다. 그러나 푸코는 자신이 어쩐지 이해받지 못한다는 기분을 느꼈다. 그는 의기소침해졌다.

삶을 예술 작품으로 만드는 법

1978년 푸코는 새로운 변화의 물결에 자신을 던져넣었다. 그해 9월 8일 이란에서 통치자에 대항해 일어난 시위대에 경찰이 총을 쏘아 4천 명 넘는 민간인이 사망했다. '검은 금요일 사건'이었다. 푸코는 이탈리아 신문 〈코리에레 델라 세라〉의 특파원 자격을 얻어 사건 현장으로 달려갔다.

> 이념이 생겨나는 곳, 그것이 폭발하는 현장을 목격해야만 한다. 그것을 말하는 책 속에서가 아니라 그것들의 힘이 표출되는 사건들 속에서 …… 투쟁들 속에서 그것을 직접 보아야 한다.[26]

일 주일 동안 현장을 지켜본 푸코는 돌아와 네 편의 르포를 〈코리에레〉에 썼다. 푸코의 논조는 두말할 것도 없이, 부패한 팔레비 왕정에 대항해 봉기한 민중의 편에, 나아가 그 민중을 이끄는 이슬람 혁명 세력 편에 서 있었다. 이어 그는 파리 교외의 망명지에 머물고 있던 이슬람 혁명의 지도자 아야톨라 호메이니를 만났다. 자신의 이름 하나만으로 이란의 수많은 도시에서 수백만 명의 사람들을 움직이는 이 늙은 종교 지도자의 카리스마가 푸코를 매혹했다. 한 달 뒤 푸코는 호메이니의 지도를 받는 이슬람 혁명 현장을 다시 찾았다. 그는 르포 기사에서 이슬람 혁명을 열렬히 지지했다. 그의 기사를 읽고 격분한 이란 여성이 반박문을 보내왔다.

25년 동안의 침묵과 억압 후에 이란 국민은 겨우 사박(팔레비 왕정의 비밀경찰)과 광신 사이에서 하나를 선택해야만 한다는 말인가? …… 휴머니즘 병에 걸린 서구 좌익들은 이슬람을 바람직한 것으로 보는 듯하다.[27]

이란 여성의 통렬한 반박도 호메이니의 이슬람 혁명에 매혹된 푸코의 귀에는 들리지 않았다. 1979년 2월 1일 호메이니가 파리를 떠나 이란으로 들어갔을 때 푸코도 비행기를 타고 이란으로 들어갔다. 왕은 권좌에서 물러났고 호메이니는 이란 민중의 열렬한 환영을 받았다. 그러나 호메이니의 이슬람 정권은 또 다른 형태로, 정반대의 방향에서 탄압과 투옥과 처형을 되풀이했다. 이란 여성이 더 냉정했고 푸코의 열광이 성급했다는 것이 드러났다. 이 일로 푸코는 공격과 비난과 냉소의 대상이 되었다. 그는 이후 아주 예외적인 경우를 빼고는 정치 활동이나 언론 기고를 피했다. 10여 년 동안 온갖 급진적 정치 실천의 맨 앞줄에 서 있었던 푸코는 그제야 새삼스럽게 자기 자신을 돌아보기 시작했다. 그는 자신이 앞서 짰던 모든 저술 계획을 뒤엎었다. 오랫동안 방치하다시피 했던 자기 자신을 돌보는 일이 그의 새로운 사유의 과제로 등장했다.

푸코는 1982년 미국의 동성애 잡지와 터놓고 이야기했다. 평생을 비밀스럽게 간직해 온 자신의 동성애 문제를 거리낌없이 공개했다.

> 성은 우리 행동과 우리 자유의 한 부분이다. 성은 우리가 창조하는 어떤 것이고 …… 창조, 사랑, 관계의 새로운 형태를 향해 나아가는 어떤 것이다. 성은 숙명이 아니다. 그것은 창조적 삶의 가능성이다. 게이(남성 동성애자)라고 자신 있게 밝히는 것만으로 충분하지 않다. 게이의 생활양식을 창조해야 한다.[28]

미국에 와서, 인생 말년에야 그는 자신의 은밀한 운명을 완전히 드러내고 또 그것을 유감없이 사랑하게 되었다. 푸코는 동성애자들이 자유롭게 자신의 성적 지향을 실천하는 미국의 진보적 도시들에서 행복감을 느꼈다. 자신과의 화해가 마침내 실현된 것이다.

그 무렵 어느 날 난데없는 페스트가 그의 몸을 덮쳤다. 오래 잠복해 있던 에이즈가 드디어 온몸을 무너뜨리기 시작한 것이다. 그러나 푸코는 의연하게 버텼다. 그에게는 남은 일이 있었다. 자기 자신을 배려하는 모범적인 방식을 찾아 그는 고대 그리스와 로마의 철학자들의 문헌을 탐구하고 있었던 것이다. 그는 현기증과 무력감에 시달리면서도 끊임없이 쓰고 또 쓰고 고쳐 쓰는 일에 몰두했다. 1984년 봄 콜레주 드 프랑스 새 학기 강의가 시작됐을 때 푸코의 몸은 벌써 회복 불능이었지만, 그는 조금도 흐트러짐 없이 강의에 임했다.

> 그의 팔은 가볍게 올려져 앞이마를 받쳤고 시선은 앞에 놓인 원고를 향했다. "강의가 지연된 것을 죄송스럽게 생각합니다. 나는 몸이 아팠

습니다." 그리고 말을 멈추더니 청중을 바라보며 "나는 정말 아팠습니다."라고 하면서 다시 한 번 강조했다. …… 그는 그 뒤 강의가 진행되는 동안 육체적인 무기력을 보여주거나 정신적인 혼미함을 보여준 적이 한 번도 없었다. 그가 곧 닥쳐올 죽음을 알고 있었던 게 사실이라면 그의 태연자약함은 정말 놀라울 정도다.[29]

그리고 죽기 직전 푸코는 두 권의 저서를 펴냈다. 《성의 역사 2: 쾌락의 활용》과 《성의 역사 3: 자기 배려》는 그가 자기 삶의 마지막 물기를 모아 토해낸 최후의 육성이었다. 1984년 6월 2일 그는 자기 아파트에서 갑자기 쓰러졌고, 6월 25일 숨을 거두었다. 마지막 연구에서 그는 자기 삶을 돌보는 법, 자기 삶을 예술 작품으로 만드는 법, 요컨대 실존의 미학을 고대인들의 지혜를 빌려 탐구했다. 그것은 그가 그토록 부정하고 거부했던 낡은 주체철학의 부활이었을까?

푸코가 마지막에 주장한 주체는 지배 권력과 결탁한 주체, 지배 권력을 욕망하는 주체가 아니었다는 점에서 그가 싸웠던 주체들과는 성격이 달랐다. 그는 역사의 주체라는 거대한 주체 대신에 자기 자신의 삶을 돌보는 개인적 주체를 내세웠다. 그 주체가 자기를 극복하고 자기를 다스림으로써 윤리적 차원에서건 미적 차원에서건 자기 삶의 진정한 주인이 되는 것, 그것이 푸코가 최후에 보여준 인간의 모습이었다. 평생 바깥 세계의 억압 질서와 맞서 투쟁했고 그만큼의 강도로 자기 자신과 투쟁했던 푸코는 죽기 직전 한 잡지와

자신의 서재에 있는 푸코. 마지막 연구에서 푸코는 자기를 극복하고 자기를 다스림으로써 자기 삶의 진정한 주인이 되는 인간의 모습을 제시했다.

했던 최후의 대담에서 '지식인의 역할'을 다음과 같이 요약했다.

> 지식인의 역할은 다른 이들에게 무엇을 해야 하는지 말해주는 것에 있지 않습니다. 그들이 무슨 권리로 그렇게 할 수 있겠습니까? …… 지식인의 역할은 다른 이들의 정치적 의지를 만들어내는 데 있지 않습니다. 지식인의 역할은 자기 자신의 영역에서 분석을 수행하면서, 자명해 보이는 원리들에 대해서 새롭게 질문하고, 행위와 사고의 방식 및 습성을 흔들어놓으며, 상투적인 믿음을 일소하고, 규칙과 제도들을 새롭게 파악하는 데 있습니다.[30]

그때의 지식인은 사르트르보다 더 겸손하게, 그러나 사르트르만큼 용감하게, 그리고 어쩌면 사르트르보다 더 진실하게 세상과 맞서 싸우는 지식인이다. 그리고 그 지식인은 필경 세상과 맞서 싸우는 강도 이상으로 자기 자신과 싸우는 존재다. 말년의 푸코는 그런 지식인을 '파레시아스트'라는 고대 그리스 낱말을 빌려 설명하려 했다. 파레시아스트란 '파레시아(parrhesia)'를 행하는 자를 말한다. '파레시아'란 "진실의 용기"[31]를 뜻하며, 풀어 쓰면 "두려움 없이 진실 말하기"를 뜻한다. "자신이 진실이라고 여기는 것을 처벌이나 후환에 대한 두려움 없이 솔직하게 이야기하는 행위"가 파레시아다.[32] 이 파레시아를 행하는 자가 바로 푸코적 주체, 혹은 푸코적 지식인일 것이다.

세계와 타인에 대해, 그리고 동시에 자기 자신에 대해 파레시아를 행하는 것, 그것이 말하자면 '자기 배려'의 한 모습이다. 자기 배려란 자기를 어르고 달래는 것이 아니라 자기를 진실과 대면케 하고 그 진실을 통해 자기를 바르게 형성하는 일이다. 그 형성이 미적 형식을 얻을 때 그 삶에 '예술 작품'이라는 타이틀을 얹어줄 수 있을 것이다. 말년의 푸코는 이렇게 반문했다.

> 세상 모든 이의 인생이 각각 하나의 예술 작품이 될 수 없을까? 왜 램프나 주택과 같은 것들은 예술의 대상이 되는데 사람의 인생은 예술 작품이 될 수 없다는 말인가?[33]

광기의 심연을 거쳐 저항과 투쟁의 강을 지나 그는 마침내 모든 사람이 자신의 삶을 예술로 만들고 그렇게 예술로 만드는 데 각각의 주체들이 서로 참여하는 실존의 숲에 이르렀다. 삶은 아름답다. 푸코의 고통과 승리의 삶은 그렇게 말한다.

비트겐슈타인은 도덕의 폭군, 순수의 전사였다.
그는 철학적 안개가 걷힌 명료성의 대지를 찾으려고 모험했고
정신을 편히 내려놓을 확실성의 토대를 닦으려고 노동했다.
마음 안쪽에서 자신의 나약함과 혹독한 싸움을 벌였다.
자기 자신을 완전히 극복하는 것.
그것이 비트겐슈타인의 궁극적 목표였다.

루트비히 비트겐슈타인

Ludwig Wittgenstein

천재의 의무, 순수의 열정

루트비히 비트겐슈타인(1889~1951)은 지하 세계에서 온 악마였다. 두려움과 놀라움을 불러일으키는 인물이었다. 누구든 그 앞에 서면 오금을 펴지 못했다. 형형한 눈빛이 빛을 내면 주위의 모든 힘이 무력해졌다. 압도당하고 주눅 들고 주저앉았다. 철학 세계에서 비트겐슈타인이라는 이름은 그 자체로 마법의 주문이었다. 그 기묘한 이름이 거명되는 것만으로도 탄성 아니면 신음이 흘러나왔다. 공포와 경이, 매혹과 당혹 사이에서 사람들은 어쩔 줄 몰랐다. 당대 최고의 석학도 그의 목소리 앞에 서면 기가 꺾였다. 달변의 혀가 말을 듣지 않고 여유 만만했던 표정이 얼어붙었다. 카리스마야말로 이 전례 없는 지적 폭군의 인격을 요약하는 말이다. 강의실이든 토론장이든 그의 말은 원자폭탄처럼 터졌고 소용돌이처럼 주변의 모든 것을 삼켰다.

그는 딴 세상에서 온 사람이었다. 고대 그리스의 철인이 지금 이곳으로 걸어나온 것만 같았고 구약성서의 선지자가 시나이산에서 방금 내려온 것만 같았다. 이 도덕의 폭군, 순수의 전사는 한 점의 거짓도 한 치의 가식도 용납하지 않았다. 비트겐슈타인이 거처하는 세계에서 기만이나 부정은 정상 참작의 여지가 없는 범죄였다. 그는 탄핵하고 심판하는 데 한순간의 망설임도 주저함도 없었다. 이 지식의 전제군주 앞에서 누가 마음을 놓을 수 있었겠는가. 그가 사라지면 사람들은 폭정에서 해방된 듯한 평화를 느꼈다. 예언자의 주술에 걸려들어 자신의 전 존재를 헌납한 소수의 사도만이 이 철학의 회오리바람에 휘말려드는 것을 행복으로 여겼다.

그러나 사실을 말하자면 비트겐슈타인은 추종자를 거느릴 생각도 없었고 무리를 이끌고 거들먹거릴 생각도 없었다. 그는 숭배받으려고 설교한 것이 아니었다. 그것은 자기 자신과의 투쟁이었다. 평생을 그림자처럼 따라다닌 불안과의 힘겨운 분투였다. 그는 철학적 안개가 걷힌 명료성의 대지를 찾아내려 모험했고 정신을 편히 내려놓을 확실성의 토대를 닦으려고 노동했다. 다른 사람은 전혀 몰랐겠지만 그는 자기 내부에서만큼은 절실한 문제였던 나약함, 부실함과 혹독한 싸움을 벌였을 뿐이었다. 자기 자신을 완전히 극복하는 것, 그것이 비트겐슈타인의 궁극적 목표였다. 그러므로 자기 안에서 그는 예언자도 마법사도 아니었다. 그는 그저 자신을 둘러싼 혼돈의 세상을 견딜 수 없어 불가피하게 몸을 일으킨 반항자였다. 다만 그 반항이 다른 사람들에게 무시무시한 반역으로, 공포스러운 포효로 다가왔던 것이다.

천재 집안의 유순한 막내

비트겐슈타인은 20세기 영미 철학의 선구자이자 대표자다. 그러나 그의 고향은 영국도 미국도 아니다. 그는 유럽 대륙의 한가운데 오스트리아 제국의 수도 빈 태생이다. 그가 태어난 1889년은 합스부르크 제국의 문화가 최전성기를 구가하던 때였다. 이 노쇠한 천년 왕국은 촛불이 꺼지기 직전 마지막 불꽃을 피워 올리듯 자기 내부의 에너지를 다 태워 최후의 창조성을 뿜어내고 있었다. 20세기를 열어젖힌 수많은 지식 · 예술 · 문화의 천재들이 하늘의 별처럼 반짝였다. 지크문트 프로이트의 정신분석학이 여기서 탄생했고, 모더니즘 건축이 여기서 처음 등장했으며, 아르놀트 쇤베르크의 무조음악이 여기서 첫 소리를 울렸다. 20세기 정치의 흐름을 바꾼 주요한 정치 운동이 발생한 곳도 이곳이었다. 게르만 민족주의에 입각한 광신적 반유대주의가 여기서 발원하여 나치즘으로 귀착했으며, 바로 그 자리에서 시오니즘 운동이 출생해 유대인 국가 건설로 치달았다. 신경질적인 화려함과 어두운 정치적 모순이 뒤엉킨 곳이 세기말의 빈이었다.

비트겐슈타인 집안은 이 빈 문화의 정점에 높다란 성처럼 우뚝 서 있었다. 아버지 카를 비트겐슈타인은 철강 산업을 일으켜 막대한 부를 축적한 오스트리아의 최대 부르주아였다. 카를은 타고난 반항아였다. 열일곱 살 때 영혼의 불멸성을 부정하는 에세이를 썼다가 학교에서 쫓겨난 그는 곧이어 아버지 헤르만(비트겐슈타인의 할아버지)에게 반기를 들고 집을 나간 뒤 바이올린 한 대만 들고 미국으로 건너가 웨이터 · 바텐더 · 연주자 같은 온갖 밑바닥 삶을 다 겪었다. 2년 만에 돌아와 자기 뜻대로 살 권리를 획득한 카를은 젊은 나이에 산업계에 뛰어들었다. 빈틈없는 사업 감각과 명민한 두뇌로 무장한 그는 오래지 않아 철강 거물로 솟아올랐다. 그가 왕처럼 군림한 저택은 빈 문화의 요람이었다. 요하네스 브람스, 구스타프 말러 같은 위대한 작곡가들이 비트겐슈타인 저택을 수시로 드나들었다. 빈 국립 오페라단 음악 감독을 지낸 지휘자 브루노 발터는 회고록에 이렇게 썼다.

"비트겐슈타인의 집은 유명한 화가와 조각가들, 학계의 지도적 인물들로 문전성시를 이루었다. 나는 항상 감사하는 마음으로 이 집안 전체를 감도는 인문적이고 문화적인 분위기를 만끽했다."[1)]

화가 구스타프 클림트의 분리파 운동을 지원한 사람도 카를 비트겐슈타인이었다. 이 통 큰 후원자 덕에 클림트는 구태의연하고 억압적인 아카데미에 대항하는 젊은 예술가들의 요람 '분리파 전시관'을 세울 수 있었다. 클림트는 카를 비트겐슈타인을 "순수 예술의 장관"이라고 불렀다.

카를은 아들 다섯과 딸 셋을 두었다. 루트비히 비트겐슈타인은 이 8남매의 막내였다. 그의 형과 누나들은 하나같이 넘치는 재능을 타고났고 아버지의 피를 이어받아 반항적이었다. 카를은 자식들이 가업을 이어받아 산업계에서 활동하기를 바랐으나 아들들의 꿈은 예술에 있었다. 부자 간의 갈등이 첫째와 둘째 아들을 자살로 몰고

비트겐슈타인의 형제자매들. 1890년대에 찍은 이 사진에서는 세 누나(왼쪽부터 헬레네, 헤르미네, 마르가레테)와 형 파울, 그리고 막내 루트비히를 볼 수 있다.

갔고, 셋째 아들도 1차 세계대전 때 부하들이 명령받기를 거부하자 스스로 목숨을 끊었다. 이 집안의 피에 흐르는 자살 충동은 넷째 파울을 가까스로 비껴갔다. 뛰어난 피아니스트였던 파울은 1차 세계대전 중 오른손을 잃었으나 나머지 한 손만으로 연주를 계속했다. 모리스 라벨의 〈왼손을 위한 협주곡〉은 바로 파울을 위해 작곡한 작품이었다. 세 딸 중 막내인 마르가레테는 철학·예술·문학·과학의 여러 분야를 막힘 없이 이해했으며, 정신분석학에 심취해 프로이트의 절친한 친구가 되었다. 마르가레테는 어린 루트비히의 지적 성장에 가장 큰 영향을 주었다.

이 집안의 특별한 능력에 비추어보면 루트비히는 확실히 둔한 아이에 지나지 않았다. 그는 네 살이 될 때까지 말을 하지 못했고, 장난감을 만드는 재주를 빼면 남다른 재능을 보여주지 못했다. 형들이 반항적이었던 것과는 달리 루트비히는 유순하고 부드럽고 해맑은 아이였다. 어린 루트비히의 태도에서 훗날의 '악마적 비트겐슈타인'을 떠올리는 것은 불가능한 일이다. 미래의 철학자를 어린 비트겐슈타인에게서 찾아낼 실마리가 있다면 8~9살 때 스스로 내놓은 윤리적 질문을 들 수 있을 것이다. "거짓말을 하는 것이 이로울 때에도 사람은 왜 정직해야 하는가?" 여기에 대해 어린 비트겐슈타인은 만족스러운 답을 찾지 못했지만, 이런 식의 철학적 질문은 청소년기를 거친 뒤 평생을 두고 그의 전 삶을 괴롭힐 것이었다.

빈의 반항자들, 바이닝거, 크라우스, 로스

복종심 많은 소년 비트겐슈타인은 1903년 빈의 이웃 소도시인 린츠의 기술고등학교(8년제 실업계 중·고등학교)에 들어갔다. 자신이 이 분야에 소질이 있다고 생각하지는 않았지만 순전히 아버지를 기쁘게 해드리겠다는 마음에 공학을 공부할 수 있는 진로를 선택한 것이다. 린츠의 기술고등학교는 뒷날 나치당의 지도자 아돌프 히틀러가 다녔던 학교로 더 잘 알려져 있다. 비트겐슈타인과 나이는 같았지만 유급을 당해 학년이 아래였던 히틀러는 1905년 성적 불량으로 학교를 그만두기 전까지 이 학교를 다녔으나, 두 사람이 알고 지냈다는 증거는 없다. 그러나 나중에 히틀러는 비트겐슈타인 집안의 운명을 좌우할 존재로 떠오른다. 결정적인 이유는 비트겐슈타인 집안이 유대인 혈통이었다는 데 있다.

비트겐슈타인의 할아버지는 처음부터 유대인 색깔을 완벽히 벗어버리고 게르만 문화에 철저히 동화하려 한 이른바 '동화 유대인'이었다. 종교도 기독교로 바꾸었다. 비트겐슈타인 집안에서 유대인의 흔적은 전혀 찾아볼 수 없었다. 하지만 이 독일 문화의 상류층 집안도 '핏줄'까지 바꾸지는 못했다. 1930년대 나치당이 집권한 뒤 시행한 뉘른베르크법(유대인 차별법)에 따르면 유대인은 누구나 시민권과 재산권을 박탈당해야 했다. 비트겐슈타인의 '유대인 피'는 반유대주의가 광기를 더하고 정치 권력을 장악해 갈수록 그의 내면에서 더욱 뚜렷이 자각될 참이었다.

그 자각의 희미한 계기가 되었을 법한 책이 오토 바이닝거(1880~1903)의 《성과 기질》이었다. 바이닝거는 스물세 살 되던 1903년 봄 《성과 기질》을 출간한 뒤 그해 10월 베토벤이 죽은 집에서 권총으로 자살해 이름이 알려진 사람이다. 바이닝거의 책을 비트겐슈타인에게 추천한 사람은 분명 막내 누나 마르가레테였을 것이다. 《성과 기질》은 반여성주의와 반유대주의를 공들여 정당화한 이론서였다. 바이닝거는 인간성을 여성적인 것과 남성적인 것으로 나눈 뒤 여성적인 것에 온갖 부정적인 특성을 부여했다. 요컨대 여성에게는 진실, 영혼, 자유의지가 없다는 것이 이 젊은 지식인의 의심 없는 단언이었다. 반면 남성적인 것에는 인간성의 고귀한 모든 측면이 할당되었다. 바이닝거의 이론 속에서 이 여성적인 존재는 여성뿐만 아니라 동성애자와 유대인도 포함하고 있었다. 특이한 것은 바이닝거 자신이 동성애자이자 유대인이었다는 사실이다. 말하자면 바이닝거는 당대 빈 사회의 여성과 유대인에 대한 모든 악질적 편견을 완벽히 수용함으로써 자기 혐오를 탈출 불가능한 상황까지 밀고 간 사람이었고, 그 사고의 극단성 때문에 동시대 사유의 한 전형을 보여준 사람이었다. 동성애자 유대인 바이닝거의 자살은 자기 부정을 극한까지 밀어붙인 데 따른 논리적 귀결이자 어떤 면에서 보면 정직한 행위였다. 논리적 결론을 따르는 것은 바이닝거에겐 윤리적 행위였다. 그래서 그는 이렇게 썼다. "논리학과 윤리학은 근본적으로 같다. 그것은 자기 자신에 대한 의무일 뿐이다."[2)]

바이닝거만 그렇게 생각한 것이 아니었다. 많은 빈 지식인들이 바이닝거의 자살을 그의 책의 논리적 귀결로 받아들였다. 목숨을 스스로 끊는 행위는 고통으로부터 비겁하게 탈출하는 행위가 아니라 비극적 결론을 용감하게 받아들인 윤리적 행위로 여겨졌다.[3] 더욱이 바이닝거의 이론을 따르면 이 세상에는 '천재 아니면 죽음'이라는 단호한 이분법만이 존재했다. 남자, 다시 말해 인간다운 인간은 자기 안에 천재성을 내장하고 있으며, 그 천재성을 찾아내는 것은 인간들의 고귀한 야망일 뿐만 아니라 거부할 수 없는 의무이기도 했다. 따라서 천재가 되지 못한다면, 천재의 가능성이 없다면 죽음만이 있을 뿐이었다. 그것은 논리적 퇴로를 닫아 건 결론이었다. 10대의 비트겐슈타인은 이 책의 논리와 결론에 깊은 영향을 받았다. 그는 자신이 천재가 아니라면 죽는 것이야말로 윤리적이라는 바이닝거적 결론을 가슴에 안고 오랫동안 자살 충동에 시달렸다.

젊은 비트겐슈타인에게 지속적인 영향을 준 또 한 사람의 지식인이 언론인 카를 크라우스(1874~1936)였다. 그는 1899년부터 1936년까지 무려 38년 동안 혼자 힘으로 격주간 잡지 〈횃불〉을 발행해 기성 언론과 싸웠다. 〈횃불〉은 빈 지식계에 적지 않은 영향력을 발휘했는데, 바이닝거의 책이 널리 알려진 것도 그의 '논리적 · 윤리적 자살'을 평가하는 글이 이 잡지에 실린 덕이었다. 크라우스는 풍자와 논쟁으로 빈 사회의 거짓과 위선과 허풍에 대항해 싸웠다. 그의 말들은 도덕적 분노로 타올랐다. 그 분노는 빈 사회의 이중성을 향한 것이었다. 왈츠 가락이 유쾌하게 흐르는 화려한 도시는 그저 외관일 뿐이었다. 그 껍데기를 조금만 벗겨보면 이 도시의 어두운 내부는 악마의 소굴과 다름없었다. 부패와 혼돈의 냄새가 코를 찔렀다. 크라우스는 그 이중성을 날카롭게 간파하고서 그곳을 향해 칼처럼 날카로운 펜을 들이밀었다.

크라우스의 비판의 칼날이 가장 먼저 가 닿은 것은 빈을 지배하는 공식 언어였다. 특히 빈 문화를 대변하던 권위지 〈신자유 신문〉의 문예란은 그의 예봉이 꽂힌 표적이었다. 형용사와 부사를 덕지덕지 거느린 문예란의 글들은 묘사의 대상이 된 사실과 글쓴이의 주관적 감정이 분리되지 않은 채 뒤엉켜 탐미적 악취를 뿜어내고 있었다. 그런 비정상적인 글쓰기가 글쓰기의 모범으로, 표준으로 군림한다는 것이 더 문제였다. 본질과 상관없는 허황된 표현 수단들이 마치 썩은 도시를 뒤덮은 화려한 건물, 흥겨운 왈츠처럼 지면을 덮고 있었던 것이다. 크라우스에게 문예란의 겉치레를 비판하는 것은 곧 치장으로 부패한 몸을 감싼 빈 사회 전체를 비판하는 행위였다. 그가 갈구했던 것은 진실이었고 정직이었다.

크라우스의 슬로건은 다음과 같았다. "만일 내가 두 가지 악 중에서 덜 악한 것을 선택해야 한다면, 나는 어느 쪽도 선택하지 않을 것이다."[4] 이 불변의 신념으로 그는 세기말의 빈 사회와 도덕의 전쟁을 벌였다. "사회적 논쟁의 정직성을 회복하려는 크라우스의 일인 십자군 운동은 …… 지성과 예술의 다른 행위 영역 안에서 곧장 반향을 불러일으켰다."[5] 젊은 비트겐슈타인은 크라우스의 '언어 비판'에 깊이 공감했고 1913년 노르웨이에 홀로 떨어져 살 때에도 〈횃불〉을 구독할 정도로 열성적으로 그의 생각을 받아들였다.

크라우스의 운동에 영향을 받은 수많은 반항적 지식인·예술가 가운데 건축가 아돌프 로스(1870~1933)의 경우는 특별히 주목할 만하다. 로스는 크라우스의 언어 비판을 건축 설계에 창조적으로 적용한 사람이었다. 당시 빈 문화에서 장식에 대한 집착은 그 끝을 알 수 없을 정도로 집요했다. 껍데기의 요란함과 화려함이 알맹이를 집어삼켰다. "치장은 사물을 왜곡하는 한 방편이 되었고, 무언가를 아름답게 꾸미기보다는 오히려 치장하는 것 그 자체가 목적이 되어버렸다. 어떤 물건도 이런 풍조에서 벗어나지 못했다." "사물을 더는 실제 모습 그대로 보고 싶어 하지 않는 사회만이 그토록 장식에 빠져들 수 있었을 것이다."[6] 집은 집이 아니라 집을 닮은 장식품이라 해야 맞을 상황이었다.

로스가 벌인 '장식과의 전쟁'은 바로 이 지점에서 발화했다. 집은 다른 어떤 것이기 이전에 집이어야 한다. 사람이 편하게 거주하는 공간, 삶의 공간, 생활 공간이어야 한다. 그렇다면 삶을 왜곡하고 생활을 불편하게 하는 모든 불필요한 장식을 걷어내야 한다. 로스에게 쓸데없는 장식은 미학적 범죄 행위와 다를 바 없었다. "장식은 범죄자들에 의해 생산될 뿐만 아니라, 인간의 건강을, 민족 자산을, 결국엔 그들의 문화 발전을 심각하게 훼손함으로써 범죄를 저지르고 있다."[7] 그는 공들여 겉모습을 치장하는 구태를 철저히 배제한 건물을 설계함으로써 자신의 관념을 실천에 적용했다. "건축가는 다른 장인들과 마찬가지로 조각가가 아닌 배관공을 자신의 본보기로 삼아야 한다"는 것이 로스의 믿음이었다.[8)]

건축이 자기 탐닉적인 예술을 지향해서는 안 되며 철저히 삶의 양식에 종속돼야 한다는 그의 투철한 믿음은 기능성과 단순성에 대한 한없는 강조로 나타났다. 걸어다닐 수조차 없을 정도로 몸피를 가득 채운 지방질을 깨끗이 제거함으로써 경쾌하고 말쑥한 몸매만 남기는 것, 이것이 로스가 일으킨 20세기 건축의 모더니즘이었다. 장식에 대한 혐오, 단순성과 명료성의 추구는 비트겐슈타인의 기질과 정확히 맞아떨어졌다. 어지러운 장식과 전쟁을 벌이는 것은 곧 흐트러진 머릿속을 가지런히 하는 일이자 헝클어진 삶을 반듯이 세우는 일과 다르지 않았다. 사유의 명료성과 생활의 단순성은 비트겐슈타인의 내면에서 서서히 확고한 원칙으로 자리잡기 시작했다.

"천재의 가장 완벽한 사례"

1906년 비트겐슈타인은 베를린 카를로텐부르크 기능대학에 진학했다. 그는 마음을 굳게 먹고 기계공학을 공부했지만 머릿속이 철학적 문제로 가득 차는 것을 어쩌지는 못했다. 1908년 비트겐슈타인은 다시 영국의 맨체스터 대학으로 유학을 갔다. 여기서 3년 동안 당시로서는 최첨단 학문이었던 항공공학을 공부했다. 연구에 매진했던 그는 새로운 비행기 엔진을 개발해 특허를 내기도 했다. 그러다가 마침내 때가 찾아왔다. 1911년 비트겐슈타인이 영국의 철학자 버트런드 러셀(1872~1970)이 쓴 《수학의 원리》를 읽은 것이 결정적 사건이었다. 《수학의 원리》의 중심 주제는 순수 수학 전체가 간단한 논리적 원리 몇 개로부터 도출될 수 있다는 것이었다. 그렇게만 된다면 복잡하게 뒤얽힌 수학의 세계가 단순 명료하게 정리될 수 있을 터였다. 그것을 조금 더 확장하면 우리가 살고 있는 세계도 간명한 원리로 명쾌하게 설명할 수 있게 될지도 모를 일이었다. 그러나 러셀의 원리는 근본적인 논리적 자기 모순을 안고 있었고, 러셀은 책 안에서 그 모순의 해결을 의문으로 남겨놓고 있었다.

여기서 비트겐슈타인 성격의 근본적 특성이 나타났다. 그는 모순을 접하면 그것을 해결할 때까지 결코 그 문제를 잊어버릴 수가 없었다. 항공공학은 그의 생각 바깥으로 증발해버리고 머릿속은 온통 러셀의 원리에 대한 고민으로 가득 찼다. 1911년 여름 방학 중 "설명할 수 없는 거의 병적으로 지속된 흥분 상태에서" 그는 철학책을 쓸 생각을 품었다.[9] 누나 헤르미네는 이때의 비트겐슈타인의 모습을 이렇게 회상했다.

> 이 시기에 철학이 갑자기 그를 사로잡았다. (항공공학 연구에 대한) 그의 의지와는 반대로 철학을 향한 욕구가 너무나 강하고 완전해서 그는 이중적이고 모순적인 소명에 심하게 시달렸으며, 자신이 완전히 분열돼

있다고 느꼈다.[10)]

그 여름방학이 끝날 무렵 비트겐슈타인은 자신의 철학적 문제를 안고, 러셀이 《수학의 원리》에서 소개한 독일의 수리철학자 고틀로프 프레게를 찾아갔다. 그러나 늙은 프레게는 비트겐슈타인을 제대로 상대해주지 않았고, 대신 케임브리지의 버트런드 러셀을 찾아가보라고 권했다. 1911년 10월 28일 비트겐슈타인은 불현듯이 케임브리지 대학교 러셀의 연구실에 나타났다. 긴장한 상태에서 서툰 영어로 그는 자신을 소개했다. 20세기 철학사의 가장 운명적인 만남은 이렇게 예고도 없이 이루어졌다. 그 당시 러셀은 《수학의 원리》를 더욱 발전시켜 앨프리드 화이트헤드와 10년에 걸쳐 함께 쓴 《수학 원리》(프리키피아 마테마티카 · 전 3권)를 막 완성한 상태였다. 말하자면 그의 지적 능력이 최고조에 달한 때였다.

비트겐슈타인은 그 다음날부터 바로 러셀의 강의를 청강하기 시작했고, 강의 중에나 강의가 끝난 뒤에나 상관하지 않고 러셀을 향해 집요하게 자신의 철학적 의문을 쏟아냈다. 영국 신사의 절제와 예의를 찾아볼 수 없는 이 저돌적이고 논쟁적인 학생을 러셀은 '골칫거리'로 생각했다. 학기가 끝날 때쯤 비트겐슈타인은 자신에게 철학적 재능이 있는지 없는지를 러셀에게 물었다. 러셀은 겨울 휴가 동안 글을 한 편 써 오면 그것을 보고 판단하겠다고 말했다. 진정한 전환은 비트겐슈타인이 방학 동안 쓴 글을 들고 1912년 1월 케임브리지로 돌아왔을 때 이루어졌다. 첫 줄을 읽자마자 러셀의 태도는 즉시 바뀌었다. 러셀은 이 학생이 '앞으로 위대한 일을 할 것'이라고 느꼈고, 그를 한껏 격려했다. 마침내 비트겐슈타인은 소명을 얻었고, '천재냐 죽음이냐'를 놓고 9년 동안 시달렸던 자살 충동에서 풀려났다.

1912년 봄 학기 때부터 비트겐슈타인은 케임브리지 교환학생으로 등록해 정식으로 러셀의 강의를 들었다. 이 몇 달 동안 스물세 살 청년의 지성은 걸신들린 듯 논리학 주제들을 집어삼켰다. 사유의 성장 속도가 폭주하는 기관차와 같았다. 러셀은 자신이 최적의 지적 후계자를 찾았다고 생각했으며, 이 제자의 특별한 능력에 연이어 감탄사를 내뱉었다. 그에게 비트겐슈타인은 걷잡을 수 없는 사건이었다. "비트겐슈타인이 거대한 눈사태라면 나는 손으로 뭉친 작은 눈덩이에 지나지 않는다."[11] 비트겐슈타인의 철학적 열정은 러셀의 열정을 한참 능가했다. 철학 앞에서 비트겐슈타인은 가식도 겸손도 없었다. 단기 필마로 본질을 향해 직진했다. 아무것도 그 진격을 막을 수 없었다. 열정이라기보다는 차라리 광기였다. 어느 날 비트겐슈타인은 위대한 작곡가 베토벤에 관한 다음과 같은 일화를 이야기했다.

> 베토벤의 방문 앞에서, 그가 새 둔주곡을 놓고 저주하고 신음하며 노래하는 것을 들은 한 친구가 있었다. …… 한 시간이 지난 후 드디어 베토벤이 문으로 왔는데, 그는 마치 악마와 싸웠던 사람 같았고 그의 격노를 피해서 요리사와 하녀가 떠났기 때문에 36시간 동안 아무것도

영국의 분석철학자 러셀. 러셀이 쓴 《수학의 원리》는 비트겐슈타인이 철학에 입문하게 된 계기였다.

먹지 않고 있었다. 이런 종류의 사람이 되어야 한다.[12)]

베토벤이 음악적 창조성에 사로잡혀 모든 것을 내팽개쳤듯이 비트겐슈타인의 철학적 열정은 그 자신이 견딜 수 없을 지경에까지 이르러 몸을 뚫고 솟아올라 폭발했다. 논리학은 그의 삶의 전부였다. 훗날 러셀은 자서전에서 비트겐슈타인의 천재성에 대해 이렇게 요약했다.

"전통적 천재관에 비추어볼 때, 열정적이고 심오하며 강렬하고 우월한 천재의 가장 완벽한 사례였다."[13)]

이 몇 달 동안 비트겐슈타인은 러셀에게서 배울 수 있는 거의 모두를 배웠고 다음 학기 초에는 두 사람의 관계가 역전되기 시작했다. 비트겐슈타인의 지성은 해일처럼 달려와 러셀의 두뇌를 덮쳤다. 러셀은 태어나서 처음으로 자신이 지적으로 압도당한다는 느낌을 받았다. 선생과 제자의 관계가 뒤집혔고 둘 사이의 격차는 점점 더 벌어졌다. 1913년 여름 러셀은 미국에서 강의 초청을 받고 '인식론'에 관한 두툼한 원고를 썼다. 그것을 비트겐슈타인에게 보여준 것이 화근이었다. 비트겐슈타인은 러셀의 원고를 가차없이 비판하고 신랄하게 공격했다. 러셀은 제자의 주장이 모두 옳다는 것을 인정하지 않을 수 없었다. 그 직전까지 원고가 잘 써져 왕만큼 행복하다고 생각했던 러셀은 절망의 구렁텅이로 떨어지는 느낌을 받았다.

> 그의 비판은 내 인생에서 가장 중요한 사건이었으며, 내가 그 이후에 행했던 모든 것에 영향을 끼쳤습니다. 나는 그가 옳았다는 것을, 그리고 내가 근본적인 철학 작품을 창작하기를 더는 희망해선 안 된다는 것을 알았습니다. 나의 추진력은 파도가 방파제에 부딪혀서 흩어지는 것처럼 부서졌습니다.[14]

러셀은 비트겐슈타인의 일격에 중상을 입고 주저앉았고 정통 논리학자로서는 다시 일어나지 못했다. 비트겐슈타인의 이런 행동은 대결 의식이나 경쟁 관계의 산물이 아니었다. 그는 아무리 사소한 결함도 참지 못했고, 그걸 지적하고 교정하지 않고는 견디지 못했을 뿐이다. 그의 엄격주의, 결벽주의는 그의 의지와는 무관한 것이었다. 마치 어느 날 철학이 그를 몰아세워 공학도에서 철학도로 바꿔놓았듯이, 그는 자신도 제어할 수 없는 힘에 이끌려 러셀을 때려눕히고 만 것이었다.

비트겐슈타인은 어쩔 수 없이 사실상 혼자가 되었다. 논리학의 모든 기초를 해명하지 않고서는 그는 아무것도 할 수 없었다. 1913년 가을 비트겐슈타인은 혼자서 노르웨이의 시골로 갔다. 수도사처럼 살면서 철학적 난제를 끝장낼 계획이었다. 그곳에서 그는 "논리학 전체가 단 하나의 원초적 명제로부터 나온다"라는 놀라운 아이디어를 얻었다. 이듬해 3월 비트겐슈타인은 조지 무어(1873~1958)에게 편지를 썼다. 무어는 러셀과 함께 케임브리지의 철학을 떠받치는 두 기둥 가운데 하나였다. 그 존경받는 철학 교수에게 비트겐슈타인은 노르웨이로 와서 자신과 같이 공부하고 토론하자고 제안했다. 놀랍게도 무어는 이 청을 받아들여 곧장 비트겐슈타인이 있는 곳으로 갔다. 일 주일 동안 그곳에 머물면서 무어는 비트겐슈타인의 구술을 받아 적었다. 토론은 없었고 일방적인 강의만 있었다. 비트겐슈타인은 무어가 받아 적은 글을 학사 학위 논문으로 제출하고 싶어 했다.

그러나 케임브리지로 돌아간 무어는 학교 당국으로부터 학위 논문의 형식을 갖추지 못했으므로 받아들일 수 없다는 통보를 받았다. 무어는 이 사실을 매우 조심스럽게 노르웨이에 전했다. 편지를 받은 비트겐슈타인의 분노가 폭발했다. 그는 당장 무어에게 편지를 써 글의 내용은 보지 않고 서문이나 각주 따위를 요구하는 대학 당국을 혹독하게 비난했다. 더불어 아무 잘못 없는 무어에게까지 분노의 불똥이 튀었다.

> 내가 그런 어리석고 사소한 규정에서 예외가 될 가치가 없다면 당장 지옥에 떨어져도 좋소. 하지만 만약 내가 그럴 가치가 있는데도 당신이 예외를 만들어줄 생각이 없는 거라면, 지옥에 가야 할 사람은 당신이오![15]

무어는 이 편지에 충격을 받았다. 화가 가라앉자 비트겐슈타인은 즉각 사과 편지를 썼지만 무어는 답장하지 않았고, 두 사람의 관계는 비트겐슈타인이 다시 케임브리지로 돌아온 1929년에야 회복되었다. 비트겐슈타인의 무례는 오만에서 나온 것이 아니라, 학문적 알맹이보다는 겉치레에 관심을 둔 대학 현실에 대한 분노에서 나온 것이었다.

전쟁터에서 쓴 《논리-철학 논고》

비트겐슈타인은 1914년 7월 잠시 고향 빈에 돌아왔다. 1년 전 아버지의 죽음으로 그는 막대한 유산을 상속받았다. 그 가운데 일부를 그는 가난한 예술가들에게 쓰라고 기부했다. 그러고는 전쟁이 터졌다. 1차 세계대전이었다. 노르웨이로 떠날 수 없게 되자 참전하기로 결심했다. 전해에 탈장으로 징집 면제를 받았지만 그는 자원 입대했다. 그가 애국심 때문에만 참전한 것은 아니었다. 좀 더 근본적인 이유가 있었다. 이 시기에 비트겐슈타인은 논리학의 난제를 다 풀지 못한 채 난관에 봉착해 있었다. 그러나 이런 학문적 이유보다 더 깊은 이유가 있었다. 전쟁이라는 극한 상황에 부닥쳐 자신의 전 존재를 바꿔보겠다는 결심이었다.

비트겐슈타인의 결벽주의와 완벽주의는 자기 자신의 부실함을 견디지 못했다. 그가 논리학에 그토록 매달린 것도 논리적으로 세계를 해명함으로써 자기 자신을 해명하고 구출하겠다는 열망과 결합해 있었다. 이제 이 열망이 전쟁터로 향한 것이다. 거기에는 '죽음의 충동'이라고 할 만한 것이 결부돼 있었다. 나 자신을 철저히 바꾸지 못한다면 깨끗이 죽는 것이 낫다는 바이닝거적 사고가 마음 밑바닥에 뭉쳐 있었던 것이다. 그는 전쟁을 출구 없는 삶의 최후 수단으로 삼았다.

비트겐슈타인은 전쟁터에서 한계상황에 던져지기를 원했지만, 2년 가까이 상대적으로 안전한 곳에 남아 있었다. 전쟁 초기에 그는 우연히 들른 서점에서 레프 톨스토이의 《요약 복음서》를 발견하고서 그걸 전쟁이 끝날 때까지 부적처럼 가슴에 품은 채 읽고 또 읽어 모든 구절을 암송했다. 그의 마음 한편에는 논리학이, 다른 한편에는 톨스토이적인 종교적 경건성이 자리잡았다. 이 두 마음을 화해시키는 것이 이제 그의 필생의 과제가 될 참이었다. 그는 일기장에 자신의 논리적·실존적 사유를 써 가기 시작했다. 그는 전투하듯이 글을 썼다.

"하루 종일 연구했다. 그 문제를 습격했지만 실패했다. 그러나 빈손으로 떠나느니 이 요새 앞에서 피를 흘리겠다."[16)]

이 글들은 전쟁이 끝날 때쯤 한 줄로 꿰여 그 유명한 저작 《논리-철학 논고》가 될 것이었다. 1916년 3월 그의 집요한 간청이 받아들여져 비트겐슈타인은 동부전선 최전방 전투부대에 배치됐다. 그는 최전방에서도 가장 위험한 관측소 근무를 자청했다. 적군의 총탄이 핑핑 지나가는 관측소에서 그는 논리학에 대해 고민하다가 새삼스러운 질문이 떠오르는 것을 느꼈다. "신에 관해서, 인생의 문제에 관해서 내가 아는 것은 무엇인가?" 신의 의미를 묻는 것은 삶의 의미를 묻는 것이고, 또한 이것은 어떻게 살 것인가를 묻는 것이다. 요컨대 윤리적 질문인 셈이다. 이 윤리적 질문이 이제 논리적 질문과 하나로 합쳐져 스스로 답해야 할 의무의 대상이 되었다. 러시아군의 총탄이 빗발치는 한계 체험 현장에서 그는 《논리-철학 논고》의 내용을 이룰 명제들을 써 나갔다.

비트겐슈타인은 연구만 한 것이 아니었다. 군인으로서도 그는 용감했다. 죽음을 두려워하지 않은 용맹성 덕에 그는 장교로 승진했고, 은성무공훈장을 받기도 했다. 그러나 조국 오스트리아는 패퇴를 거듭했고, 1918년 전쟁이 끝났을 때 그가 속한 부대는 이탈리아 전선에서 포로로 잡혔다. 오스트리아 제국은 허약한 항아리처럼 깨져 11개의 민족국가로 나뉘었다. 포로로 잡히기 직전 그는 《논리-철학 논고》의 원고를 완성했다. 그는 1년 동안 포로로 잡혀 있었고 1919년에야 빈의 집으로 돌아올 수 있었다.

《논리-철학 논고》는 철학사상 가장 오만한 선언을 품고 있다. "여기에서 전달되는 생각들이 진리라는 것은 나에게는 논박 불가능하고 결정적인 것으로 보인다. 따라서 나는 본질적인 점에서 문제들을 최종적으로 해결했다고 생각한다."[17] 논리학의 문제에 대해 최종적 해결책을 내놨다고 단언하는 이 서문에 이어 본문에선 간략한 명제들이 마치 황제의 칙령처럼, 십계명처럼 선포된다. 본문의 마지막 명제는 이렇게 끝난다. "말할 수 없는 것에 관해서는 우리는 침묵하지 않으면 안 된다."[18]

비트겐슈타인은 원고를 가능한 한 빨리 출간하고 싶어 했지만, 마땅한 출판업자를 찾지 못했다. 모두들 이해 못할 구절로 가득 찬 원고를 반려했다. 사람들은 너무도 낯선 원고의 형식에 당혹감을 느꼈다. 일체의 논증도 설명도 없이 딱딱 끊어지는 선언적 명제를 나열한 글은 독자들에게 아득한 장벽처럼 다가왔다. 아돌프 로스의 건축 원리를 그대로 옮겨 온 듯한 원고의 형식은 모든 장식을 다 빼버리고 뼈대만으로 세운 건물과도 같았다. 무명의 저자가 쓴 원고를 출판해본들 전후의 피폐한 상황에서 원금도 회수하지 못할 것이 뻔했다. 비트겐슈타인은 최후의 수단으로 러셀의 서문을 받기로 했다. 비록 철학에서 러셀은 이미 비트겐슈타인의 적수가 되지 못했지만 그는 유명 인사였다. 그의 이름이 달린 서문이 곁들여진다면 출판을 하겠다는 사람을 찾는 건 그다지 어렵지 않은 일이었다. 러셀은 비트겐슈타인을 위해 상당한 분량의 서문을 써주었다. 그러나 그 일로 비트겐슈타인은 한 번 더 분노를 터뜨려야 했다. 러셀이 자신의 생각을 제대로 이해하지 못했다는 사실 때문이었다. 비트겐슈타인은 원고를 출판하는 것이 급했던 터라 러셀의 서문을 마지못해 받아들였다. 원고는 우여곡절 끝에 1921년 마침내 '논리-철학 논고'라는 이름으로 독일에서 출판되었고, 이듬해 영국에서 영어판으로 나왔다.

《논리-철학 논고》는 '말할 수 있는 것'과 '보여줄 수 있는 것'이라는 두 마디 말에 핵심을 담고 있었다. '말할 수 있는 것'이란 참 또는 거짓으로 확정할 수 있는 명제들로 이루어진 과학적 사실들이었다. 비트겐슈타인이 보기에 세계는 이 사실들의 총체였다. 명제로 표현할 수 있는 사실들을 모두 모으면 이 세계가 된다는 것이었다. 가령, 러셀에게도 여기까지 이해하는 것은 어려운 일이 아니었다. 문제는 '보여줄 수 있는 것'이었다. '보여줄 수 있는 것'은 명제로는 표현할 수도 설명할 수도 없는 것들이었다. 예를 들어, 아름다움, 올바름, 사랑, 선 같은 것은 명제로 설명할 수도 입증할 수도 없다고 비트겐슈타인은 생각했다. 그것들은 보여줄 수 있을 뿐이었다. 다시 말해 행동과 실천 속에서, 삶 속에서 스스로 드러남으로써 보여지는 것일 뿐이었다. 이런 미학적 · 윤리적 가치들을 논리적 명제로 증명하려고 하는 데서 모든 철학적 혼동이 생겼다는 것이 비트겐슈타인의 독창적인 주장이었다. 그런 형이상학적 가치들은 참, 거짓을 논하는 과학적 명제로는 설명할 길이 없다. 침묵하는 수밖에 다른 도리가 없다. 그것이 《논리-철학 논고》의 마지막 문장 "말할 수 없는 것에 관해서는 우리는 침묵하지 않으면 안 된다"의 의미였다. 여기서 강조점은 '말할 수 있는 것'보다는 오히려 '침묵해야 할 것'에 찍혀 있었다. '말할 수 있는 것'은 세계의 실태와 경계를 확정함으로써 '침묵해야 할 것', 바꿔 말해 '진정으로 가치 있는 것'을 암시적이고 간접적인 방식으로 드러내주는 방편이었다. 말하자면 그에게 철학은 이런 방편적 유용성밖에 없는 것이었다.

초등 교사를 거쳐 다시 철학으로

비트겐슈타인은 원고의 완성과 함께 자신은 모든 철학적 숙제를 해결했으므로 더는 철학에 매달릴 필요가 없다고 생각했다. 이제는 자신의 삶을 돌보며 정말로 가치 있다고 생각하는 일을 해야 할 때였다. 그는 1919년 포로수용소에서 돌아오자마자 원고를 출판하는 일과는 별도로 자신의 프로그램을 가동했다. 가장 먼저 한 일이 막대한 유산을 처분하는 것이었다. 빈 최대 갑부의 막내아들에게 남겨진 유산을 그는 단 한 푼도 남기지 않고 모두 누나와 형에게 나누어주었다. 그것은 시혜 행위가 아니었다. 그에게 재산은 발걸음을 무겁게 하는 거대한 비곗살, 거대한 짐일 뿐이었다. 그것은 극히 예외적인 경우가 아니면 결코 넥타이를 매는 정장 차림을 하지 않겠다고 결심한 것과 다를 바 없는 태도의 소산이었다. 비트겐슈타인은 자신의 마음을 조카 존 스톤보로에게 이런 말로 설명해주었다. "가파르고 높은 산을 올라가려면, 무거운 배낭은 산기슭에 놔두고 출발해야 한다."[19]

전 재산을 버리고 일하는 사람들 속으로 들어간 톨스토이의 삶을 비트겐슈타인은 자신의 삶에서 실천할 생각이었다. 그렇게 살지 않고서는 자기 내부의 말 못할 고통을 극복할 길이 없다고 느꼈다. 그가 세운 계획은 초등학교 교사가 되는 것이었다. 그는 즉시 빈 사범대학에 등록해 초등학교 교사 과정을 밟았고, 1920년 여름 교사 자격증을 얻었다. 그해 가을부터 6년 동안 비트겐슈타인은 오스트리아의 가난한 시골을 돌며 초등학생들을 가르쳤다. 그는 열정적인 교사였으나 동시에 무서운 선생이었다. 비트겐슈타인은 아이들에게 수학을 이해시키려 노력했지만, 아이들의 머리가 따라오지 못하면 뺨을 때리고 화를 냈다. 낯선 곳에서 온 매우 지적인 이방인에게 거리감을 느꼈던 시골 사람들은 자신들의 아이들에게 체벌을 마다하지 않는 이 폭력 교사를 더욱 불신했다.

1926년 4월 결국 일이 터졌다. 수업 중 손찌검을 당한 여자아이가 갑자기 쓰러져 실신한 일이었는데, 이 예기치 못한 사건으로 비트겐슈타인은 교사 생활을 영원히 접었다. 애초에 톨스토이적 금욕과 절제 속에서 아이들의 영혼을 돌보겠다고 결심하고 나선 일이었는데, 초등학교 교사직은 그에겐 맞지 않는 옷이었다. 비트겐슈타인은 쓰라린 패배감을 안고서 수도원을 찾아갔다. 수도사가 되려고 했으나 받아들여지지 않자 다른 수도원을 찾아가 3개월 동안 정원사로 일하며 헛간에서 살았다. 이 밑바닥 삶이 비트겐슈타인에게 어느 정도 마음의 평정을 안겨주었다.

비트겐슈타인이 초등학교를 전전하는 사이 그의 이름은 빈과 케임브리지의 철학계에서 거대한 명성으로 자라났다. 《논리-철학 논고》를 썼다는 비트겐슈타인이 실제로 존재하는 사람인지를 둘러싸고 갑론을박이 벌어질 정도였다. 비트겐슈타인은 말하자면 전설 속의 인물이었다. 빈 대학 철학 교수 모리츠 슐리크(1882~1936)는 《논리-철학 논고》를 출간 직후 읽고서 즉시 비트겐슈타인 숭배자가 되었는데, 어느 날 이 '전설 속 인물'을 직접 만나야겠다고 마음

《논리-철학 논고》 발표 후 비트겐슈타인은 철학계에서 거대한 명성을 얻었다. 그는 전설 속의 인물이 되었다.

먹고 그를 수소문했다. 비트겐슈타인이 오테르탈이라는 벽촌에서 교사 생활을 하고 있다는 사실을 알아낸 그는 한 무리의 학생들을 데리고 그곳을 찾아 떠났다. 슐리크의 아내는 그때의 남편이 어떤 상태였는지를 이렇게 기술했다. "거의 경외스러운 존경심으로 비트겐슈타인이 세상에서 가장 위대한 천재 가운데 한 사람이라고 설명할 때 남편은 마치 성지 순례를 준비하는 것 같았다."[20)]

그러나 오테르탈에 도착한 슐리크 일행은 성지의 주인이 학교를 그만두었다는 실망스러운 소식만을 들었다. 정원사 일을 마친 비트겐슈타인은 빈으로 돌아와 누나 마르가레테의 새 집을 짓는 일에 참여했다. 처음에는 친구 파울 엥겔만의 건축 설계에 보조적 역할만 하는 것이 그의 임무였지만, 다른 일에서와 마찬가지로 곧 주종 관계가 뒤바뀌어 비트겐슈타인이 설계에서 시공까지 사실상 모든 것을 진두 지휘했다. 어떤 외부 장식도 없이 부드럽고 우아하고 균형 잡힌 저택이 완성되었다. 그 저택의 시공에서 보여준 명료성, 엄격성, 정확성은 그가 《논리-철학 논고》에서 구사했던 정신과 한치도 다름이 없었다. 그것은 아돌프 로스의 원칙을 비트겐슈타인답게 훨씬 더 극단적으로 구현한 작품이었다. 1928년 말 완성된 집에 들어섰을 때 받은 느낌을 마르가레테는 이렇게 설명했다.

정말이지 그 집은 나 같은 보잘것없는 인간보다 신들을 위한 숙소로 보였다. 처음에 나는 내가 '논리학을 구현한 저택'으로 부를 이 집에 대해, 이 완벽한 기념비적인 작품에 대해 어렴풋이 생겨난 내적인 적대감

을 극복해야 했다.[21]

모리츠 슐리크는 비트겐슈타인이 건축 일을 하고 있을 때에야 비로소 그를 만나볼 수 있었다. 비트겐슈타인의 저녁식사에 초대받고 돌아온 슐리크에 대해 그의 아내는 이렇게 회상했다. "(슐리크는) 무아경의 상태로 돌아왔다. 그는 별로 말이 없었고 나는 물어보지 말아야겠다고 느꼈다."[22]

모리스 슐리크가 주도한 빈 학파의 신념은 논리실증주의로 불렸다. 그들에게 《논리-철학 논고》는 성경과 같은 경배를 받았다. 논리실증주의자들은 이 성경의 저자를 그들의 모임에 초대했고, 비트겐슈타인은 그들과 만나면서 철학에 대한 열정을 서서히 회복했다. 그러나 성경의 저자가 지닌 생각이 성경을 따르는 사람들의 생각과 일치하란 법은 없다. 논리실증주의자들의 경우가 그랬다. 자연과학적 방법을 토대로 삼아 이론의 축대를 세운 이 학파는 오직 명제의 의미를 밝히는 것만이 철학의 과제라고 주장했다. 그들은 《논리-철학 논고》의 마지막 문장 "말할 수 없는 것에 관해서는 침묵해야 한다"를 "형이상학자들이여, 입을 다물라!"라는 실증주의적 표어로 재해석했다.[23] 논리실증주의자들에게 중요했던 것은 '말할 수 있는 것'의 영역이었으며, '말할 수 없는 것'은 말할 수 없기 때문에 중요하지 않은 것으로 간단히 규정되었다. 바로 그 점에서 비트겐슈타인은 결코 실증주의자가 아니었다.

비트겐슈타인에게 중요했던 것은 '말할 수 있는 것'이 아니라 오히려 '말로 표현할 수 없어서 침묵해야 할 것'이었다. 이를테면, 음표나 악보가 음악의 세계에서 '말할 수 있는 것'의 한 모습이라면, 그 악보로 연주한 음악 그 자체가 '말로 표현할 수 없는 것'에 속한다. 정작 중요한 것은 악보가 아니라 연주를 통해 울려 나오는 음악이다. 그러나 음악의 가치는 과학적 명제로 확정할 수 없다. 음악은 그 울림을 통해 스스로를 드러내고 사람들에게 느낌으로 다가올 뿐이다. 중요한 것은 음악의 그 느낌과 가치다. 비트겐슈타인이 진 · 선 · 미를 따지는 전통적 형이상학을 거부한 것은 '과학의 언어로 입증할 수 없는 걸 입증하겠다고 나선 것이 잘못됐다'는 걸 지적하는 것이었지, 형이상학의 문제의식 자체를 부정하는 것은 아니었다.

반면에 논리실증주의는 형이상학을 텅 빈 소리로 치부하고 쓰레기통에 던져버렸다. 윤리학 또한 논리실증주의자들에겐 무의미한 헛소리일 뿐이었다. 비트겐슈타인과 논리실증주의자들의 대립 지점을 분명하게 보여주는 사례가 동시대 독일 철학자 마르틴 하이데거(1889~1976)의 철학이었다. 논리실증주의자들에겐 하이데거야말로 형이상학적 헛소리를 남발하는 전형적인 독일 관념론자였다. 그러나 비트겐슈타인은 "하이데거의 존재와 불안이 무엇을 의미하는지 잘 알 수 있다"며 그를 옹호했다. 비록 하이데거 철학이 과학의 명제는 아니지만, 언어의 한계에 부딪쳐 언어 너머의 무언가를 지시하고 있는 것만은 틀림없다고 인정했다.

이렇게 서로 견해가 달랐지만 논리실증주의자들은 비트겐슈타인을 명예 회원으로 모시고 그들의 정신적 지주로 삼았다. 그 시절 빈 학파의 모임에 나타났던 비트겐슈타인의 모습을 루돌프 카르나프는 이렇게 묘사했다.

> 그의 관점과 태도는 과학자의 태도라기보다는 창조적인 예술가의 태도와 훨씬 더 유사했다. 거의 종교적인 예언자나 선각자의 태도와 유사하다고 말할 수 있을 정도였다. 그가 어떤 특정한 철학적 문제에 대한 견해를 형성하려고 시작했을 때, 우리는 그 순간 그 안에서 일어나는 내적인 투쟁을 느낄 수 있었다. …… 마침내, 가끔은 오랫동안의 끈질긴 노력 후 그의 답이 나왔을 때, 그의 진술은 우리 앞에 새로이 창조된 예술 작품 혹은 신의 계시처럼 나타났다. …… 그가 우리에게 남긴 인상은 마치 그가 신적인 영감을 통해 통찰하는 것 같은 것이어서, 우리는 그것에 대한 어떤 온당하고 합리적인 논평이나 분석도 신성 모독처럼 느끼지 않을 수 없었다.[24]

어쨌거나 비트겐슈타인은 논리실증주의자들과의 만남을 통해 오래 돌보지 않았던 철학의 영역으로 되돌아왔다. 그리고 자신이 그토록 자신 있게 내놓았던 《논리-철학 논고》의 선언이 언어의 문제를 다 해결한 것이 아닐 수도 있다는 느낌을 받았다. 그 무렵 케임브리지에서는 비트겐슈타인을 돌아오게 하려는 운동이 벌어지고 있었다. 1929년 비트겐슈타인은 마침내 이들의 간청에 응답했다.

"신이 도착했다. 나는 5시 15분에 도착한 기차에서 신을 만났다." 1929년 1월 비트겐슈타인이 15년 만에 케임브리지에 귀환했을 때 이렇게 외친 사람은 경제학자 존 메이너드 케인스였다.[25] 케임브리지에서도 비트겐슈타인은 그가 없는 동안 전설이 되어 있었다. 사람들은 이 전설의 인물을 열렬하게 환영했다. 모든 사람이 다 환호했던 것은 아니다. 비트겐슈타인에게 무시당한 적이 있었던 W. E. 존슨만은 그의 귀환을 '케임브리지에 닥친 재앙'이라고 생각했다.

철학의 마구간을 청소하는 자

살아 있는 전설 비트겐슈타인은 공식적으로는 학사 학위도 없는 상급학생일 뿐이었다. 그는 《논리-철학 논고》를 영어로 번역한 바 있는 스물여섯 살의 젊은 교수 프랭크 램지를 지도교수로 삼아 박사 학위를 준비했다. 학위 논문은 《논리-철학 논고》였고 심사위원은 러셀과 무어였다. 비트겐슈타인 구두시험 심사장에 나타난 러셀은 "내 평생 이렇게 말도 안 되는 경우는 처음"이라고 말했다. 심사받는 자가 심사하는 자보다 우위에 있는 이런 상황은 말 그대로 난센스였다. 비트겐슈타인은 케임브리지 특별연구원 지위를 얻었고 1939년 무어가 은퇴해 그의 자리를 이어받기 전까지 이 연구원 자격으로 학생들을 가르쳤다.

비트겐슈타인 스타일은 순식간에 케임브리지의 유행이 되었다. 학생들은 넥타이를 거부한 비트겐슈타인의 간편한 옷차림을 따라

했고 말투와 표정, 심지어 목소리까지 흉내 냈다. 아니, 흉내를 냈다기보다는 자기도 모르게 그의 세계 안으로 빨려 들어가 그의 행동과 말투를 반복했다. 그의 강의는 수강자들에게 하나같이 잊을 수 없는 경험이었다. 마법의 힘이라고밖에 말할 수 없는 어떤 힘으로 그는 학생들을 사로잡았다. 비트겐슈타인의 제자였던 피터 그레이-루카스는 이런 회상을 남겼다.

> 어느 날 저녁 그가 의자에서 일어나더니 익살스런 목소리로 대략 "내가 이 벽을 통과해 걸어간다면 뭐라고 하겠나"라고 말했던 일이 기억난다. 이때 나는 의자의 팔걸이를 어찌나 세게 쥐었던지 손목이 하얗게 될 정도였다. 나는 그가 정말로 벽을 지나갈 것이라고 믿었고, 그래서 지붕이 무너질까 봐 걱정했다. 그것은 그가 지닌 마력 때문이었음이 분명하다.[26]

비트겐슈타인은 어디를 가든 사람들을 압도했다. 아무도 그의 말에 이의를 제기하지 못했고 마치 메두사의 얼굴을 본 것처럼 얼어붙었다. 그는 언제 어디서나 엄밀성과 정확성을 요구했다. 허튼소리를 용납하지 않았다. 사람들은 그를 숭배하면서 동시에 두려움을 느꼈다. 비트겐슈타인의 친구가 된다는 것은 이를테면, 인격을 벌거벗고 대면하는 일이었다. 그것은 마치 사교(邪教) 집단에 입문하는 것과 같았다. 카리스마적 예언자를 교주로 모시고 끝없는 복종심으로 그를 경배하는 일과 다를 바 없었다. 비트겐슈타인이 아꼈던 제자 게오르크 폰 리히트는 이렇게 증언한다.

> 비트겐슈타인과 대화할 때마다 최후의 심판을 몸소 체험하는 듯한 느낌이었다. 그것은 지독한 경험이었다. 모든 것을 다시 파헤치고, 의심하고, 그 진실성을 재검토해야만 했다. 비단 철학만이 아니라 인생 전체에 대해 그런 작업이 이루어졌다.[27]

비트겐슈타인의 오만하고 논쟁적인 스타일은 풍자의 대상이 되기도 했다. 젊은 대학생 줄리언 벨이 케임브리지의 전위 잡지 〈모험〉에 그의 태도를 비꼬는 시를 실었을 때 "아주 점잖은 사람들도 즐겁게 웃었다. 그것을 통해 사람들은 그동안 쌓인 긴장, 분노, 공포가 해소되는 느낌을 받았다." 그 시의 일부 구절은 이렇게 흘러갔다.

> 어느 모임에서든 우리에게 호통치며
> 우리의 말을 끊어버리고 더듬거리며 자기 말을 하지.
> 끊임없이 거칠게 성내며 큰 소리로 주장하니,
> 그래 그가 옳다, 그리고 맞는 얘기를 했으니 자랑스럽겠지.
> ……
> 우뚝 솟은 전지성의 고지 위에서
> 그는 눈앞에 펼쳐진 우주를 보고 있네.
> 길 잃은 전자의 모든 움직임을

그는 시계 바늘 보듯 쉽게 읽어내고……

루트비히는 전지적이고, 그래, 나는 평범하다.

하지만 그는 전능한 신인가 아니면 악마인가?

확실히 비트겐슈타인은 최소한 그의 제자들 일부에겐 신이자 악마였다. 그는 자신이 가장 아끼는 제자들의 운명을 뒤바꿔놓았다. 그는 철학 교수란 세상에서 가장 쓸모 없는 존재이기 때문에 직업을 바꿔 실용적인 일을 하라고 제자들에게 요구했다. 그의 요구를 받아들여 모리스 드루어리는 뒤늦게 의대에 진학해 정신과 의사가 되었고, 프랜시스 스키너는 공장에 들어가 나사 만드는 노동자가 되었다. 비트겐슈타인에게 한없이 충직했던 스키너는 소아마비에 걸려 일찍 죽었다.

분명한 것은 비트겐슈타인이 자신을 둘러싼 그런 분위기를 즐기지 않았다는 점이다. 그는 숭배 열기에 도취하지도 않았고 자신의 압도적 지성을 과시할 생각도 없었다. 그는 자기 내면에서 작동하는 제어할 수 없는 원리를 따랐을 뿐이다. 가령, 그는 마음에 들지 않는 것이 주변에 있으면 거의 병적인 고통을 느꼈다. 그것을 바로잡지 않는 한 그 고통은 사라지지 않았다. 그 때문에 그는 끊임없이 지적하고 비판하고 교정하는 작업을 되풀이했다. 그가 철학에서 행한 작업도 이와 다르지 않았다. 그는 철학자들이 언어를 오해함으로써 남발하는 철학적 문제들을 뿌리에서부터 없애버리려고 했다. 철학의 안개를 걷어내는 것, 철학의 마구간을 청소하는 것이 그가 자기 자신에게 준 임무였다. 그것은 빈의 언론인 크라우스의 언어 비판을 철학의 영역에서 되풀이하는 일이었다.

"철학은 신과 화해하는 길"

비트겐슈타인의 내면에는 언제나 고통과 불안이 똬리를 틀고 있었다. 그것이 외부 세계에 대한 불만에서 기인한 것만은 아니었다. 다른 어떤 것보다 그는 자기 자신에 대해 불만스러워했다. 그는 자신이 더럽고 비열하고 썩어 빠졌다고 느꼈다. 그 이유는 무엇이었을까. 비트겐슈타인이 단 한 번도 명시적으로 말한 적이 없지만 명백히 자신의 동성애 성향 때문이었다. 남자들을 향한 열망, 그것은 그에게 바이닝거적 질병이었다. 영혼에 결함과 흠결이 있다는 외면할 수 없는 증거였다. 그가 자신의 전 인격을 바꾸고 싶다고, 그렇게 될 수 없을 바에는 차라리 죽음을 택하겠다고 생각했을 때 그렇게 바꾸고 싶어 한 것은 필경 자신의 동성애 성향이었다. 그러나 아무리 노력해도 극복 불가능한 것이 있는 법이다. 비트겐슈타인은 그 절망 속에서 자기 내부에 거처하는 신을 찾았고 그 신과 화해를 시도했다.

비트겐슈타인이 택한 신과 화해하는 방식은 톨스토이적 삶이었다. 육체 노동 속에서 삶의 가치를 발견하는 것이다. 1930년대 중반 그는 톨스토이의 조국 러시아로 이주할 계획을 진지하게 세웠고, 1935년 사회주의 러시아를 방문했다. 그는 마르크스주의를 학문으로는 받아들이지 않았지만, 마르크스주의의 노동 윤리는 적극적으로 받아들였다. "나는 마음으로는 공산주의자다."[28] 비트겐슈타인이 찾아간 톨스토이의 조국에서 그는 노동자가 되고 싶다는 희망을 내비쳤다. 그러나 러시아의 관리들은 카잔 대학과 모스크바 대학의 철학과 교수직을 제안했다. 실망한 비트겐슈타인은 다시 케임브리지로 돌아왔다. 러시아는 억압적 관료주의가 지배하는 스탈린의 나라였던 것이다.

그에게 남은 것은 철학 연구뿐이었다. 비트겐슈타인에게 철학 연구는 신과 화해하는 또 다른 방식이기도 했다. 그는 안개에 싸인 이 세계의 존재 형식, 바꿔 말하면 언어의 존재 형식을 밝힘으로써 언어를, 세계를 명료하게 이해하고, 그럼으로써 신을 뚜렷하게 느낄 수 있기를 바랐다. 자신의 철학적 과제를 끝낼 수만 있다면 그에겐 제자들의 숭배나 학자로서의 명예 따위는 아무래도 상관없었다. 아니, 그런 것이 없을수록 그가 연구를 하는 데는 유리했다. 그는 자신이 몸담고 있는 케임브리지를 경멸했다. 진정한 창조성도 진지성도 없는, 정신이 죽어버린 공간이 케임브리지였다. 1936년 비트겐슈타인은 1913년에 그랬던 것처럼 혼자 노르웨이로 갔다. 거기서 그는 케임브리지에 돌아온 뒤로 줄곧 고민해 왔던 철학적 과제를 끝내려고 했다. '철학적 탐구'라고 이름 붙인 이 작업을 위해 그는 글을 쓰고 묶고 해체하고 다시 쓰기를 거듭했다.

이즈음 《논리-철학 논고》의 '명제 이론'은 포기한 상태였다. 세계는 명제들을 쌓아 올려 이룬 언어의 총체로 환원되지 않는다는 것을 그는 깨달았다. 명제들로 세계를 설명하려는 것은 올바른 방법이 아니다. 언어는 언제나 '삶의 흐름' 속에 있다. 그 흐름을 무시한 채 명제들을 끊어내 그걸 쌓아 올리는 방식으로는 세상의 존재 형식을 제대로 보여줄 수 없다. 언어는 언제나 언어 게임의 방식으로 작동한다. 그 게임은 삶의 흐름 속에서 규칙이 정해지고 그 흐름이 바뀌면 규칙도 바뀐다. 사람은 명제로 소통하지 않는다. 언어 활동을 규정하는 게임의 법칙이 저마다 있고, 그 법칙은 삶의 흐름 속에서 작동한다. 그러므로 말의 의미는 명제 속에 고정돼 있는 것이 아니라 말이 사용되는 구체적인 맥락 속에서 정해지는 것이다.

여기서 《논리-철학 논고》를 쓰던 전기 비트겐슈타인과 확연히 다른 후기 비트겐슈타인 철학이 모습을 드러냈다. 의미는 사용이다. 말의 의미는 대화를 주고받는 구체적인 맥락에서 결정되는 것이지, 의미 자체가 단어나 명제 속에 고정돼 있는 것이 아니다. 이런 언어철학적 발견은 서양 철학에서는 일대 사건이었다. 2천 년 동안 지배력을 휘둘러 왔던 플라톤 철학에 대한 정면 도전이었기 때문이다. 플라톤 철학에서 의미는 항상 하나의 개념에 고정된 것이었다. '아름다움'이란 말은 언제나 '아름다움의 이데아'를 의미했다. 그런데 이제 비트겐슈타인에게 이르러 아름다움의 의미는 사람들이 그 말을 사용하는 맥락에 따라 달라질 수 있는 것이 되었다. 비트겐슈타인의 언어철학적 혁명은 이렇게 플라톤 철학의 붕괴와 함께 이루어졌다.

비트겐슈타인은 이 후기의 사유를 《철학적 탐구》 한 권에 담아내려고 끊임없이 연구하고 기록했지만 최종적 결론은 한없이 지연되었다. 그는 1937년 연구를 중단한 뒤 노르웨이에서 돌아왔다. 1938년 히틀러의 독일은 오스트리아를 합병했다. 그의 처지는 바로 전날까지 오스트리아 시민이었다가 그 다음날 독일 제3제국의 유대인으로 떨어졌다. 그는 어쩔 수 없이 영국 시민권을 취득했다. 1939년 2차 세계대전이 터졌고, 비트겐슈타인은 전쟁에 몸으로 봉사하기를 원했다. 그는 1차 세계대전 참전 때와 똑같은 자세로 가장 위험한 곳에서 자원봉사를 하겠다고 나섰다. 그 직전에 그가 사랑했던 제자 프랜시스 스키너가 소아마비로 죽었다. 그는 이 죽음이 야기한 끔찍한 상실감을 죽음 가까이에 자기 자신을 놓음으로써 잊어보려고 했다. 1941년 그는 독일군의 공습에 폭탄이 비처럼 쏟아지는 병원에서 약품 배달원으로 일했다. 1944년이 되어서야 그는 케임브리지로 되돌아갔다. 그러나 3년 뒤에는 그마저 완전히 그만두고 교수직에서 은퇴했다. 그는 자신에게 할당된 시간을 온전히 철학 연구에 바치기로 했다. 그 후 그는 아일랜드의 바닷가와 친구나 제자들의 집을 옮겨 다니며 연구를 계속했다.

비트겐슈타인은 과학과 기술이 인류를 파멸로 몰아가고 있다고 생각했다. 과학의 합리적 언어가 지닌 힘은 다른 어떤 힘으로 제어하지 않으면 안 되었다. 이를테면 예술의 힘, 윤리의 힘, 종교의 힘이 필요했다. 그러나 그들의 힘은 과학 언어의 힘 앞에서 한없이 초라했다. 어떻게 하면 과학 언어의 힘을 무너뜨릴 수 있을까. 삶의

프랜시스 스키너(왼쪽)와 비트겐슈타인. 사랑했던 제자 스키너가 소아마비로 죽자 비트겐슈타인은 끔찍한 상실감에 빠졌다.

방식을 바꾸지 않으면 안 된다. 그러나 어떻게 인류 전체의 삶의 방식을 바꿀 수 있단 말인가. 그의 사유에는 비관주의가 스며들었다. 그는 피곤하고 아팠으며 늙었다. 1949년 봄 그가 20년을 바쳐 쓰고 깁고 고친 《철학적 탐구》 원고가 타자본 형태로 모습을 드러냈다.

1949년 여름 비트겐슈타인은 제자 노먼 맬컴의 초청을 받고 생애 처음으로 미국을 방문했다. 가을 학기 초에 맬컴은 늙은 스승을 코넬 대학 철학과 대학원생 모임에 데리고 갔다. 그때의 일을 대학원생 가운데 한 사람이 이렇게 회상했다.

> 그의 팔에는 윈드 재킷과 낡은 군복 바지를 입은 가냘픈 노인이 기대어 있었다. 만일 지성으로 빛나는 얼굴이 아니었더라면, …… 거리의 부랑자로 간주했을지도 몰랐다. …… 그러곤 그 충격적인 말이 들렸다. "비트겐슈타인 교수님, 한 말씀 부탁드려도 되겠습니까?" 하고 블랙이 말했다. 블랙이 '비트겐슈타인'이라고 말하자마자 그 자리에 모인 학생들이 숨을 크게 멈추는 소리가 났다. …… '비트겐슈타인'은 1949년의 철학 세계에선, 특히 코넬에선, 신비스럽고 두려운 이름이었다. 그 숨이 멎는 소리는 만일 블랙이 '플라톤, 한 말씀 부탁드려도 되겠습니까?'라고 말했다면 생겼을 것과 같은 것이었다.[29)]

이 만남 직후 비트겐슈타인은 쓰러졌고 영국으로 돌아온 뒤 전립선암 판정을 받았다. 그는 암에 걸렸다는 소식에 전혀 놀라지 않았다. 주위에서 호르몬 치료를 받으면 6년은 더 살 수 있다고 했지만 그는 인위적 치료에 의존하기를 완강히 거부했다. 몸이 쇠약해진 상태에서도 비트겐슈타인의 전설적인 카리스마는 여전했다. 옥스퍼드의 초청으로 영국에 와 있던 맬컴의 미국 스승 O. K. 바우스마는 비트겐슈타인이 죽기 얼마 전까지 그와 자주 만났다. 그는 비트겐슈타인에 대한 기억을 이렇게 기록했다.

예언자는 어떤 모습일까? 비트겐슈타인은 내가 아는 한 가장 예언자에 가까운 사람이다. 그는 탑과 같이 높이 서서 어디에 소속됨 없이 어느 누구에게도 기대지 않는 사람이다. 그는 어떤 사람도 두려워하지 않는다. "아무것도 나를 해칠 수 없다." 그러나 다른 사람들은 그를 두려워한다. 왜 그럴까? …… 사람들은 그의 심판을 두려워한다. 나 역시 비트겐슈타인을 두려워했고, 그 앞에서는 책임감을 느꼈다. 그가 멀리 떠나면 나는 편안함을 느꼈다.[30]

비트겐슈타인은 죽기 이틀 전까지 연구를 계속해 일기에 기록했다. 숨을 거두기 전날 남긴 그의 마지막 말은 다음과 같았다. "내가 경이로운 삶을 살았다고 그들에게 이야기해주시오!"[31]

사후 '확실성에 관하여'란 제목으로 묶인 마지막 일기는 임종을 맞는 최후의 순간까지도 그가 놀라운 정신력으로 견고한 사색과 탐구를 실천하고 있었음을 증언한다.[32] 죽음이 코앞에 어슬렁거릴 때에도 놓지 않았던 그 혹독한 엄격함으로 그는 자신의 논리를 벼렸고 윤리를 세웠다. 그리고 자신에게 적용한 엄격성과 똑같은 강도로 다른 사람들에게 엄격성을 요구했다. 그것은 자신과 타인을 모두 고통과 공포에 빠뜨리는 일이었다. 그러나 그렇게 고통과 공포를 야기하는 엄격함이 없었다면 20세기 철학의 두께는 지금보다 훨씬 얇아졌을 것이다. 한 전례 없는 인간의 삶과 사유의 풍경을 관찰할 기회도 마찬가지로 생겨나지 않을 것이다. 그는 '윤리란 무엇인가', '진리란 무엇인가'라는 전통적인 형이상학적 질문에 대한 답변을 제시하지 않고도 윤리를 실천하고 진리를 살 수 있음을 그 자신의 삶을 통해 보여주었다.

IIIIIII

카프카의 모든 작품에서 바깥으로 나가려는 자는
출구를 찾지 못하고 안으로 들어가려는 자는
입구를 찾지 못한다. 보이지 않는 족쇄, 보이지 않는 창살,
보이지 않는 담장에 그는 갇혀 있다.
끝이 보이지 않는 악몽이 카프카 소설 속 주인공에게
할당된 삶의 조건이었다.
그리고 그것은 그대로 이 타고난 작가의 운명이었다.

IIIIIII

프란츠 카프카

Franz Kafka

존재의 감옥, 변신의 욕망

프란츠 카프카(1883~1924)는 오스트리아 제국의 건실한 시민이었다. 고속 승진으로 자신의 능력을 입증한 유능한 관리였다. 키 182센티미터의 늘씬한 몸을 깔끔한 복장으로 감싼 멋있는 청년이었다. 친절함과 관대함을 잃지 않는 예의 바른 신사였다. 나이보다 젊어 보이는 그의 표정은 사람을 대할 때면 거의 항상 밝고 환하고 맑았다. 그의 외모 어디에서도 '카프카적인 것'은 발견할 수 없었다. 불가해한 사태에 맞부딪친 자의 당혹, 헤어날 길 없는 수렁에 빠져드는 자의 공포, 열리지 않는 문 앞에 하염없이 서 있는 자의 절망을 그의 외적인 삶은 조금도 보여주지 않았다.

이 반듯한 남자의 내면에 그토록 어둡고 불길한 세계가 있으리라고는 아무도 상상하지 못했다. 시간이 나면 산책을 하고 카페를 찾고 벗들을 만나는 동안에도 그는 항상 가슴속에 벌 받을까 봐 무서워 훌쩍거리는 어린아이를 데리고 다녔다. 그는 성년의 숲을 두려움에 떨며 방황하는 미성년이었다. 아무도 눈치채지 못했지만 그는 커다란 눈에 눈물이 그렁거리는 이 아이와 떨어져본 적이 없었다. 모두가 잠든 깊은 밤이면 그는 자신의 책상에 앉아 그 아이를 불러냈다. 그리하여 20세기 문학을 상당 부분 규정지은 유례 없는 이미지들이 어둠의 정적 속에서 태어났다.

커다란 곤충이 되어 자기 방에서 말라 죽는 그레고어 잠자(〈변신〉), '물에 빠져 죽으라'는 아버지의 명령을 순순히 집행하는 아들(〈선고〉), 아무런 잘못도 범하지 않았는데 어느 날 체포되는 요제프 K(《소송》), 성 안으로 들어가려 하지만 허락을 받지 못해 제자리걸음만 하는 토지측량사(《성》)……. 그의 모든 작품에서 바깥으로 나가려는 자는 출구를 찾지 못하고 안으로 들어가려는 자는 입구를 찾지 못한다. 아무 데도 막힌 곳이 없는데 그 어디에도 뚫린 곳이 없다. 보이지 않는 족쇄, 보이지 않는 창살, 보이지 않는 담장에 그는 갇혀 있다. 끝이 보이지 않는 악몽이 카프카 소설 속 주인공에게 할당된 삶의 조건이었다. 그리고 그것은 그대로 이 타고난 작가의 운명이었다.

동생들의 죽음과 죄의식

카프카는 1883년 오스트리아 제국의 지배를 받는 체코의 프라하에서 태어났다. 옛 보헤미아 왕국의 수도인 프라하는 '보헤미안적인 삶'의 영원한 고향이었다. 자유와 낭만과 방랑과 예술과 모험의 동의어였다. 카프카보다 조금 먼저 태어난 프라하 출신의 시인 라이너 마리아 릴케(1875~1926)가 일찍이 고향을 떠나 유럽을 떠돈

것이 보헤미안 예술가의 대표적 사례일 것이다. 릴케에게 프라하는 혼란과 퇴폐와 환멸의 도시였다. 그는 젊은 날의 소설 《말테의 수기》에서 그곳의 사람들을 이렇게 묘사했다. "그들의 짓무른 눈, 그것은 병자의 시퍼런 가래를 그 눈꺼풀 속에 뱉어놓은 듯이 보였다. 그들의 입에서 웃음이, 상처에서 터지는 고름처럼 삐져나왔다."[1)]

그 혐오스러운 도시에서 카프카는 평생을 살았다. 그의 삶에는 이동이 없었고 변화가 없었고 삶의 행로를 뒤바꾼 결정적인 만남이나 체험도 없었다. 요컨대 보헤미안적인 것과 카프카의 삶은 아무런 인연이 없었다. 그는 이 도시를 떠나고 싶어 했지만 목숨의 끈이 끊어지기 얼마 전 잠시 베를린에 머문 것, 그리고 병든 몸을 추스르러 몇 차례 시골로 요양을 떠난 것 말고는 평생 프라하의 구시가지 반경 500미터 조그만 원 안을 벗어나지 못했다. 거기서 그는 학교를 다니고 대학을 나오고 직장 생활을 했다. 열아홉 살의 카프카는 친구에게 이런 편지를 썼다. "프라하는 우리를 놓아주지 않을 걸세. …… 이 어머니는 여러 개의 발톱을 가지고 있네. 우리는 복종해야만 하지."[2)] 카프카의 이 체념 섞인 예언은 한 치의 어김도 없이 현실이 됐다.

카프카의 부모는 유대인이었다. 체코의 벽촌에서 가난한 푸줏간 집 아들로 태어난 아버지는 어린 나이에 상경해 자수성가한 상인이었다. 어머니의 집안은 프라하에서 오래전 기반을 닦은 여유로운 부르주아 계급에 속했다. 당시 프라하는 독일어를 사용하는 오스트리아계 독일인들이 상층을 차지하고 있었다. 인구의 10퍼센트가 채 안 되는 독일어 사용자들이 90퍼센트가 넘는 나머지 체코어 사용자들을 정치 · 경제 · 문화 모든 면에서 지배했다. 유대인 가운데 다수는 사업 수완을 발휘해 이 지배 계층에 편입돼 있었다. 카프카의 아버지는 독일어를 쓰는 이 상층 세계로 진입하려고 온갖 노력을 다했고, 끝내 그 목표를 이루었다. 생활 의지와 상승 욕구, 정복욕과 지배욕은 카프카 아버지의 뚜렷한 특징이었다. 카프카가 독일어 학교를 다닌 것은 아버지의 이 상승 의지에 따른 자연스런 일이었지만, 나중에 그 아들이 독일어로 작품을 쓰고 독일 현대 문학의 가장 중요한 장을 차지하게 된 것은 그 의지의 예기치 못한 결과였다.

카프카의 '죄의식'은 유별난 것이었다. 죄의식이야말로 카프카 문학의 기저음이었고, 카프카 정신의 감시자였다. 이 불행한 의식의 기원 가운데 하나가 어릴 적 카프카의 가족 안에서 일어난 사건이었다. 야심만만한 젊은 가장의 첫째 아들이었던 카프카에게 얼마 안 지나 차례로 남동생 둘이 생겼다. 그러나 둘째가 두 살에, 그리고 셋째가 태어난 지 6개월 만에 죽음으로써 카프카는 다시 혼자가 됐다. 네 살의 카프카는 인형을 데리고 놀았다. 그 뒤로 여동생 셋이 몇 살 터울로 태어났지만, 남동생 둘이 잇따라 죽은 사건은 어린 큰아들의 정신에 깊은 상처를 남겼다. 정신분석 이론에 따르면, 혼자 있던 아이는 동생이 생기면 순식간에 일대 혼란에 빠져든다. 부모의 사랑과 관심을 독차지하던 자기만의 공간에 한 이질적 존재가 끼어들어 그 사랑과 관심을 탈취해 간다고 느끼기 때문이다. 질투심과 증오심이 부풀어 오르고 동생을 없애버리고 싶다

다섯 살 무렵 카프카. 남동생 둘의 잇따른 죽음은 어린 카프카에게 깊은 죄의식을 남겼다.

는 마음이 커진다.

카프카의 경우는 그 분노의 대상이 어느 날 죽어버렸다는 점에서 예외적이었다. 그것도 연달아 두 동생이 죽고 말았다. 죽여버리고 싶다고 생각했던 동생이 실제로 죽어버린 것인데, 사태를 정확히 이해하지 못하는 아이는 그것을 자기 탓으로 돌린다. 자기 때문에 동생이 죽었다고 생각하고 나중에는 자기가 동생을 죽였다고 생각하게 된다. 살해 망상은 치유하기 어려운 죄의식을 심어주는데 (뒷날 카프카는 '형제 살해'라는 제목의 단편을 썼다), 현명한 부모라면 아이에게 아무 잘못이 없음을 차근차근 일러줌으로써 아이가 죄의식의 수렁에서 빠져나오도록 도울 수 있다. 안타깝게도 카프카의 아버지는 아이의 그런 사정을 이해하기에는 그리 민감하지 못했다. 어머니 또한 아버지와 상점 일을 하느라 아들을 돌볼 시간이 많지 않았고, 게다가 우울증을 앓고 있었다.

어머니가 마음을 열고 친밀한 관계를 맺는 데 서툰 사람이었다는 사실도 어린 카프카의 심리 형성에 불리하게 작용했다. 카프카의 어머니는 부유한 집안 출신이긴 했지만, 어릴 적에 어머니(카프카의 외할머니)를 잃고 계모에게 냉대받으며 자란 탓에 따뜻한 감정 교류의 행복을 누리지 못했다. 어머니가 아무 배경 없는 혈혈단신인 남자와 서둘러 결혼한 것도 이 냉담한 집을 어떻게든 벗어나는 것이 다른 일보다 더 중요했기 때문이었다. 건장한 체구의 야심만만한 남편은 심약하고 순종적인 아내를 지배했고, 아내는 남편의 세계를 자기 삶의 전부로 받아들였다.

아버지를 향한 극단적 애증

카프카의 죄의식을 더욱 깊게 한 것은 '아버지와의 관계'였다. 카프카의 가족 세계는 동시대의 오스트리아 학자 지크문트 프로이트(1856~1939)가 밝힌 '오이디푸스 삼각형'의 전형적인 사례였다. 카프카와 마찬가지로 성공한 유대인 부르주아 집안의 아들이었던 이 정신분석학 창시자 프로이트는 아버지-어머니-아들의 관계를 '오이디푸스 콤플렉스'로 설명했다. 그리스 신화 속의 오이디푸스가 아버지를 해치우고 어머니와 결혼하듯이, 현실의 가정에서도 어린 아들은 아버지를 제거하고 어머니와 결합하려 한다. 어머니와 결합하려는 아들은 먼저 아버지를 없애야 하는데 아버지의 존재가 너무 크기 때문에 그것을 포기한다. 아들은 현실을 현실대로 받아들이고 아버지의 법에 복종한다. 이것이 프로이트가 말한 '오이디푸스 콤플렉스'의 핵심이다.

카프카는 어머니의 사랑을 갈구했지만, 아버지가 어머니를 독점하고 있었기 때문에 사랑을 충분히 얻을 수 없었다. 아버지는 카프카와 어머니 사이에 솟은 거대한 산이었고, 건널 수 없는 강이었다. 어머니와 나를 갈라놓는 그 아버지를 제거하고 싶다는 욕망이 죄의식을 낳는데, 만약 굴복한 아들을 아버지가 사랑으로 받아준다면 죄의식은 누그러든다. 그러나 카프카의 아버지는 엄격하고 완고하고 폭력적이었다. 뒷날 어른이 된 카프카가 기억 속에서 끄집어낸 아버지는 완력을 휘두르고 고함을 지르고 분노를 터뜨리는 아버지였다.[3] 죄의식이 사라질 기회가 없었다.

모계의 피를 짙게 이어받아 예민하고 섬약했던 카프카의 성격적 특징은 아버지와의 관계를 더욱 힘겨운 것으로 만들었다. 자기 자신이 그랬듯 아버지는 아들이 험악한 세상에 맞서 투쟁하고 승리하는 강인한 남자가 되기를 바랐다. 아버지는 약한 아들을 혹독한 방식으로 키웠다. 그러나 그런 식의 훈육은 아들의 취약한 정신을 더욱 깨지기 쉬운 상태로 만들었을 뿐이다. 훗날 카프카는 여동생에게 보낸 편지에서 이렇게 말한다.

> 아버지는 무엇인가를 자기의 장점으로 간주하기 때문에 가족들에게도 그것이 꼭 있어야 한다고 생각하는데, 어린 자식에게는 그것이 없음을 알고 경악할 때가 있다. 그러면 아버지는 그 장점을 아이에게 두드려 박아 넣기 시작하지. 그러나 그것이 성공한다고 해도, 이 성공은 성공과 동시에 실패로 끝나고 말아. 박아 넣으려고 두들기는 중에 아이가 금이 가고 부서지기 때문이지.[4]

카프카에게 아버지는 두려움을 불러일으키는 심판자였고 저항을 허용하지 않는 지배자였고 모든 것을 주관하는 절대자였다. 아버지의 압도적인 권위에 짓눌린 자식은 자기를 하찮고 쓸모없는 존재로 인식했다. 무력한 자식은 어떻게든 아버지의 뜻을 따름으로써 아버지의 권좌에 다가가 아버지의 인정을 받고 싶어 한다. 그러나 그 권좌가 너무 멀리 너무 높이 있을 때 아들은 아버지의 사랑을 희구할 뿐 그것을 향유할 기회를 얻지 못한다. 아버지를 향한 카프카의 끝없는 애착은 이 인정욕구의 다른 말이었다. 동시에 아버지의 힘에 압도당해 자신을 무가치한 존재로 느끼는 자식은 증오심을 품은 채 있는 힘을 다해 아버지에게서 탈출하려고 하고, 자신의 존재 가치를 아버지의 권력이 미치지 못하는 곳에서 다른 방식으로 확인하려 한다. 아버지에게서 멀어지려는 힘과 아버지에게 다가가려는 힘은 카프카의 마음속에서 완전히 동등한 긴장 관계를 이루고 있었다. 반대 방향으로 달리는 애증의 양가감정이 카프카에게서처럼 선명하고도 치열한 방식으로 나타나는 경우도 다시 찾아보기 어렵다.

집안에서 벌써 두려움에 익숙해진 카프카는 초등학교에 입학해 그 두려움을 다시 확인했다. 바깥세상 도처에 '아버지'가 있었다. 아버지에 대한 두려움은 학교에 대한 두려움으로, 다시 시험 공포와 낙제 공포로 나타났다.

> 저는 초등학교 1학년 학년말 시험에 절대로 합격하지 못할 것이라고 예상했지만, 그 시험에 합격할 수 있었습니다. 더구나 우등상까지 받았죠. 김나지움 입학시험에는 틀림없이 떨어지려니 했지만, 또 붙었습니다. 김나지움 2학년 진급을 앞두고서는 드디어 낙제하겠지 했는데, 아니었습니다. 이번에도 합격이었어요. 그 뒤로도 끊임없이 합격하고 또 합격했습니다. 그렇지만 그렇다고 해서 자신감이 생긴 것도 아니었어요. 오히려 저는 성공을 거듭할수록 그만큼 더 참담한 결말을 맞게 되

리라고 늘 확신하고 있었습니다.[5]

아버지의 법은 너무나 엄격했기 때문에 그것을 완벽하게 지킨다는 것은 불가능했다. 아버지의 법을 아버지 몰래 위반했다는, 그래서 아버지를 속였다는 불안감과 죄의식은 카프카의 내면에 처벌 망상을 새겨 넣었다. 아버지를 연상시키는 모든 권위와 권력 앞에서 카프카는 처벌 공포를 느꼈다.

종종 저는 등골이 서늘해지는 김나지움 교직원 회의 광경을 머릿속에 그려보기도 했습니다. 제가 1학년 학년말 시험에 합격했을 때엔 2학년 재학 중에 소집될 회의를, 또한 2학년 학년말 시험에 합격했을 때엔 다시 3학년 재학 중에 소집될 회의를, 이렇게 매 학년을 마칠 때마다 조만간 소집될 회의를 상상했던 것입니다. 그 회의란 하늘 아래 둘도 없는, 하늘이 곡할 노릇의 진상 조사를 목적으로 소집되는 회의였습니다. 바로 저처럼 가장 무능하고 아는 것이라고는 쥐뿔도 없는 학생이 도대체 어떻게 지금까지 살금살금 진급할 수 있었는지, 그 경위가 문제였죠. 회의에 참석한 교수들은 역겨운 침을 뱉어버리듯, 만인의 이목이 집중되어 있는 이 순간에 나를 내쫓아버리자는 지당한 결정을 즉시 내릴 거야. …… 이런 상상을 하며 살아간다는 것이 어린아이에게는 쉽지 않았습니다.[6]

어린 카프카의 두려움과 죄의식이 커진 데는 그의 독특한 윤리의식도 한몫을 했다. 조금이라도 남에게 피해를 주거나 남의 마음을 상하게 하는 것이라면 모두 그의 내부에서 죄책감과 연결되었다. 어린 시절의 에피소드 가운데 하나는 그의 윤리 감각이 얼마나 엄격했는지 느끼게 해준다.

> 카프카의 어머니가 어느 날 20헬러짜리 동전을 주었다. 그것은 대단히 큰돈이었다. 카프카는 무엇인가 사고 싶어서 밖으로 나갔다가 여자 거지를 보았다. 그 순간 카프카는 그 돈을 거지에게 주려고 했다. 그러나 그 돈은 소년에게나 거지에게나 너무나 큰돈이었다. 카프카는 거지가 자기에게 머리를 굽실거리며 고마워하고 칭송할 것이 겁이 났다. 그래서 그 동전을 10크로이처짜리 동전 열 개로 바꾸었다. 카프카는 열 개의 동전을 거지가 자신을 같은 사람으로 알지 못하게 여러 골목을 돌면서 하나씩 쥐어주었다. 열 번이나 그렇게 한 나머지, 그리고 신경을 너무 쓴 탓에 카프카는 마침내 녹초가 되어버렸다.[7)]

이런 윤리적 결벽주의의 압력 아래서 카프카의 죄의식은 감당하기 어려울 정도로 무거워졌고, 사람들이 자신을 적발해 처벌할 것이라는 두려움도 그만큼 커졌다. 카프카는 그 두려움을 조금이라도 줄여보려고 외부 세계로부터 가능한 한 멀리 후퇴했다. 사람들의 눈에 띄지 않는 존재가 되려고 아무 특징 없고 개성 없는 옷차림을 하고 말을 적게 하고 관계를 최소화했다. 외부 세계와 단절해 자기 안으로 걸어 들어갔다. 그 고립과 유폐는 시간이 갈수록 심해졌다. 자기만의 세계 안에 갇힌 소년 카프카는 책읽기와 글쓰기에서 출구를 찾았다.

그러나 열다섯 살 소년의 생활에도 예외는 있었다. 그때 카프카는 사회주의를 자신의 신념으로 받아들이고, 그 신념을 평생토록 간직했다. 다만 사회주의자가 되었다고 해서 그가 당시의 사회주의자들처럼 거리의 투사나 비밀 조직원이 되었다는 뜻은 아니었다. 그의 사회주의는 따뜻한 공동체를 향한 열망, 윤리적으로 올바른 세상에 대한 염원을 담은 극히 개인적인 이념이었다. 그가 사회주의자로서 할 수 있었던 최대치의 행동은 사회주의의 상징인 붉은 카네이션을 옷에 달고 김나지움에 등교하는 것 정도였다. 하지만 어떻게든 눈에 띄지 않는 존재가 되려 한 그에겐 그 정도의 실천도 상당한 용기가 필요한 일이었다.

간결하고 냉정하고 무심한 문체

1901년 가을 열여덟 살의 카프카는 대학생이 되었다. 프라하에 있는 독일계 카를 페르디난트 대학이었다. 그는 철학을 전공하고 싶어 했다. 하지만 실용적인 것이 아니면 무의미하다는 아버지의 신념에 부딪쳐 처음에는 화학을, 그 다음에는 법학을 선택했다. 그의 전공은 나중에 직장을 안겨주고 급료를 챙겨주었지만, 젊은 카프카에게 법학은 부모에 대한 채무감만 덜어주었을 뿐 아무런 윤기도 의미도 없는 장애물이었다. 그는 톱밥을 씹어 먹듯 힘겹게 학부 과정을 이수했다.

이 시기 카프카의 관심 영역은 온통 문학이었다. 문학은 그 시대 젊은 지식인들의 공통 관심사이기도 했다. 전 시대의 종교를 대체한 문학은 젊은이들의 '영혼의 양식'이었다. 젊은이들은 문학의 제단 앞에 시간과 열정과 활력을 헌납했다. 그들은 문학을 신봉하는 종교 공동체의 신자들이었고, 창조 열망에 들뜬 문학 공화국의 시민이었다. 그런 점에서 카프카도 시대의 충직한 아들이기는 마찬가지였다. 다만 카프카는 평생을 두고 문학에 결사 항전의 자세로 임했다는 점에서 달랐다. 카프카에게 글쓰기는 유일무이한 존재 이유였고, 아버지라는 힘에 압도당한 삶을 구출하는 데 쓰일 단 하나의 수단이었다.

1902년 10월 카프카는 한 문학 강연회에서 막스 브로트(1884~1968)를 알게 되었다. 당시 카프카는 열렬한 니체 추종자였는데, 강연자로 나선 브로트가 니체를 '사기꾼'이라고 몰아붙이자 강연이 끝난 뒤 카프카가 그에게 말을 걸었던 것이다. 만남의 계기는 이렇게 '생각의 불일치'였지만, 그들의 우정은 평생 동안 지속됐다. 인간관계를 최소한으로 한정 지었던 카프카에게 브로트는 마지막까지 함께한 유일한 친구였다. 브로트가 없었다면 카프카 문학도 없었을 것이다. 브로트는 카프카 문학의 최초의 독자였을 뿐만 아니라 최초의 숭배자이기도 했다. 그는 카프카가 잡지에 작품을 발표할 수 있도록 주선했고, 창작집을 출판할 수 있도록 출판사와 연결해주었다. 그는 카프카의 유언 집행자이기도 했다. 그러나 자신의 모든 원고와 노트를 불태워 없애 달라는 카프카의 유언과는 반대로 그의 모든 작품을 빠짐없이 책으로 펴냈다. 후에 브로트는 자신의 영원한 친구에 관한 전기 두 권을 썼다. 브로트 덕에 카프카의 이름도 문학도 살아남을 수 있었다.

문학청년 카프카는 다른 문청(文靑)들처럼 카페를 드나들었다. 그 시절 카페는 자유의 공간이었고 사교의 공간이었고 토론과 논쟁의 공간이었다. 카페마다 나름의 특색이 있어서 이념과 담론과 색깔이 제각각이었다. 그러나 이 문화 살롱이 릴케가 묘사한 프라하의 흐물거리는 풍경의 지배를 받았다는 점에서는 그다지 다름이 없었다. 1910년 6월 24일치 일기에 카프카는 이렇게 썼다.

"카페는 문학인의 지하 묘지다. 거기엔 광명도 사랑도 없다. 거기에 일단 발을 들여놓았다가는 아무도 나올 수가 없다. 그런데도 많은 문학 지망생들이 그리로 향한다."[8]

카프카는 관찰자였다. 그는 카페의 열띤 분위기에 휘말리지 않고 그 모든 광경을 거리를 두고 살폈다. 그 심리적 거리에서 카프카 문학의 독특한 문체가 탄생했다. 그는 그 시절 프라하 독일어 문학을 뒤덮고 있던 화려하고 퇴폐적이고 가식적인 표현법을 자신의 글에서 걷어내버렸다. 그것은 문체의 윤리학 또는 문체의 금욕주의라고 할 만한 것이었다.

프라하의 독일어는 말하자면 언어의 섬이었다. 수백 년 동안 체코어에 둘러싸여 고립되었던 프라하 독일어는 민중의 생활 언어가 아니었기 때문에 표현이 풍부하지 못했고, 책 속에서 튀어나온 듯 한 문어체 중심이었다. 민중의 토양에 뿌리박지 못한 언어의 나무는 잎도 가지도 무성하지 못했다. 많은 문인들이 이 빈곤한 언어를 화장기 짙은 수사법으로 꾸미려 했지만, 카프카는 언어의 궁핍한 처지를 있는 그대로 받아들였다. 굶주려 뼈만 남은 말로 그는 자신이 관찰한 세계를 투명하게 묘사했다. 간결하고 냉정하고 무심한 그의 문체는 세계를 정직하게 보려는 윤리적 태도의 소산이었고, 자기 자신에 대해 어떤 거짓도 치장도 거부했던 금욕적 태도의 산물이었다. 그러나 투명하고도 거짓 없는 문체가 만들어낸 세계는 전례를 찾기 어려운 독특한 이미지의 세계를 이루었다.

카프카가 심심찮게 카페와 클럽을 찾았던 것은 사실이지만 그곳에서 세상사의 모든 법칙을 배운 것은 아니었다. 대학생 카프카에게 훨씬 더 중요했던 것은 독서였다. 이미 청소년기에 시작된 그의 독서 편력은 대학에 들어간 뒤 더욱 광범해지고 더욱 광포해졌다. 카프카에게 독서는 현실을 잊게 해주는 마취제이자 현실에 눈뜨게 해주는 각성제였다. 철학자, 문학가, 혁명가의 이름들이 그의 독서 목록에 수도 없이 올라왔다. 그러나 그의 지속적인 관심은 거창한 이념이나 관념이 아니라 타인의 생활에 있었다. 그는 사람들의 구체적인 삶을 알게 해주는 것이면 무엇이든 읽었다. 유명인은 말할 것도 없고 범죄자에 이르기까지 수많은 사람들의 전기와 일기와 편지를 읽었다. 거기서 그는 고상한 사상보다는 삶의 실상을 아는 기쁨을 느꼈다.[9] 그러니까 책이야말로 그의 현실이었고, 방 바깥의 현실은 그를 가두어놓은 감옥일 뿐이었다. 1904년 카프카는 친구 폴라크에게 보내는 편지에서 자신이 생각하는 독서의 의미를 이렇게 힘주어 이야기했다.

> 우리가 읽는 책이 단 한주먹으로 정수리를 갈겨 우리를 깨우지 않는다면 도대체 무엇 하러 책을 읽겠는가? …… 우리에게 필요한 책은 우리를 몹시 고통스럽게 하는 불행처럼, 자신보다 더 사랑했던 사람의 죽음처럼, 모든 사람을 떠나 인적 없는 숲 속으로 추방당한 것처럼, 자살처럼 다가오는 책이다. 한 권의 책은 우리 내면의 얼어붙은 바다를 깨뜨리는 도끼여야만 한다.[10)]

문학 세계의 '지하생활자'

대학 졸업이 가까워지면서 카프카는 프라하를 떠나 먼 곳에서 직장을 얻을 궁리를 했지만, 끝내 실행하지 못했다. '여러 개의 발톱을 지닌' 프라하는 카프카를 놔주지 않았다. 카프카 문학의 주제는 아버지였다. "제 글쓰기의 주제는 아버지이십니다."[11)] 프라하는 아버지의 확대판이었다. 아버지를 두려워하면서도 아버지를 떠나지 못했듯이 카프카는 프라하를 혐오하면서도 프라하를 떠나지 못했다. 그의 글쓰기는 오직 아버지 안에서, 아버지에 대항해서만 성립할 수 있었다. 아버지가 사라지면, 다시 말해 아버지에게서 멀리 벗어나면 그의 문학은 그대로 존재의 근거를 잃을 수밖에 없었다. 문학은 그에게 모든 것이었다. 숨쉬기처럼 한순간도 그만둘 수 없는 절대 명제였다. 그는 숨을 쉬기 위해, 다시 말해 삶을 살기 위해 문학에 매달렸다. 그러나 동시에 그는 문학 때문에 삶다운 삶을 포기했다. 이 모순을 그는 죽을 때까지 극복하지 못했다.

힘겹게 교과 과정을 이수한 카프카는 1906년 가까스로 법학 박사 학위를 얻었다. 법률가 현장 실습 과정을 거쳐 1907년 '종합보험'이라는 기업체에서 첫 직장을 얻었다. 그러나 그곳은 보수는 적고 일은 많아 문학과 직장을 병행하려는 카프카의 요구에 맞지 않았다. 이듬해 그는 국가 기관인 '산업재해 보험공단'으로 자리를 옮겼다. 새 일터는 봉급도 넉넉하고 특히 근무시간이 짧다는 것이 장점이었다. 이제야말로 카프카는 자기가 감당할 만한 사회적 터전을 확보했다. 이후 그는 14년 동안 이 직장을 성실하게 다녔다. 아침 8시에 출근한 그는 오후 2시면 어김없이 퇴근해 늦은 점심을 먹고 서너 시간 잠을 잔 뒤 산책을 다녀와 저녁 식사를 하고 밤이면 글을 썼다.

문학인의 삶과 직장인의 삶을 함께하는 것은 카프카만이 선택한 예외적 삶은 아니었다. 당시 많은 문인들이 낮에는 직장에서 일하고 밤에는 글을 썼다. 문학으로 밥벌이를 한다는 생각은 그 시절 문인들에게는 문학을 모독하는 일로 여겨졌다. 문학은 지고의 존재였으므로 생활의 때가 묻어서는 안 되었다. "돈은 일터에서 벌고 혼은 문학에 바친다"가 그들의 슬로건이었다. 카프카는 자신의 엄

1910년대 한 카페에서 카프카. 토론과 논쟁이 넘치는 카페에서 카프카는 언제나 거리를 두고 살피는 관찰자였다.

격주의적 성격에 따라 이 슬로건을 극단으로 몰고 갔을 뿐이었다. 그는 문학과 직업을 완벽하게 분리하려 했다. 그런 이유로 문학적인 일과 얽히기 쉬운 신문사 같은 곳을 아예 선택의 대상에서 배제해버렸다. 문학은 현실 세계와 완전히 절연된 곳에서 고독하고도 엄숙하게 존재해야 했다.

현실 세계에서 카프카는 분명히 뛰어난 직장인이었다. 그는 산재보험공단에 근무하는 동안 말단 사원에서 시작해 퇴직하던 해에는 최고위 직급인 이사까지 올라갔다. 산업재해 예방 전문가로서 그를 따를 사람이 없었다. 1911년, '임금생활자' 카프카는 노동자 시위가 극에 달했던 그해, 17쪽에 이르는 장문의 임금 인상 탄원서를 쓰기도 했다. 이 탄원서에서 그는 "견딜 수 없는 지경에 이른 인플레의 지배적 상황"을 알리면서 "몇 해 동안 계속되는 생활필수품의 가격 폭등은 이제 숨막힐 정도에 이르렀다"고 썼다.[12] 1916년 1차 세계대전 중에 수많은 전장의 병사들이 정신질환에 걸려 귀환하자, 부상자 복지사업을 맡게 된 관리 카프카는 "동포들이여"로 시작하는 호소문을 썼다.

모든 인간적 불행을 가득 안고 있는 세계 전쟁은 또한 신경의 전쟁이기도 하다. 이러한 신경 전쟁에서는 너무나 많은 사람들이 희생된다. 지난 수십 년간 평화 속에서 집중적인 기계 산업화로 인해 산업에 종사하는 사람들의 신경조직이 그 어느 때보다도 더 많이 공격당하고 해를 입고 장애를 일으켰듯이, 현재의 전쟁 상태 속에서 거대하게 증가한 기계

화는 전쟁에 참여한 사람들의 신경조직에 심각한 위험과 장애를 야기 한다.[13)]

카프카의 이 호소문은 효력을 발휘해 1918년 새 정신병원 설립이라는 열매를 맺었다. 그러나 이렇게 유능한 '사회생활자' 카프카도 문학의 세계로 들어서면 어김없이 '지하생활자'로 바뀌었다. 애초에 사회생활이란 것이 문학에 바쳐진 삶을 지탱하는 보조물이었을 뿐이므로 카프카의 모든 관심과 혈기는 '지하생활'에 몰려 있었다. "나의 꿈같은 내면생활의 서술에 대한 감각이 다른 모든 것을 부차적인 것으로 만든다. …… 다른 그 어떤 것도 결코 나를 만족시킬 수 없다"라고 그는 고백했다.[14)] 그 '꿈같은 내면생활'을 글로 쓰려면 "그는 절대적인 고독이 필요했다. 다른 모든 밤보다 더 어두운 밤, 그리고 무덤 같은 정적 속에서 그는 자신을 매장하는 꿈을 꾸었다."[15)]

내게 가장 알맞은 생활은 널따란 외딴 지하실 한가운데 램프와 필기구를 놓고 자리잡는 것이오. 사람들은 식사를 날라와 내가 있는 곳에서 아주 멀리 떨어진 곳, 지하실 맨 바깥 문 뒤에 놓아두고 간다오. 실내복을 입은 채 여러 둥근 천장들 밑을 지나 이 식사를 가지러 가는 게 나의 유일한 산책일 게요.[16)]

산재 보험공단에 입사할 무렵인 1908년 카프카는 잡지 〈휘페리

온〉에 자신의 작품을 발표할 기회를 얻었다. 소설이라기보다는 단순한 산문에 가까운 글 8편을 묶어 '관찰'이라는 이름을 붙였다. 관찰자 카프카는 이 작품 발표에 힘을 얻어 소설가 카프카로서 날개를 퍼덕이기 시작했다. 2년 뒤 카프카는 일기 쓰기에 착수했다. 그의 일기는 통상의 일기와는 전혀 달랐다. 그것은 또 하나의 창작 의지였다. 죽을 때까지 계속 쓴 일기는 그의 외적인 삶을 거의 보여주지 않았다. 1차 세계대전의 발발도, 그 전쟁의 종결도, 오스트리아 제국의 몰락과 체코슬로바키아의 독립도 그의 일기에서는 사건이 되지 못했다. 그는 오직 자신의 내적 투쟁만을 기록했다. "카프카의 일기는 자신을 언제나 준엄하게 재판하는 소송기록 같았다. 카프카는 그 속에서 원고이자 피고 그리고 변호사였다."[17]

1911년 카프카는 이디시어(중부 유럽의 유대어)를 쓰는 한 유대인 극단의 대표 이차크 뢰비를 알게 되었다. 순수하고도 소박한 유대 공동체의 아름다움을 묘사한 뢰비의 연극에 카프카는 깊은 감명을 받았다. 이차크 뢰비와의 만남은 '유대인 문제'를 깊이 고민하도록 카프카를 이끌었다. 그전까지 유대 문제에 관한 한 카프카는 '동화 유대인'의 사고 범주를 멀리 벗어나 있지 않았다. 동화 유대인이란 독일의 지배 문화에 동화하려고 노력하는 유대인을 지칭하는 말이다. 그들은 선조에게서 이어받은 유대교의 관습과 의식을 지켰지만 그것은 그야말로 관습적인 것이었을 뿐이고 삶의 모든 관심은 철저히 독일 문화와 사회에 통합돼 들어가 그들과 하나가 되는 데 쏠려 있었다. 그러다 보니 그들은 독일 지배계층의 반유대주의조차 자기 것으로 내면화해 유대인이 유대인을 혐오하는 내적 분열을 겪었다. 카프카의 아버지가 이미 그런 동화 유대인이었고, 카프카 세대에 오면 그 '동화'와 '분열'은 더욱 극단적인 것이 되었다.

카프카 특유의 죄의식은 이 유대인 문제로 인해 한 번 더 증폭되었다. 카프카는 유대교를 전혀 신봉하지 않는 무신론자였기 때문에 유대인 앞에서는 자신이 유대교인이 아님을 감추어야 했다. 마찬가지로 비유대인 앞에서는 자신이 유대인임을 감추어야 했다. 유대인을 욕하는 사람 앞에서 자신이 유대인이라고 밝히면 상대방은 얼마나 당황하겠는가. 카프카는 자신이 유대인임을 드러낼 수 없었다. 거짓에 관한 한 결벽주의자였던 카프카는 이 이중의 기만에 깊은 수치심과 죄의식을 느꼈다. 카프카는 자신을 괴테의 후예라고 느꼈지 아브라함의 후예라고는 생각하지는 않았다. 당시 유대인들 사이에 번지던 이스라엘 국가 건설 운동인 시오니즘에 관심이 없었던 것도 그런 이유 때문이었다. 그러나 이차크 뢰비를 만남으로써 그의 생각은 조금씩 변화했다. 카프카는 말년에 이르러 시오니즘을 받아들이고, 팔레스타인으로 이주할 생각까지 하게 되었다.

뢰비와의 만남은 그의 문학 속에서 유대인 문제와는 거의 연관이 없는 완전히 다른 모습으로 바뀌어 나타났다. 그 문학적 변형에 힘을 행사한 사람은 아버지였다. 아버지는 아들이 유럽의 변두리에서 온 하층 유대인 뢰비 집단과 어울리는 것을 몹시 못마땅하게 여겼다. 아버지가 "개와 같이 잠을 자면 벼룩이 옮는다"라는 속담을 카프카에게 던진 것은 지독한 경멸감의 표출이었다. 동화 유대인이었던 아버지는 독일인들이 유대인을 가리켜 쓰던 '개'라는 표현을 카프카의 친구에게 그대로 써먹은 것이었다. 카프카의 머릿속에서 개 이미지는 벼룩 이미지로 이어져 얼마 후 그의 대표작 가운데 하나가 될 〈변신〉에서 커다란 해충이 되어 나타났다. 해충으로 변한 그레고어 잠자는 개이자 벼룩이었다. 그 해충은, 다시 말해 잠자는 아버지가 던진 사과에 맞아 몸이 썩어들어 간다.

자기 학대와 자기 처벌의 쾌감

1912년은 카프카 인생의 커다란 전환점이었다. 아무런 사건도 없이 시간이 흘러가고 오직 내면에서만 격렬한 열정이 파도를 치던 카프카의 삶에 그해, 여러 가지 일들이 일어났다. 8월 한여름 친구 브로트 집에서 첫 창작집 《관찰》을 교정하던 중 그는 브로트의 먼 친척 펠리체 바우어(1887~1960)를 처음 보았다. 첫인상을 적어놓은 일기로만 보면 카프카는 펠리체에게서 특별한 느낌을 받지 않았던 것 같다. 그러나 그는 한 달 동안 침묵을 지키다 불현듯 펠리체가 사는 베를린의 집으로 편지를 썼다.

"혹시라도 그대가 저에 대한 아무런 기억도 떠올리지 못할지 모르기에 다시 한 번 저를 소개하겠습니다"라고 시작하는 첫 편지는 정중하고도 예의 바른 내용이었다.[18] 그러나 그 한 달 동안 카프카는 마음속에서 벌써 펠리체를 결혼 상대로 상정해놓고 있었다. 평범하지만 단정한 펠리체의 외모에서 카프카는 어머니의 모습을 보았던 것 같다. 아버지라는 거대한 벽에 막혀 한 번도 깊이 다가가지 못한 어머니를 펠리체에게서 발견하고서 카프카는 구원의 여인을 찾은 듯했다.

그의 첫 편지는 쓰고 찢고 쓰고 찢기를 되풀이하면서 완성한 진짜 연애편지였다. 열흘 뒤 펠리체에게서 답장이 왔고 이제 카프카는 머릿속에서 분수처럼 솟아오르는 생각들을 편지지 위에 쏟아놓기 시작했다. 많게는 하루에 네 통까지 연달아 편지를 보냈다. 처음 석 달 동안 카프카가 보낸 편지는 100통이 넘었다. 단 한 번 얼굴을 본 연인에게 그는 사랑의 열병을 앓는 낱말들을 쓰고 쓰고 또 썼다. 카프카가 펠리체를 수신인으로 삼아 5년 동안 보낸 편지는 500통에 이르렀다.

벌써 시작 단계에서 감정의 최고 수위에 이른 편지는 현실의 펠리체가 아닌 카프카의 상상력이 창조해낸 가상의 펠리체에게 보낸 것이었다. 이 편지들에서 카프카는 일기에서와 마찬가지로 현실과는 거의 아무런 상관이 없는 자기 내면세계만을 보여주었다. 사랑의 여인으로부터 답장이 오지 않으면 불안과 초조가 편지 속 주인공을 때려눕힐 듯 엄습하다가 이어지는 후회의 말들, 자책의 말들이 폭포수가 되어 떨어졌다. 펠리체를 수신인으로 한 카프카의 편지들은 그 자체로 감정의 흥망성쇠를 낱낱이 보여주는 완전한 소설을 이루었다. 그는 실제의 작품 활동에서 세 편의 장편 소설을 모두 미완성으로 끝냈지만, 편지를 쌓아올려 만든 장편은 하나의 완성품이었다.

펠리체에게 보내는 첫 편지를 쓰고 이틀이 지난 뒤인 9월 22일 밤 카프카는 신들린 듯 펜을 휘갈기기 시작했다. 이튿날 새벽 6시 쉬지 않고 달리던 펜이 마지막 문장에 마침표를 찍었다. 한 편의 작품이 태어났다. 단편 〈선고〉는 카프카의 작가 인생에서 최초로 튼튼한 구조를 지닌 진정한 소설이었다. 〈선고〉를 탈고한 직후에 쓴 일기에서 카프카는 그 순간의 격한 감흥을 이렇게 털어놓았다.

> 이야기가 얼마나 내 눈앞에서 (생생하게) 전개되어 갔던지, 마치 내가 물속을 헤치고 나아가는 듯했다. 무서운 긴장과 희열이었다. 지난 밤 나는 여러 번 어깨가 무거웠다. …… 그런 집중 상태에서만 영혼과 육신이 완전히 개방됨으로써 글이 써진다.[19)]

이 순간의 느낌을 그는 그 뒤로 결코 잊지 않았다. 그것은 그 어떤 육체적 쾌락도 따라올 수 없는 비길 데 없는 희열이었다. 카프카의 모든 글은 이날의 쾌감, 이날의 희열을 지향했다.

아이러니한 것은 작가 카프카의 이 승리의 기록이 작품 속 주인공의 패배의 기록이라는 사실이다. 〈선고〉 속의 주인공 게오르크 벤데만은 약혼 사실에 관해 아버지와 이야기하던 중 분노한 아버지로부터 물에 빠져 죽으라는 선고를 받고 그대로 그 명령을 이행한다. 이것은 명백히 펠리체를 염두에 두고 쓴 것이었다. 펠리체에게 딱 한 번 편지를 썼을 뿐이고 답장도 받지 않은 상태였는데도 소설 속에서 카프카는 이미 약혼을 기정사실로 만들어놓았다. 그런데 그 약혼이 아버지의 분노를 사 주인공을 죽음으로 몰고 간다. 카프카는 무의식 속에서 펠리체와 결혼이 불가능함을 벌써 알고 있었던 것이다.

카프카가 느낀 쾌감의 종류는 소설의 내용에서 보면, 자기 학대를 통해 얻는 쾌감이었음이 분명하다. 자신의 분신인 게오르크 벤데만이 약혼녀를 두고 아버지의 명령 때문에 물에 빠져 죽는데 그런 인물을 창조해놓고 카프카는 견딜 수 없는 희열을 느낀 것이다. 이 패배하고 좌절하고 몰락하는 주인공은 카프카의 다른 주요 작품에서도 끊임없이 변주돼 나타난다. 죽음이 두려워 되풀이하여 죽음을 연습하는 것과도 같다. 어느 날 갑자기 아버지의 심판이 내려져 처벌받을지 모른다는 무의식적 공포에 떠는 아들은 아버지가 실제로 자신을 처벌하기 전에 자신의 상상력을 최대의 크기로 부풀려 그 상상 세계 안에서 스스로 자신을 처벌함으로써 내면의 처벌 공포를 완화하고, 그렇게 함으로써 삶을 간신히 견딜 만한 것으로 만들어 가는 것이다.

현실에서 카프카는 펠리체와 두 번 약혼하고 두 번 다 파혼했다. 그가 내세운 표면상의 이유는 문학과 결혼을 동시에 성취할 수 없다는 것이었다. 결혼을 선택하면 절대 고독을 요구하는 글쓰기를 할 수 없고, 글쓰기를 선택하면 배우자를 내팽개침으로써 불행에 빠뜨리는 결과를 낳는다. 둘 가운데 하나를 선택하라면 자신은 문

약혼녀 펠리체 바우어와 카프카. 카프카는 두 번 약혼하고 두 번 다 파혼한 펠리체에게 5년 동안 500통에 이르는 편지를 보냈다.

학을 택할 수밖에 없다고 카프카는 고백했다. 펠리체를 처음 만났을 때는 문학과 결혼의 동시 성취라는 실낱같은 가능성을 보았지만 그의 상상이 현실에 가까워질수록 가능성은 점점 작아져 나중에는 아예 사라져버렸던 것이다.

카프카는 결혼을 하고 아내를 얻고 아이를 낳고 가정을 이룸으로써 독립적 존재, 진정한 어른이 되고 싶어 했다. 그러나 결혼함으로써 어른이 된다는 것은 그에겐 자신이 아버지와 똑같은 존재가 된다는 것을 뜻하기도 했다. 그의 내부에서 끝없이 증오하고 대결하고 투쟁했던 아버지의 삶의 양식을 그대로 이어받는 것을 이 결벽주의자의 정신은 결단코 허락할 수 없었다.

게다가 카프카의 무의식에 들어앉은 근친상간 망상은 결혼을 향해 걸어가는 그의 발목을 구체적으로 붙들어맸다. 카프카에게 결혼한다는 것은 배우자와 성관계를 맺는다는 이미지로 먼저 다가왔는데, 그런 이미지가 곧바로 근친상간 망상을 자극했던 것이다. 그도 그럴 것이 그가 사랑하는 여성은 어머니를 대신한 존재였던 것이다. 그 여성과 성관계를 맺는 것은 곧 어머니와 성관계를 맺는 것이었다. 카프카의 무의식은 이것을 받아들일 수 없었으므로 자신의 상상력을 최대한 가동해 여성을 처음부터 자신의 손이 닿을 수 없는 지고의, 최상의 자리로 올려놓았다. 그러고도 안심할 수 없었던 카프카는 자신이 결혼한다는 생각을 하자마자 상상 속에서 아버지의 거대한 분노를 불러내 자기 자신을 처벌했다. 그렇게 처벌받고서야 그는 잠시 동안이나마 평온한 마음을 얻었다.

폐결핵, 비좁은 세계의 작은 해방구

펠리체와 편지를 교환하던 1912년 가을과 겨울에 카프카는 창조력이 폭발해 〈선고〉에 이어 〈변신〉을 쓰고 장편 《실종자》의 대부분을 썼다. 그가 결혼을 꿈꾸던 중에 쓴 소설은 모두 버림받은 자의 이야기다. 그 중에서도 〈변신〉은 그 이미지의 강렬함 때문에 독특한 지위를 점한다. '변신'의 모티브는 뢰비와 함께한 우정에 대한 아버지의 비난에서 온 것이었지만, 변신 자체는 카프카의 욕망이기도 했다. 통상 변신 욕망은 상승 이미지로 나타나지만, 카프카의 경우엔 하강 이미지로 나타났다. 더 낮은 단계로 떨어지는 것이다. 카프카에게 변신은 자신을 하찮은 존재로 만들어버림으로써 삶의 의무를 면제받으려는 무의식적 갈망의 산물이었다. 무가치한 것으로 몸을 바꿔버리면 결혼이나 직장과 같은 삶의 조건으로부터 해방될 수 있는 것이다.

문학으로 구현된 이 변신 욕망은 현실의 카프카에게 육식 거부 또는 음식 거부의 형태로 나타났다. 원래도 많이 먹지 않았던 카프카는 1912년경부터는 아예 고기를 먹지 않았고 채식마저도 최소한으로 줄여 나갔다. 그것은 강도가 약한 거식증이었다. 자기 자신의 몸을 돌보는 식사 행위 자체에 거부감을 보였다는 것은 그가 자기 삶의 현실로부터 후퇴하고 싶다는, 자신의 살아 있음 자체로부터 퇴각하고 싶다는 욕망의 지배를 받았음을 알려준다. 그의 거식증은 아주 긴 기간에 걸쳐 감행한 자살 행위이기도 했다.

1917년 8월 카프카는 한밤중에 피를 토했다. 폐결핵이었다. 건강이 나빠졌는데도 충분히 먹지 않았으므로 그것은 스스로 불러들인 병이나 마찬가지였다. 보통 사람 같으면 핏덩이를 보고 두려움을 느꼈을 법한데, 카프카는 마치 기다리던 손님이 온 것처럼 대했다. 안도감과 만족감과 해방감이 결핵균처럼 그의 몸 안에 퍼졌다. 그는 노트에 이렇게 적었다. "만일 내가 가까운 시일 내에 죽거나 완전히 생활 능력이 없어질 경우, 나는 나 자신을 스스로 갈기갈기 찢어버렸다고 말해도 좋으리라. 세계와 나의 자아는 해결할 길 없는 충돌 가운데서 내 육신을 갈기갈기 찢고 있다."[20] 뒷날 또 다른 연인 밀레나 예젠스카(1895~1944)에게 보낸 편지에서 그는 자신의 질병에 대해 '삶의 무게에 짓눌린 뇌가 폐와 협상을 벌여 짐의 일부를 폐에게 덜어준 것'이라고 설명했다.[21]

그는 직장 생활 10년 만에 처음으로 긴 휴가를 얻었다. 두 번째 약혼한 펠리체와는 병을 구실로 내세워 파혼했다. 시골의 요양원에서 긴 시간을 보냈지만 그가 건강을 회복하려고 적극적으로 노력했다는 흔적은 보이지 않는다. 결핵을 앓는 폐는 그에게는 부실한 작은 '해방구'였다. 죽을 때까지 그는 그 해방구를 빼앗기지 않는다. 그 해방구 안에서 그는 문학을 향한 사그라질 줄 모르는 열정을 최후까지 태웠다.

몇 번의 약혼과 파혼을 되풀이한 탓에 아버지의 실망감은 커졌고 카프카와는 그만큼 더 사이가 나빠졌다. 1919년 카프카는 다시 한 번 용기를 내 율리 보리체크라는 구두 수선공의 딸과 약혼한다.

그러나 신분이 낮은 여자와 결혼하는 것을 허락할 수 없었던 아버지는 〈선고〉의 아버지와 똑같이 카프카를 비난했다. "그 징글맞은 암거위 같은 년, 그년이 치마를 걷어올렸기 때문에 넌 그년에게 달라붙은 거야."[22]

1919년 11월 카프카는 '아버지께 드리는 편지'를 썼다. 아버지를 수신인으로 삼은, 그러나 끝내 아버지에게 부치지 못한 이 장문의 편지는 아버지라는 완고한 지배자를 향해 심약한 아들이 마침내 터트린 맹렬한 탄핵문이었다. 그 글 어디에도 서른여섯 살 성인 카프카, 유능한 관리 카프카의 모습은 보이지 않는다. '성년의 숲을 두려움에 떨면서 방황하는' 어린아이가 있을 뿐이다. 이 어린아이가 자기가 동원할 수 있는 온갖 지혜와 논리와 자료를 다 끌어모아 아버지와 맞선다. 카프카는 폭군 아버지로 인해 자신의 세계가 세 곳으로 분열했다고 말한다.

> 그 하나는 저라는 노예가 살고 있는 곳이었습니다. 이곳은 저만을 위해 제정되었고, 이유는 모르지만 아무튼 제가 한 번도 완벽하게 지키지 못한 법의 지배하에 있는 세계였습니다. 저의 세계에서 아득히 먼 곳에 있는 두 번째 세계는 아버지께서 사시는 곳이었습니다. 여기에서 아버지는 자신의 통치를 위한 일, 즉 명령을 내리고 명령 불이행 때문에 분노하는 일에 종사하셨지요. 그리고 세 번째 세계는 다른 사람들이 행복하게, 명령과 순종으로부터 자유롭게 살아가는 세계였습니다.[23]

"카프카는 전혀 막힌 곳이 없어 보이는 곳에서 막다른 골목을 보고 그 막다른 골목 앞에서 전심을 다해 출구를 찾는다."[24] 카프카는 아버지의 세계 아래 막다른 골목 같은 비좁은 세계 공간에 갇혀서 출구를 찾았다. 그 출구 너머에는 '사람들이 행복하게' 사는 세계가 있었다. 1920년 카프카는 밀레나 예젠스카라는 젊은 유부녀를 만나 마지막 불꽃 같은 열정을 느끼면서 '행복한 세계'를 잠시 들여다보는 듯도 했다. 밀레나는 그가 평생 만났던 여성들 가운데서 그의 문학을 이해해주고 찬탄해주는 유일한 사람이었다. 그러나 어디에도 매이지 않는 자유의 투사였던 밀레나를 카프카는 붙잡을 수 없었다.

1922년 한 해 동안 카프카는 병든 몸으로 최후의 장편 《성》을 써나갔다. 자신의 존재를 확인하려는 처절한 투쟁이었다. 몸이 나빠진 그는 그해 그토록 능숙한 일터였으면서도 그토록 간절하게 떠나고 싶어 했던 산재 보험공단을 마침내 그만두었다. 이듬해 여름 카프카는 북해 연안으로 요양을 갔다. 거기서 스무 살 도라 디아만트를 만났다. 그해 9월 그는 도라와 베를린으로 갔다. 마흔 살이 되어서야 그는 아버지의 집과 결별했고 프라하라는 이름의 감옥으로부터 벗어났다. 베를린은 카프카에게 자유의 도시였지만 겨울 공기가 너무 차가웠다. 1차 세계대전 패전국 독일의 수도는 보통 사람들에게도 견디기 힘든 곳이었다. 난방도 안 되고 음식도 부족한 을씨년스런 자유의 공간에서 그의 폐는 결정적으로 무너졌다. 6개월 만에 카프카는 프라하로 돌아왔고 목구멍까지 침범한 결핵은 카프카의 피폐한 몸에 영양분이 들어오는 것을 막았다. 그는 아무것도 먹을 수 없었다. 죽기 전날까지도 카프카는 자신의 마지막 작품의 교정을 보았다.

1924년 6월 3일 카프카는 숨을 거두었다. 그의 주검은 프라하에 묻혔다. 밀레나는 추도문을 써 프라하의 신문에 발표했다. 밀레나의 말 가운데 가장 기억할 만한 것은 이것이다. "유별나고도 심오한 방법으로 세계를 파악했던 카프카는 자신이 유별나고도 심오한 하나의 세계였다. …… 전 세계에서 오늘날의 세대가 벌이는 투쟁들이 모두 이 안에 들어 있다."[25]

소세키에게 문학은 낯선 세계로
떠나는 항해였고 모험이었다.
돛대도 등대도 없었기에 그는 불만에 차서,
불안에 떨면서 수평선 너머를 바라보았고,
세기의 경계를 두려움 속에서 넘었다.
그의 내면에선 거대한 드라마가 펼쳐졌다.
시대의 풍랑이 일고 역사의 폭풍이 불면
그 드라마는 더욱 격렬해졌다.

나쓰메 소세키

夏目漱石

불안의 질주, 문학의 탄생

나쓰메 소세키(1867~1916)의 눈빛에는 불안이 고여 있다. 그의 표정에는 불만이 스며 있다. 자기 바깥에서 오는 어떤 힘을 외면하려 하는 듯도 보이고 거기에 저항하려 하는 듯도 보인다. 청년기의 얼굴도 그렇고, 장년기의 얼굴도 그렇다. 불안과 불만, 이것이 그의 삶의 성격을 결정지은 심리적 요인이다. 불안은 도피 심리와 연결되고 불만은 도전 심리로 이어진다. 이 두 심리 요소는 미약하지만 팽팽한 균형을 이루고 있어서 어느 한쪽으로 결정적으로 치우치지 않는다. 그는 불안 때문에 자기 방에 틀어박히고 불만 때문에 방문을 박차고 나온다.

나쓰메 소세키의 일상은 단조로웠다. 그는 아침에 일어나면 소설을 썼고, 기분이 울적하면 그림을 그리고 시를 지었으며, 저녁에는 편지를 쓰고 일기를 썼다. 사람들이 찾아오면 집에서 만났다. 그는 소처럼 움직였다. 삶을 천천히 밀고 갔다. 그의 표어는 '진보, 죽을 때까지 진보!'였지만, 진보를 향해 서둘러 걷지 않았다. "본디 땅 위에는 길이란 게 없다. 걷는 사람이 많다 보면 그것이 길이 되는 것이다."[1] 동시대 중국의 작가 루쉰(1881~1936)이 한 말은 소세키의 삶을 압축해서 보여준다. 다만 소세키는 혼자서 걸어 자기 길을 닦았다. 그 길을 통해 일본 근대 문학의 지평이 열렸다. 그가 없었다면 일본 근대 문학은 시작기부터 그렇게 풍요롭지는 못했을 것이다. 그의 앞에 후타바테이 시메이(1864~1909)가 있었고 모리 오가이(1862~1922)가 있었지만, 그에게 와서 그리고 그를 거쳐서 일본 근대 문학은 하나의 세계를 이루었다. 그는 문학이라는 세계를 최전선에서 열어젖힌 사람이었다.

그에게 문학은 낯선 세계로 떠나는 항해였고 모험이었다. 이 미숙한 항해사, 외로운 모험가의 얼굴 표면 아래서 불안과 불만이 모세혈관을 내달리는 피톨처럼 질주했다. 망망대해는 보이지 않는 감옥이었다. 그는 대양에 갇힌 수인이었고, 탈출할 곳 없는 포로였다. 돛대도 등대도 없었으므로 그는 불만에 차서, 불안에 떨면서 수평선 너머를 바라다보았다. 19세기 말과 20세기 초 사이 시대의 경계를 그는 두려움 속에서 넘었다. 그의 내면에선 거대한 드라마가 펼쳐졌다. 희망과 절망, 밝음과 어둠이 대회전을 벌이는 그의 마음속은 전쟁터였다. 반지를 두고 선과 악이 대결하는 중간계였다. 시대의 풍랑이 일고 역사의 폭풍이 불면 내면의 드라마는 더욱 격렬해졌다. 고군분투, 악전고투의 나날이었다. 이 어지러운 총력전 한가운데서 근대 지식인이 태어났고 근대 소설가가 나타났다. 서구 문명의 외부, 중심을 향해 두 팔 벌린 변방, 극동의 섬나라 일본에서 나쓰메 소세키가 출현했다.

길가의 돌처럼 치인 어린 시절

모든 위대한 것들은 애초에 미약한 것에서 시작한다. 그러나 그 조그만 씨앗은 장래의 꽃을 예비하고 있다. 씨앗이 없다면 꽃도 피지 않지만, 씨앗의 종류에 따라서 꽃도 달라진다. 소세키라는 씨앗은 쭉정이 같은 씨앗, 체로 걸러 내다 버리는 씨앗이었다. 그러니까 그는 환영받지 못한 아이였다. 1867년, 일본 근대화의 결정적 사건인 메이지유신이 일어나기 꼭 1년 전 긴노스케(소세키의 본명)가 태어났을 때 그에게는 이미 위로 7명의 형과 누나가 있었다. 쉰한 살의 아버지 나쓰메 고헤이는 도쿄 신주쿠 구 우시코메의 '나누시'(요즘으로 치면 동장)였다. 그리 부족할 것 없는 집안이었지만, 긴노스케는 너무 늦게 태어났다. 마흔두 살의 어머니는 임신한 사실을 창피스러워했고, 아이가 태어났을 때 젖도 제대로 나오지 않았다. 대를 이을 아들이 셋이나 있었던 아버지 고헤이는 이 신생아를 처치곤란한 물건쯤으로 생각했다. 아버지는 강보에 싸인 핏덩이를 아이가 없던 이웃의 젊은 '나누시' 시오바라 부부의 양자로 들여보냈다. 어린 긴노스케는 시오바라 부부가 양자로 들이기 전 고물상 집에 맡겨졌다. 아마도 젖 먹이는 문제를 해결하려고 그랬던 것 같다. 어느 날 긴노스케의 누나가 고물상을 지나다 동생을 발견했다. 만년의 소세키는 수필 〈유리문 안〉에서 그때의 상황을 이렇게 써놓았다.

나는 그 고물상의 고물과 함께 작은 소쿠리 속에 넣어져 매일 밤 요쓰야의 큰길 야시장에 내놓여 있었던 것이다. 그것을 어느 날 밤 나의 누나가 무언가의 일로 거기를 지나가다 보고 가엾다고 생각해서였던지 품에 넣어서 집에 데려왔는데, 나는 그날 밤 아무리 해도 잠들지 않고, 결국 밤새도록 울어댔다던가 해서, 누나는 아버지에게 크게 야단을 맞았다고 한다.[2]

친가에서 1년여를 보낸 긴노스케는 다시 시오바라 부부에게 보내져 양자로 입적됐다. 세상 물정을 조금도 모르는 어린 나이에 긴노스케는 길가의 돌처럼 이리 치이고 저리 치이는 시절을 보낸 셈이다. 뒷날 그가 자신의 첫 번째 소설《나는 고양이로소이다》를 썼을 때, 어린 시절의 자기를 염두에 둔 듯 그는 고양이의 처지를 이렇게 기술했다.

이 서생의 손바닥에서 잠시 동안은 기분 좋게 앉아 있었지만, 조금 지나자 대단한 속력으로 움직이기 시작했다. 서생이 움직이는 건지 내가 움직이는 건지 모르겠지만 정신없이 눈이 돈다. 속이 안 좋아진다. 도저히 살아날 수 없다고 생각하고 있는데, 쿵 하고 소리가 나고 눈에서 불이 번쩍했다. …… 문득 정신을 들어 살펴보니 서생은 없다. 많이 있던 형제가 한 마리도 없다. 가장 중요한 어머니조차 모습을 감추어버렸다. …… 나는 짚 위에서 갑자기 조릿대 숲에 버려졌던 것이다.[3]

친가에서 버림받은 것은 틀림없는 사실이지만, 양부모가 그를 박대했던 것은 아니었다. 대를 이을 아이가 생긴 양아버지 시오바라는 긴노스케를 애지중지했다. 얼마나 떠받들면서 키웠는지 긴노스케는 고집 센 응석받이가 됐다. 그러나 양가의 행복한 삶은 오래가지 못했다. 시오바라 부부 사이에 불화가 일어났고, 처음에 작은 불꽃이던 부부 갈등은 점점 거세게 타올라 집안을 다 태워버리는 지경이 됐다. 그 부부 싸움의 양상을 만년의 소세키는 자전적 소설 《한눈팔기》에서 이렇게 묘사했다.

> 이런 시끄러운 밤이 며칠이고 계속됨에 따라 두 사람의 욕하는 소리는 점차 고조되어 갔다. 나중에는 쌍방 모두 손을 대기 시작했다. 때리는 소리, 짓밟는 소리, 울부짖는 소리가 어린 그의 마음을 두렵게 했다. 처음에는 그가 울기 시작하면 그치던 두 사람의 싸움이 이제는 그가 자건 깨건 상관없이 진행되었다.[4)]

어린 긴노스케에게 세상은 이미 황폐한 곳이 되었다. 그 폐허 같은 집도 긴노스케가 여덟 살 때 양부모가 파경을 맞음으로써 주저앉고 말았다. 양어머니는 이혼한 뒤 위자료를 받아 친정으로 돌아가버렸고, 아들을 키우기 어렵게 된 양아버지는 긴노스케를 다시 친가에 맡겼다. 규율 없는 양부모 밑에서 자기 좋을 대로 자란 데다가 벌써 삶의 황량한 국면을 들여다본 긴노스케는 친가에 와서도 제대로 적응할 수 없었다. 게다가 친아버지는 그를 자식으로 쳐

주지도 않았다. 긴노스케는 남들보다 한 살 늦은 열 살에야 초등학교에 입학했다. 부모와의 관계가 편안하지 못하고 집안의 공기가 탁한 곳에서 자란 아이는 자기 안에 틀어박혀 고집쟁이, 말썽꾸러기가 되기 일쑤다. 어떤 관계에서도 따뜻함을 느낄 수 없기 때문에, 두려움과 의구심이 사라지지 않아 틈만 나면 제멋대로 날뛴다. 어린 긴노스케가 꼭 그런 꼴이었다. 더구나 긴노스케는 친가로 돌아와 한참 지난 뒤까지도 자기를 버린 양어머니가 친어머니고, 친어머니는 할머니인 줄로 알고 있었다. 어느 날 밤 잠자리에서 하녀가 나지막히 속삭여주었을 때에야 '할머니'가 '친어머니'라는 걸 알게 되었다. 어른들에게 기만당했다는 느낌으로 긴노스케의 행동은 더욱 거칠어졌다. 이 불행한 아이의 버릇을 잡아준 사람이 친어머니였다. 뒷날 소세키의 문하생 모리타 쇼헤이는 스승에게서 들은 에피소드를 글로 남겼다.

모친은 참을 수 없어서 어느 날 선생님을 광 이층으로 끌고 가 단도를 선생님에게 들이대고 "이제부터 마음을 바꿔 공부를 하면 된다, 그러지 않으면 이 칼로 너를 죽이고 나도 죽어버릴 각오다"라고 말씀하셨기 때문에 그 후로는 선생님도 공부할 마음이 생기셨다는 것이다.[5)]

긴노스케는 아버지를 증오했지만 친어머니에게만큼은 사랑을 느꼈다. 그는 뒤늦게 공부를 시작해 초등학교를 몇 차례 월반하면서 2년 만에 마치고 1879년 도쿄 제일중 '정칙과'에 입학했다. 그런데 거기서 문제가 불거졌다. 정칙과에서는 영어를 가르치지 않았다. 그래서는 대학에 들어가기가 어려웠다(영어는 '변칙과'에서만 가르쳤다). 긴노스케는 이때 처음 방황을 시작한다. 그렇게 방황하던 중에 자기를 아껴주던 어머니가 세상을 떠났다. 아버지가 있었지만 그는 사실상 고아나 다름없는 처지가 됐다. 열다섯 살에 긴노스케는 중학교를 중퇴했다. 그가 다시 적을 둔 곳은 한학을 전문으로 가르치는 '니쇼학사'였다. 그는 이곳에서 1년 남짓 한학을 열심히 공부했는데, 그 경험이 훗날 그의 문학에 독특한 색채를 입혀주었다. 그러나 한학만 해서는 대학에 들어갈 수 없었다. 그는 1883년 영어를 가르치는 '세이리쓰 학사'에 들어갔다. 영어 공부를 열심히 하기는 했지만, 한학에서만큼 재미를 느끼지는 못했다. 그에게 영어는 평생토록 직업적 · 실용적 목적을 넘어서지 못했다.

열여덟 살 긴노스케는 도쿄제국대학 예비문 예과에 합격했다(도쿄제대 예비문은 2년 뒤 제일고등중학교로 개편됐다). 그해 긴노스케는 맹장염에 걸렸고 2년 뒤에는 복막염을 앓았다. 일생을 저주처럼 따라다닐 질병이 이제 막 활개를 치기 시작했다. 그보다 먼저 그가 네 살 때 천연두를 앓았다는 사실을 기억해 둘 필요가 있다. 시오바라 집안의 양자로 귀여움을 받고 자라던 1870년 그는 처음으로 실시된 종두법에 따라 예방접종을 받았는데, 그것이 도리어 그에게 극복할 길 없는 병을 안겨주었다. 그의 얼굴에는 옅은 마마 자국이 남게 되었고, 그것은 일생 동안 그를 괴롭힌 '외모 콤플렉스'의 원인이 되었다. 근대성의 한 지표인 종두법이 그에게 카인의 낙인을 찍고 만 것이다. 근대라는 시대와 소세키의 불화는 벌써 이때 시작된 것인지도 모른다.

스무 살 때 앓은 복막염은 천연두에 비하면 그의 정신에 작은 상처만 남겼을 뿐이었다. 방황 속에서 학업을 게을리한 데다 복막염까지 덮치자 진급시험을 포기하고 낙제했던 것인데, 그는 여기서 풀죽지 않고 마음을 다잡아 공부에 매진했다. 읽고 쓰기는 이제부터 그의 전 생애를 지배하게 된다. 1887년 그의 큰형과 둘째 형이 잇따라 병으로 죽자, 친아버지는 뒤늦게 긴노스케를 나쓰메 집안 호적에 다시 들였다. 그전까지 긴노스케는 양아버지 시오바라의 성을 쓰고 있었고 또 학비마저 거기서 타다 써 왔는데, 대를 이을 아들이 하나밖에 남지 않게 되자 그때서야 친아버지가 긴노스케를 아들로 받아들인 것이다. 그러나 호적만 나쓰메로 옮겼을 뿐 긴노스케의 마음은 이미 아버지에게서 멀어졌다. 아버지는 소세키가 서른한 살 때 세상을 떠났는데, 그는 아무런 슬픔도 느끼지 않았다.

> 세상에 아버지처럼 재미없는 것은 없네. 또 아버지를 모시는 것보다 성가신 일은 없네. 나는 아버지를 감당하지 못했네. 아버지가 돌아가셨는데 이상하게 슬프지도 않았네. 막부 시대라면 불효 죄로 화형에라도 처해질 놈이지.[6]

아버지가 없는 아들은 아버지를 먼 곳에서 찾기 마련이다. 아버지를 대신해줄 '상상 속의 아버지'를 찾아 그는 동경 어린 눈으로 영국 유학을 떠나고, 거기서 발견한 '아버지'에게서 또 다시 학대를 당하자 결국 문학이라는 세계에 몰두했을 것이다.

1889년 긴노스케는 앞으로 영원히 그의 이름이 될 소세키라는 필명을 얻었다. 하이쿠 작가로 명성을 떨치게 될 절친한 벗 마사오카 시키(1867~1902)의 한시문집 《나나쿠사주》에 대한 평을 '소세키'라는 필명으로 쓴 것이 계기였다. 소세키라는 이름은 본명을 밝히는 게 두려워 옛 한문에서 적당히 빌려온 것이었지만 억지를 부린다 싶을 정도로 자기 고집을 밀고 나가는 그의 태도를 이 필명은 잘 보여준다.* 어쨌거나 이후 긴노스케는 소세키라는 이름, 뒷날 일본 근대 문학과 거의 동일시될 이름으로 불리게 된다.

실존의 질병, 위궤양과 신경쇠약

1890년 소세키는 고등중학교를 졸업하고 도쿄제대에 진학했다. 그 시대의 희귀한 인종 '대학생'이 탄생한 것이다. 그러나 여기서

---

* 소세키(漱石)는 《진서》의 〈손초전〉에 등장하는 '침류수석(枕流漱石)'에서 따온 것인데, '억지를 부려서라도 지지 않으려고 버티는 완고함'을 뜻한다. 진나라의 손초가 친구 왕제를 만나, '속세를 떠나 은거하며 살고 싶다'는 뜻으로 '침석수류(枕石漱流, 돌을 베개 삼고 시냇물로 양치질하며 산다)'라고 말해야 할 것을 침류수석(돌로 양치질하고 시냇물로 베개 삼는다)이라고 앞뒤를 바꿔 잘못 말하고 말았다. 그 말을 들은 왕제가 '말도 안 되는 소리'라고 나무라자, 손초는 즉시 "시냇물을 베개 삼는다는 것은 옛날 은사 허유와 같이 쓸데없는 말을 들었을 때 귀를 씻으려 함이요, 돌로 양치질한다는 것은 이를 닦으려는 것일세"라고 억지를 부렸다. 《두산세계대백과》 〈침류수석〉 편.

1891년 도쿄제대 재학 시절의 나쓰메 소세키.

그의 발은 다시 한 번 삐끗했다. 자신을 성격상 결함 많은 '괴짜'라고 생각한 그는 사람들과 어울리지 않아도 되는 '건축과'를 지망하려 했지만, 친구의 권유를 받고 문학을 생애의 전공으로 선택한다. 그는 도쿄제대 영문과 제2회 입학생이 되었다. 그 시절 일본에는 복고 바람이 불어 영어에 열광하던 메이지 초기의 분위기가 바뀌어 있었다. 영문과에서는 그가 유일한 입학생이었다.

이때 소세키는 최초로 위궤양이라는 질병의 공격을 받았다. 이후 그는 모두 다섯 차례 위궤양 악화로 극심한 고통을 겪는데, 마지막 위궤양 침탈은 그의 목숨을 앗아가고 만다. 위궤양은 그에게 실존의 질병이었다. 벌써 이 무렵 그는 친구 마사오카 시키에게 보낸 편지에서 '독창적인 사상(오리지널 아이디어)'을 이루어보겠다는 간단치 않은 각오를 다지고 있었고, 자기만의 새로운 사상을 향한 열망은 그의 몸을 짓눌렀다. 스물다섯 살, '독창적 사상'의 압박에 시달리던 그는 "50년 업보의 여로를 아직 반도 지나지 않았는데 숨이 막힐 지경"이라고 마사오카에게 털어놓는다. 무의식중에 튀어나온 '50년 업보'라는 말은 그대로 그에게 할당된 삶의 시간을 예견한 것이었다. 비슷한 시기에 마사오카에게 보낸 편지에는 이런 구절도 있다. "그 사람의 평생을 살펴보지 않고는 전체적으로 그 사람의 행위가 그 사람의 주의(신념)와 병행하는지 그렇지 않은지 판단하기 어렵지 않나 하네."[7] 과연 소세키는 어떤 '판단'에 부딪치게 될까?

대학 시절 그는 영문학을 통해 서양의 근대와 가깝게 만났다.

1892년에 쓴 휘트먼론('문학에서의 평등주의자 월트 휘트먼의 시에 관하여')에서 소세키는 휘트먼을 빌려 독립 · 자유 · 평등 · 우애라는 근대의 정치적 이상을 이야기했다.

> 그는 먼저 휘트먼을 공화국의 시인이라고 말하면서, 인간의 평등을 실현한 '공화국'을 찬양한다. 그리고 공화국 인민에게 무엇보다 필요한 것은 '독립 정신'이라고 지적한다. …… 평등이라는 기초 위에 이룩된 독립적이고 자유로운 인격의 연합. 서양과 처음으로 만나면서 발견한 이 이상은 서양적 근대가 달성한 것인 동시에 인류 보편의 이상이었다.[8)]

소세키가 영문학을 열심히 공부한 것은 사실이지만, 그가 거기에서 깊은 매력을 느낀 것은 아니었다. 더구나 영문학은 공부를 하면 할수록 알 수 없는 어떤 것이 되어 갔다. 그의 내면에선 불안이 점점 자라 올랐다. 영문학에 관한 한 그의 의식은 아무것도 손에 잡히는 것이 없는 무중력의 상태였다.

1893년 소세키는 대학을 졸업했다. 영문과 졸업생은 혼자뿐이었다. 이어 그는 대학원에 진학했지만, 곧 직장을 얻어야 할 처지가 됐다. 그는 도쿄고등사범학교에 영어 교사 자리를 얻었고 몇 년 뒤에는 중학교로, 다시 그 뒤에는 고등학교로 쫓기듯 자리를 옮겼다. 그러나 교사라는 직업은 그의 생활상의 필요에 따른 것이었을 뿐, 강렬한 내적 욕구를 해소해줄 대상이 아니었다. 그는 불안에 떨면서 자기 앞에 닥쳐온 삶을 응시했다.

> 나는 이 세상에 태어난 이상 뭔가 해야 한다고 생각했지만, 무엇을 하면 좋을지 조금도 어림잡을 수 없었습니다. 흡사 안개 속에 갇힌 고독한 인간처럼 꼼짝 못하게 되었습니다. …… 마치 자루 속에 갇혀서 나올 수 없는 인간과 같은 느낌이 들었습니다. 나는 '내 손에 한 자루의 송곳만 있으면 어딘가 한 군데 뚫어 보여주고 싶은데' 하며 조바심쳤지만 공교롭게 그 송곳은 남이 전해주지도 않았고 또 나 자신이 발견할 수도 없어서 그저 마음속으로 '앞으로 나는 어떻게 될까?' 하고 생각하며 사람들 몰래 우울한 날을 보냈습니다.[9]

1894년 소세키는 폐결핵을 앓았고, 이어 신경쇠약에 걸렸다. 신경쇠약, 이것이야말로 그의 영혼을 끝없이 난타한 결정적 질병이었다. 신경쇠약은 이제 삶의 중요한 고비마다 어김없이 찾아올 것이다. 몸은 위궤양의 창궐에, 정신은 신경쇠약의 침탈에 쫓기면서 그는 어기적거리며 무릎으로 기듯 앞으로 나아갔다.

1895년 12월 그는 귀족원 서기관장 나카네 시게카즈의 장녀 교코와 맞선을 본 뒤 이듬해 새 부임지 구마모토에서 결혼식을 올렸다. 교코를 배우자로 택한 이유를 그는 이렇게 밝혔다. "이가 좋지 않아 보기 흉한데도 이를 전혀 감추려 하지 않는 솔직함이 마음에 들었다."[10] 그의 결혼은 사랑의 감정을 따른 것이 아니라, 실존의 불안에서 탈출하려는 절박한 심정에서 붙잡은 지푸라기 같은 것이

나쓰메 소세키와 부인 교코. 소세키의 결혼은 사랑의 감정을 따른 것이 아니라, 실존의 불안에서 탈출하려는 절박한 심정에서 붙잡은 지푸라기 같은 것이었다.

었다. 결혼은 구마모토의 셋집에서 교코의 아버지와 작은아버지만 참석한 채 간소하게 치러졌다. 결혼 첫날 그는 아내에게 이렇게 말했다. "나는 학자로서 공부해야 하기 때문에 당신에게 신경을 많이 쓸 수가 없소. 이해해주기 바라오."[11] 아내의 처지에서 보면 그는 무심한 남편이었다. 소세키의 마음은 잡히지 않는 이상을 향해 맹렬히 허망하게 날뛰고 있었으므로, 옆자리의 아내에게 마음을 쓸 겨를이 없었다. 첫아이를 유산한 데 따른 후유증과 재임신으로 인한 심한 입덧이 겹쳐 정신불안이 극심해진 교코는 1898년 초여름 새벽 집 근처 강에서 투신자살을 기도했고, 고기를 잡던 어부가 발견해 목숨을 건졌다. 이 사건은 두 사람의 결혼생활이 얼마나 행복이나 평안과는 거리가 멀었는지 상징적으로 보여준다.

자기 혐오에 갇힌 유학생

1900년. 20세기가 열렸다. 그러나 소세키에게 20세기 첫해의 개막은 1년 전과 아무것도 달라진 것이 없는 또 한 해의 시작일 뿐이었다. 구마모토에서 그는 자기 삶에 아무런 답도 주지 못하는 지겨운 교사 생활을 반복했다. 그러다가 그해 5월, 문부성에서 2년 동안 영국에 유학하라는 명령이 떨어졌다. 유럽을 빨리 배워 어떻게든 근대화를 앞당기려던 메이지 정부는 '대표 일꾼'을 뽑아 서양 학습을 시키려는 목적으로 도쿄제대 영문과 출신 소세키에게 유학 명령을 내린 것이었다. 그해 9월 서른네 살 소세키는 독일 기선 프로이센호에 몸을 싣고 생애 처음으로 나라 바깥으로 향했다. 두려움과 기대감이 반반씩 섞인 마음으로 그는 그해 10월 일본 근대화의 모델이자 영문학의 모국인 영국의 런던에 첫발을 내디뎠다. 그리고 그의 머리는 곧 런던의 안개 속으로 휘감겨 들었다.

자신이 나고 자란 도쿄를 한적한 시골쯤으로 보이게 만드는 거대한 국제도시, 당시 세계의 심장부 런던에서 소세키가 제일 먼저 발견한 것은 자신의 초라한 모습이었다. 그런 자기 인식은 런던에 도착하기도 전에 벌써 그의 머릿속에서 일어났다. 도중에 들른 파리에서 아내에게 쓴 1900년 10월의 편지엔 이렇게 쓰여 있다.

> 이곳에 와서 보면 남녀 모두 피부가 하얗고 복장도 근사하여, 일본인은 확실히 피부가 노랗게 보이오. 여자들은 하찮은 하녀 같은 사람도 첩들처럼 꾸미고 다니오. 나 같은 문둥이는 한 사람도 없소.[12]

제 몸을 문둥이라고까지 비하하는 이 자기혐오감은 유럽 문명에 대한 끝없는 동경, 선망과 한 짝을 이루고 있었다. 런던 도착 3개월 후에 쓴 편지는 더욱 절실했다.

> 프록(프록코트)을 입어도 연미복을 입어도 어울리지 않는 건 일본인이라 그렇다오. 일본에 있을 땐 이렇게까지 피부가 노랗다고는 생각지 않았는데 이곳에 와서 보니 스스로 내 피부가 노랗다는 것에 정나미가

떨어지오. 게다가 나보다 키가 큰 사람 앞에서는 아주 어깨가 움츠러드오. 건너편에서 이상한 놈이 왔다고 생각하고 있는데 알고 보니 그것이 큰 거울에 비친 내 그림자였던 일이 몇 번인지 모르오. 얼굴이야 어쩔 도리가 없다고 해도 키는 커지고 싶구려.[13]

159센티미터 단신이었던 소세키는 같은 편지에서 "대개는 여자들도 나보다 크다"며 "무서울 따름"이라고 썼다. 또 그 무렵 쓴 단편에서는 "우리들은 시골에서 올라온 촌뜨기, 미련한 산 속의 원숭이, 흙빛의 묘한 인간이므로 서양인들에게 무시당하는 것도 당연하다"라고, 굴욕적일 정도의 자기혐오감과 서양숭배감을 표출했다.[14] 유럽과의 격차는 그에게 이렇게 먼저 신체적 차이로 다가왔다. 유럽의 거대함 앞에 주눅 든 소세키는 영문학 연구로 출구를 찾아보려 했다. 그러나 영문학 연구는 시작부터 꼬였다. 도착과 동시에 옥스퍼드와 케임브리지에서 공부할 곳이 있는지 찾아봤지만, 현대 영국 문학을 강의하는 곳은 아무데도 없었다. 모두 그리스·라틴 고전문학을 가르칠 뿐이었다. 어쩔 수 없이 런던 대학을 찾았지만 거기서도 현대 문학 강좌가 없어 3~4개월 청강을 하다 그만두었다. 그는 영국인에게 영어 개인 교습을 받는 걸 빼놓고는 하루 종일 하숙집에 틀어박혀 책만 읽었다.

사는 곳에 적응이 되지 않아 큰일이오. 게다가 돈이 떨어지는 날에는 어떻게 해야 할지 모르겠소. 하숙집에 틀어박혀 공부하는 방법 외에 별

수가 없는데, 밖에 나가면 전부 돈이기 때문이오."[15]

유학 생활비로 본국에서 받은 생활비는 그리 적은 편이 아니었지만 닥치는 대로 책을 사 모았기 때문에 런던의 소세키는 항상 돈에 쪼들렸다. 그러나 아무리 책을 읽어도 그가 연구 대상으로 삼은 영문학은 조금도 전망을 보여주지 않았다. 유학 온 지 반 년이 넘은 1901년 6월 그는 친구에게 보낸 편지에서 그때의 심정을 밝혔다.

> 나는 유학생이 되어 아무 소득이 없다. …… 요즘은 영문학자 따위가 되는 것은 어리석은 것 같은 기분이 든다. 남을 위해서나 국가를 위해 할 수 있을 만한 일을 멍하니 생각하고 있다. 이런 사람은 나 외에도 있을 것이다.[16]

소세키에게 영문학은 영국인의 것이지 자신이 할 수 있는 것이 아니었다. 언어의 빛깔도 역사도 철저히 이해하지 못한 채 영국 학자들과 겨룬다는 것은 불가능하다고 소세키는 생각했다.

유럽과의 대결 의식, '자기본위'의 신념

그때 그의 하숙집에 같은 런던 유학생이던 이케다 기쿠나이가 몇 달 동숙하고 있었다. 화학을 공부하던 이케다는 나중에 조미료

'미원'의 발명자로 유명해졌는데, 당시의 소세키에게 자연과학에 관한 많은 지식과 정보를 주었다. 소세키는 이케다와 나눈 대화에서 자극을 받아 영문학 연구에서 발길을 돌려 '문학이란 무엇인가'라는 좀 더 근본적인 주제를 과학적으로 해명하는 일에서 새로운 돌파구를 찾아야겠다는 결심을 했다. 자신이 어려서 좋아했던 한문과 지금 자신이 힘겹게 공부하는 영문학을 공통으로 묶어 문학 자체를 근원적으로 해명해보려는 야심 찬 계획이었다.

> 나는 이곳에서 문학이란 무엇인가 하는 문제를 근본적으로 해결해야겠다고 생각했다. 그와 동시에 남은 1년을 이 문제를 연구하기 위한 첫 번째 기간으로 전부 사용하리라고 생각했다.
>
> 나는 하숙집에 틀어박혔다. 모든 문학 서적을 트렁크 속에 집어넣어 버렸다. 문학 서적을 읽고 문학이 무엇인가를 알려고 하는 것은 피로 피를 씻는 일과 마찬가지라고 생각했기 때문이었다. 나는 심리적으로 문학이 무슨 필요성이 있어 이 세상에 탄생하고 발달하며 쇠퇴해 가는가를 알아내자고 맹세했다. 또한 사회적으로 문학은 어떠한 필요가 있어서 존재하고 흥륭하며 소멸되는가를 알아내자고 맹세했다.[17)]

그것은 영문학을 에두르면서도 영문학을 넘어서는 어떤 성취로 서양과 대결해보겠다는 구상이기도 했다. 이 구상이 서자 갑자기 해가 떠오른 듯 어둡기만 하던 마음이 밝아졌다. 빛이 찾아들었다.

그것이 이를테면, 소세키가 영국 유학 중 얻었다는 네 글자 '자기본위'가 뿜어내는 빛이었다. 영문학은 영국인의 것이니 그것은 어디까지나 남의 것이고, 일본인인 나는 내 나름의 것을 하겠다는 발상이 어느 날 솟구쳐올라 소세키의 정신 한가운데로 진입한 것이다. '자기가 주체이고 타인은 객체'라는 신념은 그에게 '대단한 자신과 안심'을 안겨주었다.

> 나는 이 자기본위라는 언어를 손에 쥔 뒤부터 매우 강해졌습니다. …… 지금까지 망연자실하고 있던 나에게 여기에 서서 이 길에서 이렇게 가야 한다고 인도해준 것은 실로 이 자기본위 네 자입니다. 고백하자면 나는 그 네 자에서 새롭게 출발했습니다. …… 그때 나의 불안은 완전히 사라졌습니다. 나는 경쾌한 마음으로 음울한 런던을 바라보았습니다. 비유하자면 여러 해 동안 번민한 결과 겨우 곡괭이를 광맥에 댄 듯한 느낌이었습니다. 덧붙여 말하면 그때까지 안개 속에 갇혀 있던 것이 어떤 각도, 어떤 방향에서 자신의 길을 가야 할지 명확하게 제시받은 셈입니다.[18]

이 자기본위 네 글자 위에 서자 소세키의 눈에도 유럽 문명의 한계가 들어오기 시작했다. 1902년 3월 그는 장인에게 쓴 편지에서 처음으로 '문명 비판적 시야'를 갖춘 논리를 선보였다.

> 오늘날 유럽 문명의 실패는 분명히 빈부의 격차가 그 원인입니다. 이 불균형이 숱하게 존재하기에 매년 인재를 아사시키고 동사시키고 혹은

배움의 길을 막고, 오히려 평범한 부자로 하여금 어리석은 주장을 실행 시키게 하는 경향이 있지 않나 합니다. …… 카를 마르크스의 이론 같은 건 그저 단순한 논리여서 물론 결점이 있겠지만 오늘날의 세계에 이러한 설(혁명적 주장—인용자)이 나오는 것은 당연한 일입니다.[19]

이어 이 편지에서 그는 "하나의 저술을 구상하고 밤낮없이 독서와 노트와 떠오르는 생각을 조금씩 메모하는 것을 업으로 삼고 있다"고 덧붙였다. 편지에 쓴 그대로 이때의 소세키는 하숙집에 하루 종일 처박혀 미친 듯이 책을 읽었다. "나는 정력을 다해 구입한 책을 모조리 읽고, 읽은 부분에 방주를 달고 필요할 때마다 노트에 적었다. …… 유학 중에 내가 모은 노트는 파리 머리처럼 가는 글씨로 5~6인치(약 12~14센티미터) 두께에 달했다."[20]

그러니까 '문학이란 무엇인가' 연구는 영국 유학이 무의미하지 않았음을 입증할 유일한 물증이었다. 그는 자기본위에 입각해 그 물증을 구성하는 작업에 몰두했다. 그러나 과제 자체가 너무나 거대했다. 감당키 어려운 막막한 주제 속에 발은 들여놓았는데 나갈 문을 찾을 수 없었다. 귀국할 시간이 많이 남지 않은 소세키에게 초조와 불안이 엄습했다. 영국 유학 2년째 가을 소세키는 신경쇠약 증상 속으로 빠져들었다. 광기에 가까운 발작이 그의 정신을 후려쳤다. 그 무렵 그를 방문한 한 일본인은 소세키의 태도가 예사롭지 않음을 느꼈고, 하숙집 주인 '미스 릴'에게서도 "매일같이 깜

깜한 방에 틀어박힌 채 비관하여 울고 있다"라는 말을 전해 들었다. 걱정이 된 그는 10여 일 동안 소세키와 같이 생활한 뒤 그의 정신이 정상이 아님을 확신했다. 이 소문이 마침내 유학생 사이에 퍼지면서 누군가가 본국 문부성에 '나쓰메 발광'이라는 전보를 보냈다. 그 당시 소세키의 정신은 피해망상이라고 할 정도의 어떤 광기를 띠고 있었다. 그는 자신에게 친절했던 하숙집 주인 자매에게까지 피해망상적 의심을 품었다. "하숙집 주인 자매가 대단히 친절히 대해준다. 그러나 뒤에서는 곧 욕을 한다. 그리고 뭐라고 하면 금방 눈물을 흘린다. 하지만 그것은 거짓 눈물이다."[21] 그는 가까스로 정신을 차려 이듬해 1월 귀국했지만, 아무것도 이룬 것이 없었고, 그가 손에 쥔 것은 오직 '자기본위'라는 희미한 신념뿐이었다.

소설에서 발견한 구원

귀국 후 도쿄제대 전임강사 자리를 얻은 소세키는 영국 유학 중 구상한 '문학론'을 강의하며 내용을 할 수 있는 한 꼼꼼히 다듬어 나갔다. 그러나 끝내 완성을 보지 못한 채 연구 노트를 묶어 책으로 펴냈다. 그 책 앞에 쓴 서문('문학론 서')에서 그는 영국 유학 시절을 이렇게 회상했다. "런던에 살며 생활한 2년은 가장 불쾌한 시간이었다. 나는 영국 신사들 사이에서 늑대 무리에 낀 한 마리 삽살개처럼 애처롭게 생활했다."[22] 그는 이 글에서 다시는 영국에 갈

일이 없을 것이라고, 욱신거리는 상처를 내보이듯 심정을 털어놓았다. 영국 유학 중 유일한 희망이자 희열의 원천이었고 신경쇠약과 광기의 원인이었던 《문학론》에 대해 훗날 소세키는 이렇게 평가했다.

나는 여러 사정으로 계획한 사업을 중간에 중지해버렸습니다. 내가 저술한 《문학론》은 그 기념이라고 하기보다 오히려 실패의 유해였습니다. 그뿐만 아니라 기형아의 유해였습니다. 혹은 완전히 건설되기도 전에 지진으로 무너진 미완성 시가의 폐허 같은 것이었습니다.[23]

그에게 남은 것은 영국으로 표상되는 유럽 문명과의 대결 의식, 그리고 그 문명과 대결하는 과정에서 얻은 '자기본위'라는 신념뿐이었다. 귀국한 뒤의 생활도 유학을 떠나기 전과 비교해 특별히 달라진 점은 없었다. 고등학교 선생에서 도쿄제대 전임강사로 바뀐 것이 전부였다. 그는 내면의 고독과 공허를 지울 길이 없었다. 영국에서 재발한 신경쇠약은 도쿄로 돌아온 뒤에도 이어져 걸핏하면 울화가 치밀었다. "소세키는 울화가 폭발하면 한밤중에도 손에 잡히는 대로 물건을 내던지고, 유학 전에 그토록 귀여워했던 장녀를 아무 이유도 없이 갑자기 구타하는가 하면, 우는 아기에게 광란적으로 화를 내고, 까닭 없이 하녀를 내쫓기도 했다."[24] 1903년 여름 교코는 아이들을 데리고 친정으로 몸을 피해 몇 달을 거기에 머물러야 했다. 소세키에게는 '정신병으로 짐작된다'는 의사의 소견

이 떨어졌다. 그 시기의 가혹한 삶을 소세키는 만년의 자전적 소설 《한눈팔기》에서 냉정하고도 비판적으로 기술했다. 자신의 허점까지도 문학의 이름으로 밝히고 마는 이 진솔함이 어쩌면 소세키의 진정한 위대함일지도 모른다.

극도의 불안에서 소세키를 구해준 것이 그의 후배 다카하마 교시에게서 받은 창작 권유였다. 소설을 쓰면 신경쇠약이 완화될지 모른다는 조언이었는데, 이 말을 듣고 소세키는 1904년 1월 글을 쓰기 시작했다. 그것이 그의 첫 번째 소설 《나는 고양이로소이다》였다. 1905년 잡지 〈호토토기스〉 1월호에 실린 이 소설은 큰 반향을 일으켰다. 소세키는 애초에 단편으로 썼던 이 작품을 늘려 11회에 걸친 장편으로 연재했고, 그는 일약 문학계의 총아로 떠올랐다. 서른아홉에 마침내 작가 소세키가 탄생한 것이다. 이제야말로 그는 진정한 자신의 '광맥'을 찾아냈다. 이렇게 발견된 소설이라는 광맥은 소세키가 죽을 때까지 캐내도 다하지 않을 것이었다. 《나는 고양이로소이다》 발표에 이어 그는 1905년에만 〈런던탑〉, 〈칼라일 박물관〉, 〈환영의 방패〉, 〈들리는 듯한 거문고 소리〉, 〈해로행〉을 잇따라 썼고 이듬해에는 〈취미의 유전〉, 《도련님》, 《풀베개》를 쉼 없이 내놓았다. 한번 터진 이야기의 분수는 멈출 줄을 몰랐다. 저 런던 시절의 불쾌와 혐오도, 어린 시절의 비참과 슬픔도 그가 뿜어내는 소설의 분수와 함께 산산이 흩어졌다. 그는 소설의 힘을 빌려 시대를 비판하고 문명을 비평하고 인간의 실존을 문제 삼았다. 다채로운 문학적 교향악은 날선 비판 의식과 함께 그를 국민 작가로 띄워 올렸다. 그를 따르는 후배 문인들의 발길이 끝없이 그의 집으로 이어졌다. 거기서 일본 근대 문학의 무수한 제2의 씨앗이 뿌려지고 싹이 텄다. 그가 런던 시절 발굴한 네 글자 '자기본위'는 문학적 영광의 뒷받침을 받아 제 발로 튼튼히 선 것처럼 보였다.

1907년 4월 소세키는 대학 전임강사직을 때려치우고 〈아사히신문〉 전속 작가라는 전인미답의 길로 들어섰다. 학자 소세키가 작가 소세키로 변신한 것이다. 제국대학 교수가 일개 신문사 전속 작가가 되었다는 사실에 사람들이 괴짜니 기인이니 수군거렸지만 소세키는 개의치 않았다. 이후 3년 동안 《개양귀비》(우미인초), 《갱부》, 〈문조〉, 〈열흘 밤의 꿈〉, 〈영일소품〉과 《그 후》가 차례로 〈아사히신문〉 지면을 채웠다. 그가 꾸었던 꿈, 그러니까 돈에도 일에도 그 어떤 것에도 구애받지 않고 오직 작품만을 쓸 수 있는, 삶이 온전히 자기 것인 자유의 시간이 열린 것이다.

시대의 한계를 넘지 못한 근대 비판

소세키는 분명히 문명 비판가였고 진보적 문인이었다. 그는 '20세기'라는 시대에 결부된 근대 문명을 결코 순순히 받아들이려 하지 않았다. 그에게 20세기는 존재의 고통으로 가득 찬 시대였다. 1906년 쓴 《풀베개》 종결부에서 그는 20세기 문명의 상징인 '기차'를 들어 시대를 신랄하게 비판했다.

〈아사히신문〉 전속 작가 초기 시절의 나쓰메 소세키. 일본 근대 만화의 선구자라 불리는 화가 오카모토 잇페이가 그린 초상화이다.

기차만큼 20세기 문명을 대표하는 것은 없을 것이다. 수백 명의 인간을 같은 상자에 싣고서 굉음을 내며 지나간다. 인정도 용서도 없다. …… 기차만큼 개성을 경멸하는 것은 없다. 문명은 할 수 있는 모든 수단을 다하여 개성을 발전시킨 후에, 할 수 있는 모든 방법으로 이 개성을 짓밟으려 한다. …… 문명은 개인에게 자유를 주고 호랑이처럼 사납게 한 뒤에, 이것을 우리 안에 가두어서 평화를 유지시키고 있다. 이 평화는 참된 평화가 아니다. …… 나는 기차의 맹렬한, 누구나 할 것 없이 모든 사람을 화물처럼 취급하며 달리는 모습을 볼 때마다 객차 속에 갇힌 개인과 개인의 개성에 추호의 주의도 베풀지 않는 이 기차를 비교하여, 위험하다, 위험하다, 조심하지 않으면 위험하다고 생각한다. 현대의 문명은 이와 같은 위험으로 숨이 막힐 정도로 가득 차 있다.[25)]

소세키에게 현대 문명이 위험해 보였던 것은 '개인'과 '개성'을 압살하기 때문이었다. 그 개인의 이름으로 그는 체제의 억압에 저항하는 사회주의 운동에도 호의적인 눈길을 보냈다. 《풀베개》를 쓰던 1906년 도쿄의 전차 회사가 요금을 인상하려 하자 시민 반대 운동이 대규모로 일어나 전차 수십 대가 파괴되는 폭동의 양상으로 번졌다. 이 운동은 사회주의자들이 중심이 되었는데, 당시 인상 반대 행진을 보도한 어떤 신문이 "나쓰메 씨 부인, 여기에 가담"이라고 잘못 보도한 것을 본 소세키의 친구가 일부러 신문 기사를 오려 그에게 보내주었다. 소세키는 그 친구에게 이렇게 답장을 썼다.

전차 운임 인상 반대 행렬에는 참가하지 않았어도 찬성하니까 전혀 상관없네. 나도 어느 점에서는 사회주의자이기 때문에 사카이 고센(사회주의 운동가) 씨와 같은 대열에 가담해 신문에 나와도 추호도 놀랄 것이 없네.[26)]

그러나 1909년 만주와 조선을 여행하고 난 뒤 쓴 〈만한 기행〉에서는 이제까지와는 사뭇 다른 소세키가 나타난다. 그는 남만주철도주식회사 총재로 있던 자신의 학창 시절 친구 나카무라 제코의 초청을 받아 한 달 보름 동안 식민지 곳곳을 둘러본 뒤 그 감상을 신문에 연재했다. 러일전쟁 승리 직후 획득한 만주를 경영하려고 세운 남만주철도주식회사는 말하자면 식민지 확장의 전초기지 같은 것이었다. 이 '문명 비평가'는 그런 제국주의적 침략의 현실에는 조금도 눈길을 주지 않은 채 옛 친구와 함께한 우정 여행을 즐기기만 했다. 뿐만 아니라 그가 쓴 글에는 민족 차별적인 발언마저 수시로 등장했고, 제국주의 일본을 찬양하는 글귀마저 출몰했다. 다롄에 도착한 소세키가 쓴 글은 이런 내용이었다. "해안 위에는 사람들이 많이 놀고 있었다. 그러나 그 대부분은 중국 노동자였는데, 한 사람을 보아도 더럽지만, 두 사람이 모이면 더 보기 흉하다. 이렇게 많이 모여 있으면 더욱더 꼴불견이다."[27)]

런던 시절 노란 피부의 자기 자신을 그토록 혐오했던 소세키는 이제 만주의 중국인들을 앞에 놓고 똑같은 제국주의 시선으로 그들을 바라보고 있었다. 이 여행을 마치고 돌아온 뒤 지인에게 보낸 편지에서 소세키는 또 이렇게 밝혔다. "이번 여행에서 마음에 와 닿은 것은 일본인은 진취적 기상이 풍부하여 가난하게 살면서도 신분에 따라 어디까지라도 발전해 가고자 한다는 사실과 이에 동반하는 경영자의 기개가 있다는 사실입니다."[28)]

이 시기 소세키에 대해 문학이론가 히야마 히사오는 이렇게 비판한다.

> 청일전쟁으로부터 러일전쟁의 단계에 이른 후의 일본의 내셔널리즘은 이미 후진국의 자연발생적인 그것이 아니다. 일본 자체가 제국주의화하여 조선을 병합하고, 그곳을 발판으로 하여 대륙을 침략하고 있었다. 국내에서는 민권에서 국권으로 기우는 이른바 산사태 현상이 시작되고 있었다. …… 아무리 소세키라 할지라도 러일전쟁 이후 확실히 제국주의 단계로 돌입한 일본 역사의 진행 과정에서 자유롭지 않았다는 이 사실로부터 눈을 돌릴 수가 없다.[29)]

1910년 5월 메이지 천황 암살 기도 사건을 빌미로 삼아 저명한 사회주의자 고토쿠 슈스이(1871~1911)를 비롯해 수백 명의 사회주의자·아나키스트가 체포되고 이듬해 12명이 처형당하는 '대역사건'이 벌어졌다. 이 사건은 조선병합(1910년 8월 29일)을 앞둔 사전 정지 작업 성격이 짙었는데, 그 후 언론·출판의 자유가 크게 위축됐다. 자기본위를 앞세운 개인주의자 소세키는 이 국가주의의 맹위 앞에서 침묵했다. 소세키는 또한 일본 제국주의 체제의 뼈대인 천

황제를 한 번도 부정하지 않았다. 그는 천황 신격화 · 절대화에 대해서는 여기저기서 반대의 뜻을 밝혔지만, 천황제 그 자체를 거부할 생각은 하지 못했다. 1912년 메이지 천황이 죽었을 때 그는 황궁을 향해 정좌하고 머리를 숙였다. 근대인 나쓰메 소세키의 개인주의는 여기에서 멈췄다. 그는 시대의 한계 바깥으로 뛰쳐나가려 발버둥 쳤지만, 끝내 시대의 한계 안에 머물렀다.

1916년 1차 세계대전이 한창이던 때에 그는 새해 벽두에 '점두록'이라는 글을 〈아사히신문〉에 연재하며 독일의 군국주의 · 국가주의가 만들어낸 전쟁의 참상을 비판했다.

> 나는 항상 저 탄환과 저 화약과 저 독가스와 그리고 저 육탄과 선혈 등이 우리 인류의 미래의 운명에 어느 정도 공헌하고 있는 것인가 하고 생각한다. 그리하여 어떤 때는 안타까워진다. 어떤 때는 슬퍼진다. 또 어떤 때는 어처구니없어진다. 마지막에는 때때로 우스꽝스러움조차 느끼는 경우도 있다는 잔혹한 사실을 자백하지 않을 수 없다.[30)]

그러나 소세키는 이렇게 독일을 비판하고 또 "자유와 평화를 사랑하는" 영국과 프랑스에 독일이 끼친 폐해를 한탄하면서도 이 전쟁이 제국주의 국가 사이에 벌어진 식민지 쟁탈전의 폭발임을 인식하지 못했다. 또한 영국과 프랑스의 제국주의를 꿰뚫어보려 하지도 않았고 그와 마찬가지로 일본의 제국주의를 바로 보려 하지도 않았다.

1914년 '소세키 산방' 서재에서 나쓰메 소세키.

1906년 소세키는 지인에게 다음과 같은 내용의 편지를 썼다.

나는 유학을 마치고 돌아오는 배 안에서 혼자 마음속으로 맹세했습니다. 어떤 일이 있어도 10년 전의 일은 되풀이하지 않는다. 지금까지는 내가 얼마나 위대한지 시험할 기회가 없었다. 나를 신뢰한 적이 한 번도 없었다. 친구들의 동정이나 손윗사람의 인정이나 주위의 호의 등에 의지해 생활하려고만 했다. 이제부터 그런 것엔 결코 의지하지 않겠다. 처자와 친족조차도 의지하지 않겠다. 나는 혼자 힘으로 갈 데까지 가서, 그곳에서 쓰러져 죽을 것이다.[31)]

그것이 소세키의 자기본위였다. 박사라는 호칭도 교수라는 직위도 불쾌하게 생각했던 소세키는 1911년 문부성에서 박사 학위를 주자 한사코 거부하여 끝내 받지 않았다. 그 자기본위는 자기 자신과의 싸움에서는 위대한 힘이 되었고, 선진 영국과 대결할 때도 방패 노릇을 해주었다. 그러나 그가 그 자기본위의 자세로 아시아의 식민지 나라들을 대했을 때 그것은 이기적 자기중심주의의 다른 말일 뿐이었다. 메이지유신이라는 근대 일본 체제의 이념적 지도를 제공한 앞 시대 사상가 후쿠자와 유키치(1835~1901)의 '탈아입구(脫亞入區)', 다시 말해, '아시아를 벗어나 유럽과 어깨를 나란히 한다'는 근대화 노선에서 소세키의 자기본위 또한 그리 멀리 벗어나지 못했다. 그는 근대 제국주의 체제의 어두운 힘 속에 갇힌 한 마리의 호랑이였다. 그 안에서 울부짖고 으르렁거리고 신경쇠약에 걸리고 위궤양에 허덕였다.

1910년 수젠지(수선사) 온천에서 위궤양 발작으로 한 바가지의 피를 쏟고 의식을 잃었던 소세키는 가까스로 깨어나 작가의 자리로 되돌아왔다. 1911년 위궤양이 재발했고, 2년 뒤에는 다시 신경쇠약으로 몸져누웠으며, 그 이듬해 또다시 위궤양의 기습을 받았다. 그러는 중에 병세가 회복되면 다시 일어나 《행인》을 쓰고 《마음》을 쓰고 《한눈팔기》를 쓰고 최후의 대작 《명암》을 썼다. 《명암》을 연재하던 중 1916년 12월 2일 위궤양이 마지막 일격을 가했다. 일 주일 뒤 12월 9일 그는 영원히 눈을 감았다. 쉰 살이었다. 영국에서 돌아오는 배 위에서 했던 결심대로 그는 혼자 힘으로 갈 데까지 가서 거기서 쓰러져 죽었다. 그가 쓰러진 자리가 20세기 초 일본 근대 문학의 지평이었고, 그 시대 일본 근대 문학의 한계였다.

역사상 가장 드라마틱한 혁명의 불길 속을
단 한 군데의 화상도 입지 않고 빠져나간
'정치적 동물' 푸셰는 어떤 정신의 대표자이며,
어떤 유형의 개척자이다. 빈털터리로 시작해 정치의
생리를 철저하게 습득함으로써, 정치의 논리를 완벽하게
실천함으로써 그는 두려움과 더러움이 뒤섞인 늪지대에서
자신의 나라를 건설했다.

조제프 푸셰

Joseph Fouché

가장 과격한 기회주의

조제프 푸셰(1759~1820)의 이름에는 파충류의 점액질 같은 것이 묻어 있다. 인간이 가장 혐오하는 동물의 이미지가 그의 이름에 붙어 다닌다. 그는 소리 없이 움직이며, 어둠 속에서 하나의 목표물을 끈질기게 노려본다. 아무리 긴 침묵도, 아무리 센 긴장도 그는 참을 수 있다. 때가 되면 이 미끈미끈한 포식자는 눈 깜짝할 사이에 목표물을 제압하고 삼켜버린다. 그가 사라진 자리엔 아무런 흔적도 남지 않는다. 허물도 없고 비늘도 없고 족적도 없다. 그가 사라진 걸 안타까워하는 목소리도 없다.

역사 속에서도 조제프 푸셰는 징그러운 유선형의 몸뚱이를 감춰버린 인물이다. 역사책 어디를 뒤져도 그의 얼굴을 정면으로 보여주는 페이지는 없다. 긴 회랑의 기둥과 기둥 사이를 빠르게 지나쳐가는 그의 옆모습을 슬쩍 보여주고 말 뿐, 이 인물의 전모를, 이 인물의 앞면과 뒷면을 낱낱이 보여주는 역사책은 없다. 역사상 가장 드라마틱한 혁명의 불길 속을 단 한 군데의 화상도 입지 않고 빠져나간 이 사람을, 세기의 대전환기에 그 무시무시한 이빨로 프랑스를 물어뜯던 이 사람을 아무도 보고 싶어 하지 않는다. 그러나 그는 어떤 정신의 대표자이며, 어떤 유형의 개척자이다. '정치적 동물'로서 인간의 가장 어두운 면을 가장 명료하게 보여준 사람이다.

정치가 신이나 왕 같은 초월적 존재의 전유물에서 벗어나 동등한 권리를 지닌 보통 사람들의 공유물이 되기 시작했을 때, 그리하여 그 평범한 사람들끼리 벌이는 대결과 투쟁과 타협과 협잡의 마당이 됐을 때, 그는 자신이 이 새로 생겨난 땅에 가장 잘 적응한 생물임을 입증해 보였다. 그는 빈털터리로 시작해 모든 것을 움켜쥐었다. 정치의 생리를 철저하게 습득함으로써, 정치의 논리를 완벽하게 실천함으로써 그는 '정치적 인간'의 한 전형을 구현했다. 두려움과 더러움이 뒤섞인 늪지대에서 그는 자신의 나라를 건설했다.

사람들은 그를 지워버리려 했다. 이 '영원한 배신자', '흑막의 음모가'가 자신의 삶을 통해 정치라는 화려한 외관 속의 '추악한 진실'을 드러내는 것을 어떻게든 막으려 했다. 가장 좋은 방법은 증거를 인멸하는 것이다. 애초에 아무 일도 없었던 듯이 덮어버리는 것이다. 모두가 망각하기로 공모함으로써 그는 지상에서 사라져버렸다. 그러다 누군가가 사람들의 기억 저 안쪽에 봉인된 그를 끌어내 햇볕 아래로 다시 데려왔다. 소설가 오노레 드 발자크(1799~1851)였다. 자신의 신념에 반하더라도 진실이라면 끝내 쓰고야 마는 이 사실주의의 대가는 역사의 관 뚜껑을 열고 미라를 닮은 인간을 일으켜 세웠다. 소설 《어둠 속의 사건》에서 발자크는 '잘 알려져 있지 않은 음울하고 심각하고 이상한 인물'을 묘사하는 데 한 페이지를 할애했다. '내가 아는 한 가장 강한 두뇌', '모든 표면

푸셰는 '영원한 배신자', '흑막의 음모가'였다. '정치적 천재'로서 그는 인간의 가장 어두운 면을 가장 명료하게 보여주었다.

뒤에 그토록 깊은 심도를 지니고 있어, 그가 행동하는 순간에는 그의 의도가 어디에 있는지 알기 힘들지만 그의 행동이 끝난 후에는 비로소 이해될 수 있는 그런 사람'을 세상에 다시 알렸다.

> 나폴레옹까지도 어떤 두려움을 갖게 하였던 푸셰의 특이한 천재성은 결코 갑자기 나타난 것이 아니다. 이 무명의 국민공회 의원은 당대에 가장 뛰어난 인물인 동시에 또 가장 잘못 평가되는 걸출한 인물 가운데 한 사람이다. …… 그 창백한 얼굴의 푸셰는 남몰래 서서히 정치무대의 인간과 사물과 술책을 연구하고 있었다. 그는 보나파르트(나폴레옹)의 비밀도 뚫고 들여다보며 그에게 유익한 조언과 값진 정보를 주었다. 그 풍부한 정치적 수완, 믿을 수 없을 정도로 놀라운 형안의 소유자……. 이것이 푸셰의 천재성이 지닌 본질적 면모임을 예측한 사람은 아무도 없었다.[1)]

책임감이나 정의감 따위의 고상한 가치를 제쳐놓고 한 인간을 오직 의지의 무게와 정열의 강도로만 평가한다면, 그가 천재라는 타이틀을 감당하지 못할 이유가 없다고 슈테판 츠바이크는 말한다. 그가 시대의 거인들, 이를테면 프랑스혁명의 인격적 표상이었던 막시밀리앙 드 로베스피에르와 불세출의 권력자 나폴레옹 보나파르트(1769~1821)를 붕괴시킨 제1의 배후 인물이었음을 상기하는 것만으로도 이 인간의 천재성이 어떤 종류의 것인지 짐작할 수 있다. 이 특별한 재능은 어느 날 갑자기 솟구친 것이 아니었다. 시련이 그를 단련시켰고 경험이 그를 성장시켰다.

수도원을 나와 혁명가가 되다

조제프 푸셰는 1759년 5월 21일, 그러니까 인류의 삶을 뿌리째 뒤바꾸어놓을 거대한 정치적 격변이 일어나기 꼭 30년 전 대서양 연안 항구도시 낭트에서 태어났다. 아버지는 뱃사람이었고 장사꾼이었다. 푸셰는 허약 체질이었다. 아버지의 뒤를 이어 닻을 끌어올리고 돛을 다는 일을 하기에는 몸이 부실했다. 10대에 그는 오라토리오회 수도원에 들어갔다. 그곳은 병약한 아이도 능력만 있으면 미래를 설계할 수 있는 가능성이 열린 곳이었다. 그곳에서 배우고 자란 푸셰는 스무 살에 벌써 수도원학교의 교사가 돼 물리와 수학을 가르쳤다. 그는 사제가 될 수도 있었지만 서원을 하지 않았다. 그러나 그는 당시의 신부들처럼 수도복을 입고 머리 한가운데를 삭발한 모습으로, 사실상 사제나 다름없는 모습으로 20대를 보냈다. 바깥 세상은 막 꿈틀거리는 혁명의 기운으로 소란스러웠지만, 푸셰는 수도원 높은 담 안쪽에서 세상과 격리된 채로 조용하고 가난하고 소박한 생활을 반복했다. 훗날의 세계사적 소동 속에서 그의 표정을 지배하게 될 침묵과 침착과 냉정은 이 정적의 공간에서 형성되었다.

이 무렵에 푸셰의 앞날과 관련된, 그냥 지나치기 어려운 에피소

드가 벌어졌다. 그가 아르투아 지방의 작은 도시 아라스에서 수도원 교사 노릇을 할 때 그 도시 '로자티'라는 사교 클럽에 출입하다가 로베스피에르를 만난 일이다. 파리에서 학업을 마치고 변호사 자격을 얻어 고향으로 돌아온 로베스피에르는 능력 있는 법률가로서 막 이름을 알리던 중이었다. 젊은 변호사 로베스피에르는 마찬가지로 젊은 수도사 푸셰와 어울려 문학과 철학을 이야기하고 새로운 지식을 주고받았다. 이들이 미래의 냉혹한 혁명가가 되리라고는, 더구나 두 사람이 사생결단의 원수지간이 되리라고는 아무도 예상하지 못했다. 어쨌거나 이 시기에 두 사람은 친밀한 사이였다. 그들이 의형제를 맺은 걸 보면 우애가 적잖이 깊었음을 짐작할 수 있다. 1789년 로베스피에르가 아르투아 지역 제3신분의 대표자로 뽑혀 파리의 삼부회에 진출했을 때, 이 가난한 변호사에게 여비를 마련해주고 새 옷을 맞춰 입으라고 돈을 빌려준 사람이 다름 아닌 푸셰였다. 안타깝게도 이들의 우정은 여기서 끝났다.

그러다가 마침내 혁명이 터졌다. 친구가 파리로 떠나고 석 달이 채 안 됐을 때였다. 파리 민중은 1789년 7월 14일 구체제(앙시앵 레짐)의 상징인 바스티유 감옥을 무너뜨렸다. 갑자기 하나의 세계가 열렸다. 이제껏 차가운 신분제의 창살에 갇혀 있던 사람들이 마치 우리를 벗어난 짐승처럼 날뛰며 질주하기 시작했다. 신분이 중요한 것이 아니라 능력이 중요한 시대가 됐다. 혁명의 기운은 오라토리오회 수도원의 높다란 장벽을 뚫고 들어왔다. 세상이 바뀌었다는 것을 알아챈 푸셰는 수도복을 벗어던지고 깎았던 머리를 기르고 보통 사람으로 돌아왔다. 이제야말로 신의 시대도 아니고 왕의 시대도 아니고 시민의 시대, 정치의 시대였다. 이념을 내세우고 사람을 모으고 언변과 목청으로 싸우고 그도 안 되면 폭력으로 장애물을 해치우며 전진하는 시대가 됐다. 이제껏 한 번도 겪어보지 못했던 불확실성이 짙은 안개처럼 내려앉았고 사람들은 저마다 횃불을 들고 앞길을 열겠다고 달려들었다. 푸셰는 고향 낭트에 새로 문을 연 혁명 클럽 '헌법의 벗 협회', 다시 말해 자코뱅 클럽 지부에 들어가 곧 그곳의 대표자가 됐다. 그는 진보를 찬양했지만 조심스럽게 발언했다. 낭트의 시민들은 급진적 변화를 바라지 않았고, 언제나 다수파의 편에 서는 푸셰는 온건한 행보로 시민의 신용을 얻었다.

1792년 8월, 혁명에 떠밀려 '절대군주'에서 '입헌군주'로 주저앉은 루이 16세(1774~1793)가 그나마 있던 권력마저 빼앗겼다. 외국과 결탁해 혁명을 붕괴시키고 역사의 시계를 거꾸로 돌리려 하자 민중은 완력으로 그를 왕좌에서 끌어내렸다. 왕의 자리를 대신할 새로운 의회가 만들어졌다. 푸셰는 낭트에서 '국민공회'의 지역구 의원으로 출마해 당선됐다. 9월 20일 파리 튀일리궁 의사당에 프랑스 공화국의 시민 푸셰가 '국민공회 의원' 자격으로 첫발을 내디뎠다. 의사당은 '좌파'와 '우파'라는 신조어가 이미 오래된 관용어처럼 자리잡고 있었다. 푸셰는 어디에 가 앉았을까? 그의 옛 친구 로베스피에르가 산악파(자코뱅파)의 중심인물 가운데 한 사람으로 왼쪽 상단을 차지하고 있을 때, 그는 오른쪽 의원석에 가 앉았다. 그의 예민한 정치적 후각은 새 의회의 다수파가 의회의 오른쪽을 차지한 지롱드파임을 간파했던 것이다. 다수파에 몸담을 수만 있다면 우정도 배신할 수 있음을 그는 의정 활동 첫날 아무 말도 없이 행동으로 보여주었다.

언제나 '다수파'에 선 사람

그러나 이 시기는 혁명의 시기였다. 아무리 단단한 것도 먼지처럼 부서져 흩어지고 나비의 날갯짓이 폭풍우를 몰고 오는 시기였다. '민중의 배신자'·'조국의 배신자' 루이 16세, 아니 이제는 일개 시민이 된 루이 카페의 처벌을 놓고 의회 안에서 격론이 벌어졌다. 다수파인 지롱드파는 왕의 처형에 반대했다. 로베스피에르를 중심으로 한 산악파는 왕을 단두대에 올림으로써 혁명 정신을 지켜야 한다고 주장했다. 로베스피에르는 의원들을 앞에 두고 열변을 토했다.

루이(16세)는 프랑스 민중을 반도라고 비난했습니다. 그는 민중을 징벌하기 위해 자신의 친구인 전제군주들의 군대를 불러들였습니다. 민중과 민중의 승리는 (민중이 아닌) 그가 바로 반도임을 입증했습니다. …… 민중의 자유가 요구하는 것은 그의 처벌입니다. 민중은 재판소처럼 재판하지 않습니다. 민중은 판결을 내리는 것이 아니라 벼락을 내리칩니다. 민중은 국왕에게 유죄를 선고하지 않고 그를 소멸시킵니다.

…… 조국이 살아야 하므로 루이는 죽어야 합니다.[2)]

로베스피에르의 충실한 벗 루이 드 생쥐스트(1767~1794)도 똑같은 발언을 했다. "나는 중도를 발견할 수 없습니다. 이 사람은 군림하거나 아니면 죽어야 합니다."[3)]

1793년 1월 16일 저녁 루이 16세의 처형을 놓고 공회 안에서 표결이 이루어졌다. 혁명의 진로를 결정짓는 중대한 문제였기 때문에 의원 각자가 '구명이냐 사형이냐'에 대한 견해를 공개적으로 밝히는 방식으로 투표가 진행됐다. 태도가 모호한 사람들, 겁을 먹은 사람들, 조심성 있는 사람들, 그리고 조제프 푸셰와 같은 사람들은 비밀투표를 바랐지만 소용이 없었다. 로베스피에르가 단호하게 프랑스 국민의 모든 대표자는 '예'냐 '아니오'냐를 의사당 한가운데서 우파건 좌파건, 혁명의 진군을 염원하는 사람이건, 후퇴를 바라는 사람이건 국민과 후세가 판단할 수 있도록 발언해야 한다고 주장했다.

투표는 다음날 저녁까지 24시간 쉬지 않고 계속됐다. 구명이냐 사형이냐를 놓고 표가 팽팽하게 갈렸다. 저울은 오랫동안 흔들렸다. 그러다 어느 순간 사태가 명확해졌다. 사형시켜야 한다는 목소리가 우세를 점하기 시작했다. 푸셰가 구명에 투표하면 소수파에 속하게 된다. "사형!" 그는 연단에 올라가 폐위된 국왕의 처형에 투표했다. 전날까지만 해도 푸셰는 명백한 지롱드파였다. 15일에는 구명을 희망하는 이유를 진술하는 연설문을 친구에게 읽어주기도 했다. 또 그때까지만 해도 다수가 사형에 반대하는 입장이었다. 그가 속한 당파의 주장으로 볼 때나, 그를 의원으로 뽑아준 낭트 선거구민의 온건한 견해에서 볼 때나 푸셰가 왕의 구명에 한 표를 던지는 것은 당연한 수순이었다. 그런데 하룻밤 사이에 입장이 뒤바뀐 것이다. 혁명의 시계가 자정을 넘기자마자 그는 온건파에서 급진파로 급속히 돌아섰다. 투표 결과는 387 대 334였다. 사형이 선고되었다. 그는 승리자 편에, 다수파 편에 섰다. 루이 16세는 1월 21일 단두대에서 목이 떨어졌다.

여기서 최초로 그의 기회주의가 얼굴을 내밀었다. 그러나 푸셰의 기회주의에는 특별한 면이 있었다. 그는 단순히 견해를 바꾸는 데 그치지 않았고, 그것을 표정 하나 바꾸지 않고 뻔뻔스럽게 밀고 나가 다른 쪽 극단으로까지 치달았다. 표결이 끝나자마자 그는 자기 선거구의 시민들이 투표 결과를 알기도 전에 자신의 선언문 원고를 인쇄해서 낭트로 보냈다. 기선을 제압하는 행위였다. 그는 선언문에서 자신의 투표 행위를 격렬하게 변호했다.

> 폭군의 여러 범죄 행위는 명백하다. 모든 사람의 마음은 분노로 가득 차 있다. 만일 그의 머리가 단칼에 떨어지지 않는다면 강도나 살인자가 모두 머리를 쳐들고 종횡무진해도 별 수 없다. 그러면 가장 무서운 사회 문란이 우리를 위협할 것이다. 시대는 우리들 편이고, 지상의 모든 국왕에 반대하고 있다.[4]

‘최초의 공산주의 선언’

기회주의는 영리한 자의 것이지만 거기에 대담성이 덧붙여져야만 승리의 영광을 거머쥘 수 있다. 대담함과 영리함을 겸비했다는 점에서 푸셰는 한 시대를 대표하는 기회주의자라 할 만하다. 지롱드파가 몰락한 자리에서 그는 둘도 없는 자코뱅이 되었다. 그것도 급진 과격파 자코뱅이 되었다. 오른쪽에 어정쩡하게 서 있던 그는 이제 왼쪽 끝에 가서 섰다. 혁명의 진로는 점점 더 급류로 빨려들었다. 여기저기서 반혁명 봉기가 일어났고 공화국을 타도하려는 외국 군대의 위협이 날로 거세졌다. 1793년 가을 ‘공포(테러)’가 정치의 일반 원리로 자리잡았다. 공포정치는 반혁명 세력에게 철퇴를 내리쳤다. 지방의 반란을 잠재우는 것이 다른 어떤 것보다 시급한 일이었다. 여기서 급진 테러주의자 푸셰의 장기가 빛을 발했다.

푸셰는 지방을 다스리는 ‘파견 의원’으로 선출됐다. 파견 의원은 로마시대 지방 총독처럼 입법·사법·행정의 전권을 틀어쥔 무소불위의 권력자였다. 푸셰는 자신의 선거구 낭트를 비롯해 느베르, 물랭에서 반혁명 세력을 진압하고 부자들을 벌벌 떨게 하고 교회를 약탈했다. 왕년의 수도원 교사는 이제 어느 누구보다 과격한 반기독교 투사가 돼 설교단에 올라가 무신론을 설파하고 신의 존재를 부인하고, 성직자에게서 모든 특권을 박탈하고, 성상과 성물을 모두 꺼내 한곳에 쌓아놓고 불을 질렀다. “나는 광신을 분쇄하였고 내 관할의 지방에서는 기독교를 뿌리째 뽑아버렸다”라고 자랑했다. 그는 또 모든 사치를 엄금했다. 부자들이 먹는 부드러운 흰 빵을 금지하고 '평등의 빵'이라는 이름을 붙인 한 종류의 빵만을 만들어 파운드당 3수의 단일 가격으로 팔라고 명령했다. 그는 10월 13일 "여기서는 사람들이 부자임을 부끄러워한다"라고 국민공회에 자부심 가득한 편지를 썼다.[5)]

푸셰가 지방 총독으로서 이렇게 '빛나는 과업'을 수행하기 얼마 전 프랑스 제2의 도시 리옹에서 대규모 반란이 터졌다. 반란군은 수많은 자코뱅파를 투옥하고 처형했다. 공안위원회 위원 조르주 쿠통(1755~1794)이 파견돼 이 반란의 도시를 진압했다. 10월 12일 국민공회는 이 도시의 완전한 파괴를 명령했다. "리옹은 파괴되어야 한다. 부자들이 살던 집은 모조리 부숴야 한다. 빈곤한 자의 집, 살해되었거나 추방된 애국자들의 집 …… 을 제외하고는 아무것도 남겨 두지 말아야 한다."[6)]

쿠통은 이 명령을 하달받고 리옹의 광장에 나가 형식적으로 집 몇 채를 부수었다. 국민공회는 이 미적지근한 복수에 만족하지 않았다. 다른 적합한 인물을 찾아보자 이미 파견 의원으로서 '탁월한 역량'을 발휘하고 있던 푸셰가 눈에 들어왔다. 푸셰는 또 다른 공안위원회 위원 콜로 데르부아와 함께 이 반역의 도시로 급파됐다. 그리고 여기서 츠바이크의 표현을 따르면, '최초의 명백한 공산주의 선언'인 '리옹의 훈령'이 발표됐다. 파괴에 앞서 발표된 훈령은 도시를 공포의 도가니로 몰아넣었다. 선언문은 이렇게 시작한다.

혁명 정신에 따라 행동하는 자에게는 모든 것이 허용된다. 공화국 법률을 지킨다면 공화국 국민에게는 어떠한 위험도 존재하지 않는다. …… 이 지구상에 단 한 사람이라도 불행한 사람이 존재하는 한 자유는 더욱더 앞으로 전진하지 않으면 안 된다.

선언은 다시 이렇게 이어진다.

혁명은 인민을 위한 것이다. 그러나 인민이란 인생의 모든 향락과 사회의 모든 재산을 강탈해 독점한, 그들의 부귀로 인해서 생긴 특권계급을 말하는 것이 아니다. 인민이란 프랑스 시민 전체인 것은 물론이고 특히 우리 조국의 국경을 지키고, 그들의 노동으로 사회를 양육하고 있는 수없이 많은 빈민 계급을 말한다. 수백 명의 개인의 행복과 안녕만 돌봐주고 2400만 명의 가련한 빈자의 불행을 존속시키려 한다면 혁명은 하나의 정치적 · 도덕적 행패에 지나지 않을 것이다.

'불의의 부자'는 결코 올바른 혁명가가 될 수 없고 결코 정당하고 성실한 공화국 국민이 될 수 없다. 그러므로 모든 빈부의 차이를 존속시키는 부르주아 혁명은 불가피하게 다시 새로운 폭군 정치로 타락하지 않을 수 없다.

착각하지 말라. 정말로 공화국 국민이 되기 위해서는 프랑스의 면모를 일신시켰던 혁명과 똑같은 혁명을 시민 각자가 자기 스스로의 마음

속에서 단행하지 않으면 안 된다. 폭군의 신하와 자유국의 주민 사이에 어떠한 공통점도 있어서는 안 된다. 그들의 모든 행위, 그들의 감정, 습관은 완전히 새로운 종류의 것이 되지 않으면 안 된다. 당신들은 억압당하고 있다. 당신들은 당신들의 억압자를 분쇄하지 않으면 안 된다. 당신들은 교회의 미신의 노예였다. 지금 당신들은 자유에 예배드리는 것 말고 어떠한 다른 예배도 해서는 안 된다.

이어 훈령 3조는 '1793년의 최초의 공산주의 선언'으로 나아간다.

필요 이상의 것을 소유하고 있는 자의 재산은 비상시의 원조를 위해 징발되어야 한다. …… 시민에게 필요하지 않은 모든 것을 탈취하라. …… 절대적으로 필요한 것 이외에는 무엇 하나 남겨 두어서는 안 된다. 전시 중의 잉여 재산은 모두 공화국과 군대의 것이다.

마지막으로 가차 없고 단호하고 무서운 선언으로 훈령은 끝을 맺고 있다.

우리들이 억센 타격을 가하는 것을 도와라. 그러지 않으면 이 타격은 당신들의 머리 위에 떨어질 것이다. 자유냐 아니면 죽음이냐! 선택은 당신의 자유다.[7)]

목숨을 구걸하는 '리옹의 도살자'

이제 푸셰는 이 훈령을 한 치의 어긋남도 없이 이 두려움에 휩싸인 도시에서 집행한다. 무차별로 징발하고 교회를 거덜내고 부자의 재산을 몰수하고 모든 반항을 말살했다. 반혁명자를 끌어내 수백 명씩 포탄을 쏘아 죽이고 강물에 빠뜨려 익사시켰다. 두 달이 넘도록 그의 학살 기계는 쉼 없이 돌아갔다. 국민공회가 명령한 대로 아름답고 유서 깊은 건물들이 순식간에 쑥대밭으로 변했다. '리옹의 도살자'라는 별명은 이렇게 해서 영원히 지워지지 않을 그의 또 다른 이름이 되었다. 학살이 그 잔혹성의 끝을 향해 치닫자 파리의 공안위원회도 사태의 심각성을 깨달았다. 콜로 데르부아가 자신들 행위의 정당함을 변호하기 위해 파리로 떠났다. 나중에 푸셰는 궁지에 몰리자 그의 동료 콜로 데르부아에게 학살의 모든 책임을 떠넘겼다. 그러나 콜로 데르부아가 떠나고 난 뒤에도 리옹의 학살 기계는 멈추지 않았다. 하루에도 수십 명씩 총살되었고 건물의 벽들은 무너져내렸다. 파괴와 학살은 파리의 기류가 결정적으로 바뀌었을 때에야 멈췄다. 이 극좌 테러주의자는 자신의 모든 것을 바쳐 '혁명'에 매진했던 것이다.

그러나 그것이 그의 진정한 신념의 발로였는지는 의문이다. 푸셰의 목적은 권력이었고 권력의 향유였지 고귀한 이상의 실현이 아니었다. 그가 학살 기계를 가동한 것은 상부의 명령을 제대로 수행하지 못할 경우 온건파로 몰려 숙청되지나 않을까 하는 두려움 때문이었다. 그는 어디까지나 다수를 장악한 급진파의 논리를 다만 좀 지나치게 충실히 수행했을 뿐이었다. 이제 기류가 바뀌어 급진 테러리즘이 논란을 빚고 구석에 몰리자 그는 허리를 반대쪽으로 틀어 총살 중지 명령을 내리고, 리옹 학살의 집행부 노릇을 하던 혁명위원회를 해산시켰다.

그러나 이미 엎질러진 물이었다. 1794년 4월 3일 로베스피에르는 공안위원회(혁명정부의 핵심 기관)를 압박해 푸셰에게 파리로 와서 리옹 사건을 해명하도록 했다. 3개월 동안 2천 명을 학살한 심판자가 한순간에 심판대에 서야 하는 처지가 됐다. 푸셰는 국민공회 의원들 앞에서 자신의 행위를 변론했다. 그러나 그의 변론은 찬성도 반대도 얻지 못했다. 그는 다시 공안위원회로 넘겨졌다. 그 몇 달 사이 파리의 혁명 기류는 커다란 파동을 겪은 터였다. 모든 권력은 국민공회 의원이자 공안위원회 위원인 로베스피에르의 수중에 집중돼 있었다. 자코뱅파는 분열했고 혁명의 경쟁자들은 하나씩 목이 잘리고 없었다. 파리의 하층민 상퀼로트를 등에 업은 급진 좌익 에베르파(코르들리에파)가 먼저 뿌리 뽑혔고, 이어 '관용파'의 대명사 조르주 당통(1759~1794)이 자신의 일파와 함께 반혁명죄로 체포돼 처형됐다. 이제 로베스피에르의 앞을 막아서는 것은 아무것도 없었다. 국민공회 의원들은 감히 그 앞에서 다른 목소리를 내지 못하고 숨죽였다. 푸셰를 처벌할 것인지 용서할 것인지에 대해서조차 그들은 의견을 내지 못했다. 로베스피에르를 통하는 것 말고 목숨을 건질 다른 방도는 없었다.

그러나 로베스피에르와 푸셰의 우정은 깨진 지 오래였다. 이미 푸셰가 지롱드파 의원석에 앉을 때 멀어진 관계는 그가 자코뱅파로 옮겨온 뒤에 오히려 더 멀어졌다. 바람의 방향에 따라 소신을 이리저리 뒤바꾸는 자와 친구가 되기에는 로베스피에르의 정신이 너무 차가웠다. 그는 부패할 줄 모르는 혁명의 청교도였고, 구질구질하게 타협하느니 차라리 목숨을 버리는 사람이었다. 정치가 '타협의 예술'이라고 한다면 로베스피에르야말로 정치 한가운데서 가장 비정치적인 사람이었다. 근대 정치의 광장을 그 최전선에서 온몸으로 열어젖힌 사람이 타협할 줄 모르고 타락할 줄 모르는 청렴지사였다는 사실은 아이러니다.

로베스피에르의 청렴은 결벽증을 연상시킬 정도였다. 이 공화국의 우두머리, 혁명의 기관차인 공안위원회를 틀어쥔 권력자, 국민공회 의원들을 두려움에 움츠러들게 하는 이 냉혹한 고발자, 영원한 규탄자는 파리 생토노레 거리에 있는 목수 모리스 뒤플레의 집 2층에서 하숙을 하고 있었다. 결혼도 하지 않은 그는 공안위원회나 국민공회에 나가지 않을 때는 뉴펀들랜드 종 큰 개를 데리고 손에는 책을 들고 교외의 숲을 산보했다. 그에겐 아무것도 없었다. 재산도 없고, 아내도 없었다. 혁명에 처음 가담할 때도 빈털터리였고, 혁명이 그의 죽음과 함께 끝나는 날에도 빈털터리였다. 이 열렬한 루소 신봉자는 머리에도 가슴에도 공화국과 민주주의와 자유와 평등, 그리고 이 모든 것을 이루는 유일무이의 무기인 혁명밖에 없었다. 그는 혁명에 목숨을 건 이념가였다. 나머지는 아무래도 좋았

프랑스혁명의 인격적 표상 로베스피에르. 로베스피에르를 몰락시킨 테르미도르 쿠데타는 푸셰의 기획이었다.

다. 목숨조차도 그가 이루고자 하는 혁명에 비하면 하찮은 것이었다. 그의 단호함, 가차 없는 반대파 처단, 권력 집중은 혁명을 위한 불가피한 선택이었다. 그는 근본적으로 푸셰 같은 부류와 어울릴 수 없는 인물이었다.

그런 사람에게 목숨을 구걸하러 푸셰는 생토노레 거리 하숙집 2층 계단을 올라갔다. 로베스피에르는 푸셰의 항복조차 받아들이지 않았다. 다만 짧은 시간이지만 목숨을 건졌다는 것이 이 비굴한 만남의 성과라면 성과였다.

로베스피에르와의 마지막 대결

반혁명 음모가 끊이지 않고 적국의 침탈이 계속되는 사이에 로베스피에르 암살 미수 사건까지 겹쳤다. 공포정치는 '대공포정치'로 극점을 향해 내달렸다. 1794년 6월 10일 저 악명 높은 '프레리알 22일 법'이 통과됐다. 공포정치의 극단을 여과 없이 보여주는 이 법은 혁명재판소에서 변호인의 변호를 금지하고 증인 신문도 불필요한 것으로 만들었다. "변호인을 허용하는 것은 왕당파와 적에게 연단을 제공하는 일이며 가난한 자를 희생시켜 부자를 이롭게 하는 일"이기 때문이었다. "그러므로 애국적인 피고인의 당연한 변호인이자 필요한 친구는 바로 애국적인 배심원들이다. 음모자들은 그런 사람을 한 명도 찾아낼 수 없어야 한다." 나아가 배심원은 물증 없이 심증만으로도 유죄를 선고할 수 있었다. 또 혁명의 적에 관한 정의는 더욱 확대되어 "여론을 오도하고 인민의 교육을 방해하고 도덕을 타락시키며 공중의 양심을 더럽히려 드는 자들"까지 포함됐다.[8)]

이 법의 목표는 재판이 아니라 재판이란 이름의 전쟁이었으며 가능한 한 신속하게 전쟁에서 승리하는 것이었다. 법의 발안자인 공안위원 조르주 쿠통은 자신이 제안한 법이 정의의 법이라기보다는 말살의 법이라는 사실을 감추려 하지 않았다. "조국의 적을 처벌하는 데 걸리는 시간이 적을 확인하는 데 필요한 시간을 넘어서는 안 됩니다. 문제는 그들을 처벌하기보다는 섬멸하는 데 있습니다."[9)]

이런 과도한 보복 의지, 절멸 의지를 담은 법은 가공할 결과를 낳았다. 1793년 3월부터 1794년 6월 10일까지 파리에서 처형된 사람이 1,251명이었음에 비하여, 이날부터 로베스피에르가 몰락하는 7월 27일까지 50일이 안 되는 기간 동안 대공포정치의 법령에 의해 처형된 사람은 1,376명에 이르렀다. 혁명재판소 검사였던 푸키에탱빌의 표현을 빌리면 "사람들의 목이 마치 기왓장 떨어지듯 잘려나갔다."[10)]

더 중요한 것은 이 법의 칼날이 로베스피에르를 비롯한 혁명 지도부의 목을 꿰뚫었다는 사실이다. 이 법은 먼저 국민공회 안에 만연한 공포를 더욱 극단적으로 만들었다. 언제 누가 반혁명 혐의에 걸려들지 알 수 없는 노릇이었다. 하룻밤 사이에 잡혀들어갈까 두려워 제 집에서 잠을 못 이루는 의원이 50~60명에 이르렀다. 당통

파의 잔류자들, 에베르파의 잔류자들이 두려움에 떨었고, 공안위원회와 주도권을 다투다 사실상 종속 기관으로 떨어진 보안위원회의 위원들은 로베스피에르 일파에 대한 질투와 분노로 몸이 달았다. 심지어 공안위원회 안에서조차 로베스피에르의 압도적 논리와 도덕적 권위에 짓눌린 사람들이 소외감 속에서 분노를 억눌렀다. 푸셰와 같은 과격 테러 혐의자들 또한 로베스피에르의 규탄의 표적이 돼 있었다. 언제 단두대의 칼날이 목을 덮칠지 알 수 없는 상황이었다. 더구나 여론이 공포정치에 염증을 내고 있었다. 민중은 상퀼로트를 대변하던 에베르파가 처형된 뒤 혁명정부에 등을 돌리고 있었다. 모든 것이 마지막 화염의 폭발을 향해 질주하는 형국이었다.

그 극단의 상황 속에서 푸셰가 활동을 시작했다. 두더지처럼 지하에서 쉼 없이 움직였다. 그는 공포로 주눅 든 의원들을 비밀리에 만나 그들을 계략의 실로 촘촘히 엮었다. 무대 뒤에서 완벽한 음모극을 꾸미는 것, 이것이 푸셰의 일이었다. 증오와 분노와 질투와 불안과 공포를 한데 엮어 결코 끊어지지 않을 그물을 짰다.

로베스피에르도 푸셰의 수상쩍은 거동을 알고는 있었다. 그의 사설탐정이 푸셰의 편지를 중간에서 탈취하기도 했다. 로베스피에르의 고발을 받아 자코뱅 클럽에서 제명된 푸셰가 며칠 뒤 누이동생에게 보낸 편지에는 조만간 벌어질 '거사'를 예고하고 있었다.

나는 결코 막시밀리앙 로베스피에르의 비방을 두려워하지 않는다.

자코뱅 협회는 내게 회의에 나와 해명할 것을 요청했다. 로베스피에르가 그곳의 지배자로 군림하고 있으므로 나는 거기 가지 않았다. 얼마 후면 내 기대대로 누이는 공화국에 이익이 될 사건의 결과를 듣게 될 것이다.

그 '사건'이 나기 4일 전 푸셰는 다시 편지를 썼다.

며칠만 있으면 사기꾼들과 악당들이 알려질 것이다. 정직한 사람들의 공명정대함이 승리할 것이다. 아마도 그날 우리는 배신자들의 정체가 폭로되는 것을 보게 될 것이다.[11)]

음모를 안 로베스피에르가 가만히 있었던 것은 아니다. 그는 이 혁명의 반역자들을 일거에 쓸어버릴 장문의 연설문을 준비하고 있었다. 그러나 음모에 관한 한 푸셰가 한 수 위였다. 그는 이미 모든 준비를 완료하고 때가 오기를 기다리고 있었다. 테르미도르 8일(1794년 7월 26일) 로베스피에르는 국민공회에서 혁명을 후퇴시키려는 술책을 고발하고 부패한 의원들을 규탄하는 장문의 연설을 했다.

혁명정부는 신속하고 확고한 정의의 행군을 계속해야 합니다. 혁명정부는 자유의 손으로 범죄에 내리치는 벼락입니다. …… 혁명정부가 없다면 공화국은 공고해질 수 없으며, 당파들이 요람에 든 공화국을 목졸라 죽일 것입니다. 혁명정부가 배신자들의 수중에 떨어진다면 혁명정부는 스스로 반혁명의 수단이 되고 말 것입니다.[12]

그는 긴 고발장을 다시 명료하게 요약했다.

공공의 자유를 위협하는 음모가 존재합니다. 이 음모의 힘은 국민공회 안에서조차 술책을 쓰는 사악한 동맹으로부터 나오는 것입니다. …… 그렇게 형성된 동맹은 애국파와 조국을 파멸시키려고 합니다. 이런 해악의 치료제는 무엇입니까? 배신자들을 처벌하고, 보안위원회의 사무국을 쇄신하고, 공안위원회를 정화하고, 그 위원회를 새롭게 구성하고, 중심부이자 재판관인 국민공회의 최고 권위 아래 정부의 통일을 이루는 것, 그리하여 국민의 권위의 무게로 모든 당파들을 분쇄하고 그 폐허 위에 정의와 자유의 권능을 확립하는 것입니다.[13]

그러나 이 긴 규탄문, 고발장은 범죄자의 이름을 명백히 지목하지 않았다. 마음이 꺼림칙한 의원들은 더욱 불안에 떨었다. 아무도 이 혁명의 사자 앞에 대들 용기를 내지 못했다. 누군가 마침내 용기를 내서 그가 지목하는 의원이 누구인지, 그 안에 푸셰가 들어있는지 물었다. 로베스피에르는 여전히 즉답을 피했다. "푸셰라! 나는 지금 그 자에 대해 신경 쓰고 싶지 않습니다. 나는 단지 나의 의무에 귀 기울일 뿐입니다."[14]

테르미도르 쿠데타의 기획자

이날 밤 푸셰는 다시 한 번 음모의 끈을 단단히 조여 맸다. 중도파 의원들을 설득해 마침내 모반의 대열에 합류시켰다. 테르미도르 9일(7월 27일) 정오 국민공회에서 생쥐스트가 의사발언을 신청하고 연단에 올랐다. 그러나 세 구절도 읽지 못했다. 의원들이 일제히 일어났다. 탈리앵과 비요바렌이 잇따라 로베스피에르를 폭군으로, 독재자로 지목했다. 로베스피에르가 답변하려고 연단으로 돌진했지만 준비된 외침이 일었다. "독재자를 타도하라!" 로베스피에르와 그의 동지들의 노력은 번번이 '합의된 규탄' 속에서 무위로 돌아갔다. 다섯 시간 동안 로베스피에르는 무려 열한 번이나 발언을 하려고 발버둥 쳤지만 그때마다 한목소리의 외침 속에 주저앉아야 했다. 회의장 곳곳에서 로베스피에르 일파의 체포령을 표결에 부칠 것을 요구했다. 표를 세고 말 것도 없이 로베스피에르의 체포령이 가결되었다. 국민공회 의원들이 일제히 일어서 외쳤다. "공화국 만세!" 로베스피에르는 사력을 다해 소리쳤다. "공화국이라고? 공화국은 망했다. 강도들이 승리했다."[15)]

오후 5시 모든 것이 결정되었다. 로베스피에르는 모든 권한을 박탈당한 채 감옥으로 끌려갔다. '테르미도르 9일의 쿠데타'였다. 이 거대한 음모를 배후에서 기획한 푸셰는 이날 의사당에 나오지도 않았다. 어둠 속에서 움직이며 올가미를 만들어놓은 뒤 사냥감이 올가미에 걸려든 것을 멀찌감치 떨어져 지켜보는 것, 이것이 푸셰의 삶의 양식이었다. 다음날 로베스피에르와 생쥐스트와 쿠통을 비롯한 22명이 단두대로 끌려갔다. 사흘간 모두 107명의 목이 잘렸다. 로베스피에르의 목숨과 함께 프랑스혁명도 사실상 끝이 났다.

혁명의 거목은 이렇게 쓰러졌다. 그 거목을 쓰러뜨린 푸셰는 살아남았다. 그는 단지 살아남기만 한 것이 아니라 최고의 영광을 품은 미래와 함께 살아남았다. 다만 그 영광의 미래가 곧바로 그에게 오지는 않았다. 그는 적지 않은 시간을 고립과 고독과 궁핍 속에서 움츠리고 있어야 한다.

로베스피에르는 죽기 이틀 전 자신이 죽을 경우 펼쳐질 정치적 상황을 이렇게 예견했다. "잠시 혁명의 고삐를 늦춰보십시오. 그러면 바로 그때 여러분은 군사독재가 혁명을 탈취하고 당파들의 지도자가 국민의 타락한 대표체를 전복시키는 것을 보게 될 것입니다."[16] 그의 예언대로 머지않아 나폴레옹 보나파르트가 독재권을 주장하며 등장할 것이었다.

로베스피에르가 몰락하고 등장한 반동의 물결은 혁명의 물결만큼이나 거셌다. 아무리 로베스피에르 타도의 일등공신이라 하더라도 과거의 극좌 테러리스트가 일신을 보존하기에는 부적합한 상황이었다. 이 반동의 시기에 푸셰는 또 한 번의 출구를 찾아 음모를 꾸몄다. 그는 언제나 앞에 나서지 않고 무대 뒤에서 일을 꾸미는 사람이었다. 이번에 그와 동업을 하게 된 사람은 상퀼로트 출신의 열렬한 사회주의자 프랑수아 바뵈프(1760~1797)였다. 바뵈프는 테르미도르파 반동 정부의 무능력과 민중을 짓누르는 곤궁을 보며 폭력으로 체제를 뒤엎고 평등한 세상을 만든다는 생각을 품었다. 1796년 3월 그를 중심으로 한 반란위원회가 조직되었다. 그러나 위원회는 채 한 달도 가지 못해 적발되었고 바뵈프는 체포돼 이듬해 사형 선고를 받았다. 그 뒤에서 은밀히 민중을 자극하도록 속삭였을 뿐만 아니라 선동적인 팸플릿을 쓰도록 설득하고 직접 인쇄물을 교정하기도 했던 푸셰는 이번에도 모든 책임을 바뵈프에게 떠넘긴 채 목숨을 부지했다. 그러나 단지 목숨을 건졌을 뿐이었다. 그는 새 의회의 의원으로 선출되지 못했고, 이후 3년 동안 재산도 없고 계급도 없는 빈궁과 익명 속에서 비참한 존재로 살아야 했다.

나폴레옹 배후의 정보정치가

1799년 푸셰는 제2차 총재정부(테르미도르파의 제2차 정부 1797~1799)의 5인 총재 중의 한 사람이던 폴 바라스(1755~1829)의 사설탐정으로 그의 집무실을 드나들면서 재기의 발판을 마련했다. 정보를 만들어 팔고 그 대가로 돈을 얻고 돈으로 다시 정보를 만들고 그 정보로 더 큰돈을 굴리는 새로운 사업에서 그는 자신의 특출난 재능을 발견했다. 불과 몇 년 전 급진 테러리스트로서 '사람의 마음을 썩게 하는 경멸스러운 금속'이라고 저주했던 그 금속에 대한 혐오감은 어느새 사라지고 없었다.

이해 7월 푸셰는 전격적으로 총재정부의 경찰 장관으로 임명되었다. 왕년의 급진 공화주의자는 취임과 동시에 자신의 옛 거처였던 자코뱅 클럽을 폐쇄하는 일부터 시작했다. "공포정치를 되살리려 한다"라는 구실을 내세워 반정부 세력을 일거에 몰아내버린 것이다. 극에서 극으로 오가는 그의 기회주의가 다시 한 번 위력을 발휘했다. 이제야말로 그는 자기 인생에서 최적의 자리를 찾아냈다. 푸셰는 전국 방방곡곡에 정보원과 밀고자와 비밀경찰을 깔았다. 최고위직의 집무실에서부터 하찮은 술집까지 정보가 나올 만한 곳엔 어김없이 푸셰의 탐정망이 설치됐다. 모든 보고가 그의 수중으로 들어왔다. 그는 아침부터 저녁까지 경찰장관의 집무실 의자에 앉아 그 모든 보고들을 조사하고 분석하고 비교하고 정리해 명확한 정보를 걸러냈다.

푸셰야말로 정보가 권력임을 알아채고 그 정보를 취합해 하나의 거대한 무기로 만들어낸 최초의 인간이었다. 그는 근대적 정보기관의 첫 설립자였고, 근대적 정보 정치의 첫 수혜자였다. 그는 음모를 조장하기도 하고 음모를 방해하기도 했다. 나라 안팎에서 쉴 새 없이 가동되는 거대한 정보 기계를 돌리면 자신의 밀실에서 세상사가 돌아가는 꼴이 훤히 보였다. "국가에 대한 모든 반역을 탄압하기 위해 발명된 1792년의 단두대도 1799년의 조제프 푸셰가 만들어낸 세련되고 용의주도하게 짜인 경찰기관과 비교한다면 한갓 둔한 연장에 지나지 않았다."[17]

푸셰는 경찰 장관이 되고 몇 달 지나지 않아 정부 안에서 보이지 않는 최고의 실력자가 되었다. 사생활의 비밀에서부터 정치적 음모까지 속속들이 꿰고 있는 그를 함부로 대할 사람은 아무도 없었다. 얼마 지나지 않아 총재정부가 무너졌다. 나폴레옹 보나파르트가 '브뤼메르 18일(1799년 11월 9일)의 쿠데타'를 일으켰다. 정계의 아주 미미한 진동도 적발해내는 자동기록기를 지닌 푸셰가 이 거대한 세계사적 사건의 음모를 몰랐을 리 없다. 아니 알았을 뿐만 아니라 그 음모를 적극적으로 돕기까지 했다.

나폴레옹이 쿠데타를 일으키기 며칠 전 푸셰는 그의 집을 직접 찾아갔다. 두 사람은 첫 만남에서 서로가 서로를 알아보았다. "푸셰는 이 영웅의 전대미문의 솟구칠 듯한 기상에서 억제할 수 없는 지배력을 인식했고, 보나파르트는 날카롭고 맹수 같은 눈을 빛내는 이 자가 분명 쓸모 있는 남자이며 어떤 일에도 적응하고 모든 것을 재빨리 이해해, 정력적으로 실행에 옮길 수 있는 협조자임을 인식했다."[18)]

이 정보정치의 대가는 쿠데타를 통해 제1통령이 된 정치적 천재와 동업자 관계를 맺었다. 그것은 자신을 삶의 진창에서 구원해준 바라스를 배신하는 일이기도 했다. 로베스피에르가 예견했던 군사독재 체제는 정보 정치의 뒷받침과 함께 막을 열었다.

그러나 나폴레옹은 한 번도 푸셰와 같은 인간을 완전히 신뢰한 적이 없고, 푸셰 또한 그 누구에게도 마음으로부터 충성을 바쳐본 적이 없었다. 상대가 나폴레옹이라 해도 사정은 다르지 않았다. 나폴레옹의 개인 비서 팽이 쓴 비망록에 이런 구절이 있다.

프랑스혁명을 무너뜨리고 스스로 황제에 오른 나폴레옹. 그는 통령 시절 푸셰와 동업자 관계를 맺어 정보정치에 활용했지만 푸셰를 완전히 신뢰한 적은 없었다.

변화와 새로운 인물에 대한 두려움을 안고 있던 그(나폴레옹)는 자신의 측근들을 모두 버리지 않음으로써 그러한 두려움에서 벗어나는 전략을 썼다. 심지어 속으로 믿지 않는 사람들까지도 절대로 축출하지 않고 곁에 둠으로써 그들을 자기 울타리 안에 두었다.[19)]

그런 나폴레옹도 1802년 자신이 종신 통령이 되려고 할 때 푸셰가 은밀히 그 일을 방해하자 마침내 그를 자리에서 내쫓았다. 다만 무작정 그를 내쳐서는 정보를 손아귀에 쥔 그에게서 어떤 반격을 받을지 알 수 없었으므로, 경찰 장관직 자체를 없애버리는 특단의 방법을 썼다. 대신 나폴레옹은 푸셰에게 원로원 의원직을 주고 현금 120만 프랑과 1천만 프랑에 달하는 작은 공작령과 세습령을 떼어주었다. 그러나 푸셰의 경력은 여기서 끝나지 않았다. 1804년 종신 통령으로도 만족하지 못한 나폴레옹이 황제 자리를 원했을 때 그는 능숙하고도 두려움을 모르는 은밀한 손이 필요했다. 푸셰는 황제 밑에서 다시 경찰 장관으로 돌아왔다. 이 정보의 예술가는 다시 한 번 자신이 고안한 정교하고도 거대한 탐정 기계를 마음껏 돌렸다. 이 탁월한 모사꾼에게 나폴레옹은 1809년 오트란토 공작이라는 칭호를 주었다. 가난한 뱃사람의 아들이 계급의 정점까지 기어오른 것이다.

영원한 음모가, 끝없는 배신자

1810년 푸셰는 다시 한 번 나폴레옹에게 쫓겨나는 신세가 됐다. 그의 오만과 불충과 어두운 공작 정치가 나폴레옹의 인내심을 한계까지 밀어붙였던 것이다. 그러나 이것도 마지막이 아니었다. 나폴레옹이 자신의 억제할 길 없는 광포한 야심을 1812년 러시아 원정의 참담한 패배로 상처 입히고 뒤이어 마침내 황제의 자리에서 물러났다. 루이 18세의 새로운 부르봉 왕조가 복귀했지만 1년 뒤 1815년 나폴레옹이 엘바 섬을 탈출해 파리에 입성했다. 통치의 기반이 취약한 나폴레옹은 다시 푸셰를 불러들였다. 그는 세 번째로 경찰 장관이 되었다. 이 백일천하 동안의 푸셰는 다른 어느 때의 푸셰보다 능숙했다. 이미 세계사적 의무를 다한 나폴레옹을 폐위시키는 것이 유럽을 안정시키고 프랑스를 살리는 길이었다.

나폴레옹이 워털루에서 패배하자 푸셰는 원로원을 움직여 황제를 옥좌에서 끌어내렸다. "나폴레옹을 배반한 것은 워털루이지 내가 아니다." 그는 간단히 이 한마디를 내뱉었다. 푸셰는 황제가 사라진 자리에 임시정부 수반으로 올라앉았다. 세기의 거인을 거꾸러뜨리고 마침내 자신이 권력의 정상에 오른 것이다. 쉰여섯의 푸셰는 여기서 다시 한 번 정치적 도박에 운명을 걸었다. 그는 국외로 망명한 루이 18세에게 정부를 넘기고 그 대가로 대신의 직위를 얻기로 했다. 황제 축출파에 대한 또 한 번의 배신행위였다. 1815년 7월 28일 루이 18세는 마차를 타고 파리로 입성해, 얼마 전 떠났던 그 왕좌에 앉았다. 푸셰는 돌아온 국왕 밑에서 다시 경찰 장관이 됐다.

나흘 뒤 푸셰는 카스텔란 백작의 딸과 결혼했다. 아내가 죽고 혼자가 된 그에게 젊은 새 아내가 생긴 것이다. 이것은 복이었을까. 안타깝게도 그것은 복의 겉모습을 한 화였다. 귀족사회는 격분했다. 오트란토 공작이란 작위를 달고 있었지만, 그가 천출임을 모르는 사람은 없었다. 그뿐이 아니었다. 왕년의 급진 테러리스트는 현재 국왕의 친형(루이 16세)을 사형시키자고 주장한 사람이었고, 왕비 마리 앙투아네트의 처형에 동참한 사람이었다. 궁정에는 그렇게 죽은 국왕 부부의 딸 앙굴렘 공작부인이 시퍼렇게 살아 있었다. 더구나 그는 리옹에서 2천 명을 죽인 도살자였다. 그를 탄핵하는 청원서들이 쉴 새 없이 밀려들었다. 푸셰는 권력의 끈을 완강하게 붙들었지만 점점 거세지는 풍랑을 견디지 못했다.

1815년 12월 그는 새 아내와 함께 망명길에 올랐다. 한때는 유럽의 모든 군주들의 호의를 받은 그였지만 이제 아무도 이 추방자에게 안식처를 내주려 하지 않았다. 프라하에 잠시 머물던 푸셰는 오스트리아의 궁벽진 소도시 린츠로 갔다. 동시대의 어떤 사람이 그 소도시 무도회에 나타난 이 버림받은 자의 형편을 묘사한 회고록을 남겼다.

> 공작부인은 사람들로부터 경의를 받았지만 푸셰는 외면받고 있는 것이 현저히 눈에 띌 정도였다. 그는 중간 정도의 키에 강단이 있어 보였지만 뚱뚱한 편은 아니고 추한 얼굴이었다. 그는 무도회에는 언제나

금단추가 달린 푸른 연미복을 입고 흰 바지와 흰 양말을 신고 나타났다. 가슴에는 오스트리아식 커다란 레오폴트 훈장을 달고 있었다. 보통 그는 혼자 벽난로가에 서서 사람들이 춤추는 것을 바라보았다. 옛날에는 프랑스 제국의 전능자였던 이 대신이 그렇게도 쓸쓸히 버림받은 것처럼 거기에 서서 어떤 관리가 대화를 걸어오거나 혹은 그에게 장기의 상대라도 청할라치면 기뻐하는 얼굴 표정을 지을 때 나는 세상의 권력과 위대함의 더없는 무상함을 생각하지 않을 수 없었다.[20]

1820년 12월 26일 이 영원한 음모가, 끝없는 배신자, 독특한 성격으로 근대 정치의 한 유형을 창조해낸 과격한 기회주의자, 전례가 없는 거대한 정보 기계로 정치 세계 내부를 지배했던 음울한 야심가는 마침내 눈을 감았다.

네차예프는 혁명가였다.
동시에 그는 음모가였고 사기꾼이었고 공갈범이었고
복수의 화신이었고 피에 굶주린 범죄자였다.
네차예프는 이 모든 것이었다.
그는 인간 해방이라는 대의를 가슴에 품은
건전한 혁명가들의 배후에 어른거리는 그림자이고
그들의 경건한 표정 아래 숨겨진 어두운 내면이다.

세르게이 네차예프

Sergey Nechaev

혁명가의 교리문답

세르게이 겐나디예비치 네차예프(1847~1882)는 혁명의 정사에서 거의 완전히 잊혀진 존재다. 아무도 그를 기억하지 않는다. 좀 더 정확히 말하면, 아무도 그를 정색하고 기억하려 하지 않는다. 그는 불운한 혁명가다. 혁명의 뒷골목 골방에서 저 악명 높은 글 〈혁명가의 교리문답〉이 수없이 되풀이해 읽혔지만, 그에게서 혁명을 학습했다고 말하는 사람은 거의 찾아볼 수 없다. 이 세상에서 인정받기를 포기한 사람들, 그래서 적의와 원한과 증오밖에 남지 않는 사람들만이 네차예프의 악명을 자신들의 영광으로 삼았을 뿐이다. 그러므로 공공연하게 네차예프주의자로 자처한다는 것은 세상이 그를 버렸거나 아니면 그가 세상을 버렸거나 두 경우 중 하나에 속하는 사람들만이 할 수 있는 일이다.

혁명을 직업으로, 삶의 목표로 삼은 사람을 혁명가라고 한다면, 네차예프는 둘도 없는 혁명가였다. 동시에 그는 음모가였고 사기꾼이었고 공갈범이었고 복수의 화신이었고 피에 굶주린 범죄자였다. 네차예프는 이 모든 것이었다. 누가 이 소름 끼치는 이름을 자신의 명찰에 새기려 하겠는가. 그러나 그는 거의 모든 건전한 혁명가들의 배후에 어른거리는 그림자다. 인간 해방이라는 대의를 가슴에 품은 자의 경건한 표정 아래 숨겨진 어두운 내면이다. 네차예프는 19세기 후반 둔중한 감옥 창살 안에서 쓸쓸히 죽었지만, 그의 사상과 신념과 생활방식은 20세기 내내 살아 있었고, 어쩌면 지금도 생생히 살아 있을지 모른다.*

도스토옙스키 《악령》의 사악한 혁명가

네차예프에게 사악한 명성을 안겨준 결정적 사건은 1869년 11월 21일 벌어진 '동료 살해'였다. 그는 조직원들과 함께 이반 이바노비치 이바노프라는 혁명 동지를 제 손으로 죽였다. 조직을 배반하고 경찰에 밀고하지 않을까 하는 터무니없는 의심만으로 그는 동지의 목을 조르고 머리에 총알을 박은 뒤 시체에 돌을 매달아 연못 속에 밀어 넣어버렸다. 이바노프는 아무 죄가 없었다. 잘못이 있었다면 조직 우두머리의 맹목적이고도 몽상적인 명령에 순종하기를 거부하고 자신의 두뇌를 사용해 사태를 합리적으로 보았다는 것뿐

---

* 이를테면, 1971년 일본 사회를 뒤흔들었던 '연합적군사건'에서 네차예프주의의 어두운 그림자를 확인할 수 있다. 연합적군은 1971년 7월 일본 공산당 혁명좌파와 적군파가 연합해서 결성한 군사투쟁조직이었다. 이해 연합적군의 최고 지도자 모리 쓰네오(森恒夫, 1944~1973)는 조직원들을 이끌고 묘기산 아지트에 들어가 '공산주의화' 훈련을 하던 중 동료 12명을 반공산주의적이라는 이유로 죽였다. 1972년 2월 체포된 모리 쓰네오는 1973년 새해 첫날 도쿄 구치소에서 자살했다. 일본 좌익 역사상 최초로 경찰과 총격전을 벌였던 연합적군은 이로써 궤멸했다.[1)]

불운한 혁명가 세르게이 네차예프. 그는 잊혔지만 그가 쓴 〈혁명가의 교리문답〉은 혁명의 뒷골목 골방에서 수없이 읽혔다.

이었다. 네차예프의 과격하고도 비현실적인 운동 방식에 반대 의견을 표시했다는 것, 조직의 터무니없는 권위주의에 짓눌리기보다는 차라리 조직을 떠나 새로운 방식으로 혁명을 해보겠다는 것뿐이었다. 그것이 잘못이었다. 아무리 이성적인 반대라 하더라도 조직의 명령에 이의를 제기하는 것은 이미 배신이고 밀고였다.

'이바노프 살해'는 사건이 난 지 나흘 만에 시체가 물 위에 떠올라 사람들에게 발견됨으로써, 또 그 무렵 네차예프 조직원 가운데 한 명이 체포됨으로써 세상에 알려졌고 러시아 사회를 발칵 뒤집어놓았다. 죽은 사람이 젊은 대학생이라는 것, 그가 혁명 조직에 몸담고 있었다는 것, 같은 조직의 동료들에게 살해됐다는 것 따위의 흥미로운 요소들이 결합된 탓에 당시 모든 신문 매체들이 이 사건을 대서특필했다. 그러나 그뿐이었다면 이 사건은 신문 사회면을 한동안 채우다 사라지고 말았을지도 모른다. 네차예프의 이바노프 살해사건은 당대의 작가 표도르 미하일로비치 도스토옙스키(1821~1881)의 촉수에 걸려들었다. 신문·잡지의 범죄 기사에서 작품의 영감을 얻었던 도스토옙스키는 이 사건에서 하나의 인간형을 떠올렸고 드라마를 구성하기 시작했다. 그리하여 네차예프는 문학작품에서 먼저 영원히 지워지지 않을 인물, 악명의 주인공으로 등장했다. 도스토옙스키의 아내 안나 그리고리예브나의 회상록은 그 즈음을 이렇게 묘사하고 있다.

내 동생이 드레스덴에 온 일이 이 새로운 주제의 소설이 쓰이는 데 영향을 주었다. 여러 외국 신문들을 읽고 있던 표도르 미하일로비치(도스토옙스키)는 페트로프 농업대학(이바노프가 다니던 대학)에서 머지않아 정치적 소요가 일어날 것이라고 예상했다. 성격이 유약하고 어린 내 동생이 그 소요에 참여할까 봐 걱정이 된 남편은 어머니에게 말씀드려 동생을 드레스덴의 우리 집으로 부르게 했다. …… 언제나 동생에게 호감을 보였던 남편은 그의 수업과 친분 관계, 학생들의 일반적인 생활과 정서 등을 알고 싶어 했다. 동생은 이야기에 푹 빠져 세세한 것까지 다 말해주었다. 바로 여기서 표도르 미하일로비치의 머릿속에 당시의 정치 운동을 다룬 소설을 하나 써야겠다는 생각이 떠올랐다. 그는 나중에 네차예프에게 살해당한 대학생 이바노프를 (샤토프라는 이름으로) 주인공 중 하나로 삼겠다는 생각을 했는데, 동생은 이바노프가 성격이 굳건하고 매우 똑똑한 사람이며 동생 자신의 신념을 근본적으로 바꿔놓은 사람이라고 했다. 나중에 신문에서 이바노프 살해 기사를 읽고 그를 진심으로 따랐던 동생이 얼마나 경악했던지! 표도르 미하일로비치는 내 동생의 말을 빌려 페트로프 대학의 공원과 이바노프가 살해당한 동굴을 소설 속에 묘사해놓았다.[2)]

그렇게 해서 탄생한 소설이 그의 대표작 가운데 하나인 《악령》이었다. 소설 《악령》에서 네차예프는 표트르 베르호벤스키라는 인물로 등장한다. 그러나 도스토옙스키가 그려낸 베르호벤스키는 실제의 네차예프 인격 가운데 일부만 차용한 것이었다. 애초의 구상에서 이념가이자 사상가의 면모를 지녔던 베르호벤스키는 구상의 중간

단계에서 작품의 범위가 넓어지고 니콜라이 스타브로긴이라는 새로운 주인공이 등장하면서 이념가적 성격을 많이 잃어버렸다. 완성된 소설에서 베르호벤스키는 네차예프의 위압적인 개성을 지니지 못한 자못 희극적인 작은 악마가 되고 말았다. "작가는 그(네차예프)의 초상화가 아니라 혁명가를 희화화한 풍자화를 그리고 있었다. 네차예프의 성격에는 음울하고 차가운 위엄이 있는 반면, 표트르 베르호벤스키의 이미지에는 희극적이고 비열한 면이 강조된다."[3)]

따라서 엄밀하게 말하면 도스토옙스키의 《악령》은 소설로서야 최고의 평가를 받았겠지만, 네차예프에 관한 묘사에서는 높은 점수를 받기 어렵다. 네차예프를 알려면 네차예프 자신에게로, 그의 사상과 활동 속으로 직진해 들어가야 한다.

강철같이 단단한 '특별한 인간'

19세기 중반 러시아혁명 운동사를 수놓은 혁명가들은 대부분이 특권층 출신이었다. 거의 모두가 귀족 신분으로서 대학을 다니고 있거나 대학을 나온 사람들이었다. 그들은 자기 계급을 배반하고 민중의 해방을 위해 민중 속으로 몸을 던졌다. 네차예프는 그런 혁명 운동의 일반적 분위기 속에서 이질적인 존재였다. 그는 하층민 출신이었고, 혁명 운동에 뛰어들 때도 정식 대학생이 아니었다. 그의 아버지는 해방 농노 출신의 칠장이였고, 어머니 또한 해방 농노 출신의 재봉사였다. 네차예프는 여덟 살 무렵에 어머니를 결핵으로 잃었다. 그는 아버지와 외조부모 밑에서 자랐다. 아버지는 낮은 신분 때문에 야망을 접어야 했던, 권위적인 사람이었다. 어려서 벌써 세상사의 쓴맛을 보기는 했지만, 이 미래의 혁명가에게는 뛰어난 머리와 유달리 강한 의지가 있었다. 그는 기질이 억셌고 정신이 강했다. 때마침 인민주의 운동이 바람을 타고 그가 살던 도시 이바노보까지 불었다.

열네 살 무렵 네차예프는 젊은 지식인들이 세운 일요학교에서 세상의 이치를 깨닫기 시작했고 혁명의 공기에 노출됐다. 10대 후반에 그의 내면에선 벌써 미래의 혁명가가 자라고 있었다. 1865년에 그는 러시아의 문화적 중심이었던 모스크바로 올라왔고 머잖아 정치의 중심지 상트페테르부르크로 옮겨갔다. 구차하고 비좁은 세계를 탈출하겠다는 마음과 넓은 세상에서 의미 있는 삶을 살겠다는 마음이 그를 나라의 수도이자 혁명의 수도로 밀어 올린 것이었다. 그는 1866년 교사 자격 시험에 합격했고 곧 교사로 임용돼 스스로 밥벌이를 할 수 있게 되었다. 그러나 그의 목표는 다른 데 있었다. 네차예프는 얼마 안 있어 상트페테르부르크 의과대학 청강생으로 등록한다. 그는 반쯤 대학생인 상태가 되었다. 대학생이 된다는 것 자체보다는 대학에서 번성하던 혁명 운동에 합류한다는 것이 이 청강생에게는 훨씬 더 중요한 일이었다.

어떤 인간도 혼자 힘만으로는 자기 세계를 만들지 못한다. 네차예프의 정신 세계가 일반적 범주에서 멀리 일탈한 것이 사실이라

해도, 그 정신 세계를 키워낸 것은 그가 속한 시대의 공기였다. 러시아혁명 사학자 필립 폼퍼는 《네차예프, 혁명가의 교리문답》에서 네차예프가 들이마신 문화적 공기의 특징적 요소 가운데 하나로 '니힐리즘(허무주의)'을 꼽는다. 니힐리즘이라는 용어로 그 시대를 설명한 사람은 당대의 또 다른 작가 이반 투르게네프(1818~1883)였다. 투르게네프는 1862년에 발표한 소설 《아버지와 아들》에서 사회를 아버지 세대와 아들 세대로 나눈 뒤 아들 세대가 아버지 세대의 모든 것을 부정하고 거부하는 것을 두고 니힐리즘이라고 칭했다. 아들 세대는 특히 아버지 세대의 거짓, 허위, 위선과 단절하고자 했다. "니힐리스트(허무주의자)들은 문화적 차원에서 진실을 왜곡하는 모든 형식을 거부했다."[4)]

아버지 세대란 다시 말하면, 니콜라이 1세 시대(1825~1855 재위)에 교육받은 식자층을 이르는 것이었다. 이 세대는 사회 변화의 욕구를 분출했지만 아무것도 이루어내지 못한 채 좌절감에 휩싸여 있었다. 아들 세대, 곧 1860년대 세대는 패배주의에 젖은 아버지 세대의 문화를 거부의 대상으로 삼았다. 니힐리즘은 소극적 측면에선 단순한 과거 부정이지만, 그것이 적극적으로 나타나면 세계 개조의 열망과 같은 의미를 지니게 된다. 1860년대의 아들 세대는 모든 것을 전면적, 체계적으로 부정하고 세상을 다시 세우려고 끊임없이 시도했다. 네차예프는 바로 이 흐름의 한가운데로 뛰어든 것이었다.

네차예프를 감싸고 있던 공기의 또 다른 성분을 이룬 것은 당시 학생 혁명가들을 사로잡고 있던 '엄격주의'였다. 엄격주의는 '라흐메토프'라는 새로운 혁명가 유형을 통해 제공되었다. 라흐메토프는 당시 니힐리즘 운동의 기수였던 니콜라이 체르니솁스키(1828~1889)의 소설 《무엇을 할 것인가》에 등장하는 '특별한 인간'이다. 혁명 운동을 하다 체포돼 페트로파블롭스크 요새에 감금돼 있던 체르니솁스키는 1862년 이 소설을 써 감옥 밖으로 내보냈는데, 그 소설 안에서 라흐메토프는 혁명이라는 목표에 자신의 삶 전체를 바치는 영웅으로 묘사된다. 그는 전 인류의 해방과 기쁨을 위해 자신의 전 지성을, 자신의 전 육체를, 그리고 자신의 전 시간을 바친다. 사적인 일에는 조금도 시간을 내지 않는다. 술도 마시지 않고 여자도 가까이 하지 않는다. 당연히 이성과의 사랑 같은 것도 끼어들 틈이 없다. 사적인 감정을 낭비로 보고 일체를 배제하는 것이다. 그러나 체력만큼은 쉼 없이 단련해 자신의 몸을 볼가강의 뱃사공처럼 억세게 키운다. 혁명 운동을 끈질기게 펼치려면 어떤 악조건 속에서도 버틸 수 있는 체력이 필요하기 때문이다. 그는 보통 사람과는 근본적으로 다른, 강철같이 단단한 심성의 소유자다. 개인적인 감정이라고는 전혀 없는 무쇠와 같은 사람, 심장이 뛴다고는 도저히 믿어지지 않는 사람이다. 라흐메토프의 심신 단련을 묘사하는 소설의 한 장면은 다음과 같다.

그가 누워 있던 볏짚 바닥은 피가 흥건하게 고여 있었는데 그 볏짚 바닥에는 수천 개의 못이 촘촘히 박혀 있었고 못 끝이 한 치나 위로 솟아나 있었다. 라흐메토프는 밤새 그 위에 누워 있었던 것이다.

"맙소사, 이게 대체 무슨 일인가, 라흐메토프?" 카르사노프가 노기를 띠고 소리쳤다. "별것 아닙니다. 하지만 필요합니다. 물론 잘 믿어지지 않겠지만, 내가 어느 만큼이나 견딜 수 있나 시험해봤을 뿐입니다."[5]

고문을 당할 때에 대비해 요가 수행승의 육체 학대에 가까운 일을 멀쩡히 실행하는 것이다. 요컨대, 그는 혁명에 필요하다면 무슨 일이든지 하지만, 혁명에 필요하지 않거나 장애가 되는 일이라면 어떤 일도 하지 않는 사람이다. 라흐메토프적 엄격주의는 네차예프를 포함한 그 세대 혁명가들뿐만 아니라 그 뒷세대의 혁명가들에게까지 커다란 영향을 끼쳤는데, 훗날의 블라디미르 일리치 레닌(1870~1924)은 《무엇을 할 것인가》에 대해 이렇게 말했다.

체르니솁스키의 가장 위대한 공적은 …… 혁명가는 어떤 종류의 사람이어야 하며 그는 어떤 행동 규칙을 준수해야 하고 어떻게 그의 목표를 수행해 나가야 하며, 그리고 어떤 수단에 의해서 그것을 달성해야 하는가를 보여주었다는 데 있다.[6]

체르니솁스키는 라흐메토프 같은 특별한 인간형을 두고 소설 속에서 이렇게 평가한다.

그들은 인민들 속에서 차의 향기와 같은 존재이며 좋은 술의 향기와 같은 존재이다. 강인함과 품위는 바로 그들로부터 온다. 그들이야말로 가장 선한 사람들 중의 꽃이며 주동자들 중의 주동자들이며 이 땅의 소금 중의 소금이다.[7]

수많은 러시아 젊은이들이 체르니셉스키가 라흐메토프를 통해 제시한 기준에 따라 자신을 평가했다. 그리고 그 젊은이들 가운데 네차예프도 끼여 있었다.

음모주의와 테러리즘의 등장

니힐리즘과 엄격주의 말고도 폼퍼가 제시하는 또 다른 시대적 분위기도 있는데, 음모주의와 테러리즘의 등장이 그것이다. 그 음모와 테러를 상징하는 인물 가운데 하나가 1866년 차르를 암살하려다 체포돼 죽은 드미트리 카라코조프(1840~1866)다. 카라코조프는 체르니셉스키가 라흐메토프를 그릴 때 모델로 삼은 인물로 알려져 있다. 그만큼 억세고 투철한 혁명가였는데, 그는 니콜라이 이슈틴(1840~1879)이 중심이 돼 만든 조직 '토지와 자유'에 속해 있었다. 이슈틴은 이 '토지와 자유' 안에 '지옥'이라는 특수한 목적(차르 암살)을 위한 엘리트 테러 집단을 다시 만들었다. 말하자면 '지옥'은 조직 안의 조직이었다. 카라코조프는 이 '지옥'의 멤버였다. '지옥'은 아주 엄격한 규율과 자기 희생을 특징으로 하고 있었다.

'지옥'의 구성원은 가명으로 살아야 하며, 가족과도 모든 인연을 끊어야 한다. 물론 결혼을 해서도 안 되고, 친구도 포기해야 한다. 결국 한 가지 목표만을 가지고 살아야 하는데, 그것은 조국에 대한 무한한 사랑과 조국의 번영을 위한 무한한 헌신이다. 지옥의 구성원은 조국을 위해 개인적인 만족은 모두 포기하고, 대신 증오를 위한 증오를, 악의를 위한 악의를 품고, 자기 안에 있는 이런 감정들에 집중해야 한다."[8)]

또한 '지옥'은 조직 전체의 활동을 감시하고 조직의 명령을 따르지 않는 구성원은 암살할 권리가 있었다. 그야말로 네차예프주의의 선구자인 셈이다. 더 중요한 것은 '지옥'으로 대표되는 이 시기의 음모적 테러 조직에 '영웅-순교자'의 판타지가 짙게 깔려 있었다는 점이다. 테러 단체의 비밀 조직원들은 스스로 역사의 영웅이 되고 싶은 마음과 함께 역사 앞에 순교하고 싶다는 일종의 자살 충동을 함께 느꼈다. '영웅-순교자'의 심리를 곧바로 병적인 것으로 치부할 수는 없지만, '영웅-순교자'의 판타지를 충족받는 것이 가장 중요한 심리적 목표가 된다면 그것까지 정상으로 보기는 어렵다. 네차예프가 혁명가의 길로 들어설 시기에 이슈틴-카라코조프 조직이 보여준 '영웅-순교자' 이미지에는 병적인 기운이 감돌고 있었다.

그러나 네차예프가 여기서 그치지 않았다는 데에 그만의 진정한 특징이 있다. 그는 이 모든 시대적 공기를 빨아들였을 뿐만 아니라 그것을 더 독한 것으로 변화시켜 내뿜었다. 그의 폐부 안으로 들어

온 허무주의는 사상적 내용은 더 빈약해졌고 부정과 거부의 태도는 더 강경해졌다. 그에게는 파괴와 폭력 자체가 목적이 되어버리다시피 했다. 라흐메토프의 엄격주의도 '혁명에 삶의 모든 것을 종속시킨다'는 본래의 태도를 넘어 '목적을 위해서라면 어떠한 수단도 다 용납된다'는 속류 마키아벨리즘으로 뒤집혔다. 이슈틴 조직의 차르를 향한 증오와 악의는 혁명에 장애가 되는 모든 것에 대한 무차별적 증오와 적의로, 전면적 복수 의지로 확대됐다. 영웅-순교자 판타지는 더욱 강화돼 한편으로는 영웅주의적 자기 과시로 부풀어올랐고, 다른 한편으로는 거기에 대응하여 더욱 과도한 순교자적 심리로 빠져들었다.

그러고도 네차예프적 행동의 고유한 영역은 따로 남는다. 어처구니없을 정도로 과감한 기만과 술수야말로 네차예프적 특징의 핵심을 이루는 요소였다. 그가 처음 국외로 탈출할 때 보였던 거의 연극과도 같은 자기 과시적 속임수가 적절한 사례가 될 것이다. 그 탈출이라는 것도 무슨 불가피한 사정에 따른 것이었다기보다는 당대의 혁명가라면 마땅히 유럽 바람을 쐬고 오는 것이 정규 과정처럼 여겨지던 분위기에 편승한 것에 가까웠다. 네차예프는 아주 교묘하게 세팅한 연극적 장치를 가동해 자신이 차르의 경찰에 체포됐으며 페트로파블롭스크 요새에 감금됐다가 극적으로 탈출한 것인 양 상황을 연출했다. 그 연극 무대에 주연을 빛나게 보좌하는 조연으로 멋모르고 동원된 사람이 훗날 러시아혁명 운동사의 중요한 한 장을 차지하게 되는 스무 살의 여성 베라 자술리치(1849~

1919)였다. 자술리치는 네차예프가 상트페테르부르크의 동료들 사이에서 사라지고 난 뒤 하루 이틀쯤 지난 1869년 2월 초 발신자 이름이 적히지 않은 편지 한 통을 받았다. 편지 봉투 안에는 익명의 주인공이 쓴 편지와 또 다른 쪽지가 들어 있었다. 편지에는 이렇게 쓰여 있었다.

> 오늘 바실렙스키 섬을 걷다가 우연히 사람을 체포해 싣고 가는 마차를 만났습니다. 그런데 그 안에 있던 사람이 손을 내밀어 종이 쪽지를 던지며 말했습니다. "만일 학생이라면 이것을 거기 적힌 주소로 보내주세요." 전 학생이고, 따라서 당연히 그의 부탁을 들어주어야 한다고 생각했습니다. 내가 쓴 쪽지는 없애버리세요.[9]

자술리치는 이어 짧게 연필로 휘갈겨 쓴 네차예프의 쪽지를 읽었다. "어떤 요새인지 몰라도 그들이 날 요새로 데려가고 있어. 이걸 동지들에게 말해. 그들을 보고 싶어. 우리의 운동이 계속되도록 해." 이 순진한 소녀는 이 사실을 주변에 알렸고 사람들은 네차예프가 틀림없이 체포됐다고 생각하고 백방으로 그를 찾았다. 그러나 당국은 네차예프를 체포하지 않았다는 말만 되풀이했다. 사람들은 모두 당국에서 거짓말을 한다고 생각하고 네차예프를 비밀리에 체포한 이유가 뭘까 하고 머리를 싸맸다. 그 일이 있기 전 학생 집회에서 잠시 두각을 나타냈던 네차예프는 이 사건으로 급진적인 지하 운동 조직에서 유명 인사가 되었다. 그리고 이것이 바로 그가

노린 것이었다.[10)]

바쿠닌을 빨아들인 마성

네차예프의 기만술은 여기서 끝나지 않았다. 네차예프는 모스크바로 가서 동료 한 명을 꼬드겨 연극의 뒷마무리를 맡겼다. 그는 네차예프가 페트로파블롭스크 요새에서 탈출했다가 오데사에서 다시 붙잡혔으나 다시 탈출해 48킬로미터 이상을 걷고 뛰고 우마차를 얻어 타고서 모스크바에 왔다는 소문을 퍼뜨렸다. 그러는 사이 네차예프는 외국 여행용 위조 여권을 마련해 3월 3일 모스크바를 떠나 다음날 국경을 넘었다. 네차예프는 이 사건으로 반쯤은 신비한 분위기가 감도는 영웅의 이미지를 얻게 됐다. 그 뒤 스위스에서 만난 망명 혁명가들에게 이 거짓 탈출기를 가공하고 더 부풀려 써먹었다.

망명지에서 관계 맺은 수많은 사람들이 그의 사기 행각에 피해를 입었지만 가장 커다란 피해를 입은 사람은 러시아 아나키즘의 대부였던 노망명객 미하일 바쿠닌(1814~1876)이었다. 사태를 정확히 말하자면 바쿠닌은 피해자이기 이전에 망명지 스위스에서 네차예프의 동업자이자 협력자였고 가장 강력한 후견인이었다. 젊은 날의 혈기방장했던 기력을 반쯤 잃어버린 채 망명지에서 쓸쓸히 늙어가고 있던 바쿠닌은 차르의 손아귀에서 극적으로 빠져나왔다는 스물한 살의 열혈 혁명주의자를 보자마자 단숨에 그에게 빨려 들었다. 네차예프의 지칠 줄 모르는 활력과 투지는 바쿠닌에게 젊은 날 자기 자신의 모습을 상기시켜 주었다.

> 바쿠닌은 이 인물에게 너무나 매혹된 나머지 무슨 임무든 다 위임해도 좋겠다고 생각할 정도였다. 그것은 그가 남들에게 그렇게 되라고 권고했던 인물, 어떤 의미에서는, 그 스스로 자신의 감정을 다스릴 수만 있었다면 그렇게 되었을지도 모를 그런 인물의 유형을 이 냉혹한 인물에게서 발견할 수 있었기 때문이었다.[11]

네차예프는 바쿠닌을 찾아가 만난 자리에서 대뜸 자신이 '러시아혁명위원회'의 대표자로서 혁명을 준비 중이라고 이야기했다. 자기만의 우주 안에서 세계 혁명이라는 만화적 상상을 품은 채 살아왔던 바쿠닌은 꾸미고 부풀려 남을 끌어들이는 데서도 탁월한 역량을 발휘한 인물이었다. 그런데 그 앞에 자신의 재능을 한참 능가하는 신참이 나타난 것이다.

> 남을 현혹하길 좋아하는 사람은 대개 가장 쉽게 스스로 남에게 현혹당하는 법이다. 바쿠닌의 기질에는 회의란 것이 자리할 수 없었다. 그는 네차예프가 하는 말을 전적으로 신뢰했다. …… 다른 사람이 바쿠닌을 처음 만나면 대개가 그에게 혹하듯이 그도 또한 네차예프를 보자 첫눈에 혹해버렸다.[12]

기억해 둘 것은 기만과 과장이 네차예프의 본질적 특성 가운데 하나이기는 했지만, 그것만으로 그가 사람을 끌어들인 건 아니었다는 사실이다. 여러 사람의 증언을 종합해보면 그의 개성 자체가 대단한 매력 덩어리였음이 분명하다. 그의 흡인력과 호소력은 타인의 존경과 신임을 곧바로 얻어낼 수 있을 만큼 강력한 것이었고 바쿠닌은 바로 거기에 걸려들었다. 뿐만 아니라 그의 개성에는 마성과도 같은 자력이 있어 마치 뒷날의 아돌프 히틀러가 그랬듯이 다른 사람에게 두려움을 불러일으키고 존재를 얼어붙게 하기까지 했다. 혁명가 미하일 네그레스쿨의 아내 마리야가 네차예프에게서 그 두려운 힘을 느낀 사람 가운데 하나였다. 마리야는 회상록에서 네차예프가 자기 남편을 만나러 와 우연히 그의 눈과 마주치게 된 경험을 털어놓았다.

얼마 안 있어 무슨 이유인지 남편이 방을 나갔다. 책을 내려놓고 눈을 들었다. 내 눈과 누군지 모르는 그 방문객의 눈이 마주쳤다. 그런데 그 검고 작은 눈이 어찌나 날 차갑게 노려보는지, 어찌나 매섭게 쏘아보는지 난 내 자신이 창백해지는 것을 느꼈고 …… 공포에, 동물적인 공포에 사로잡혀 꼼짝도 할 수가 없었다. 난 내 삶에서 한 번도, 그 전은 물론이고 그 후에도 그와 같은 것을 경험해본 적이 없다. …… 나는 기계적으로 책장을 넘기며 자꾸만 힘이 빠져나가는 것을 느꼈다. …… 난 이 이상한 남자와 얘기해본 적도 없을뿐더러 평생 세 번밖에 보지 않았고 그것도 그냥 지나쳤을 뿐이지만, 그로부터 40년이 지난 지금도

> 난 그의 눈을 기억하며, 사람들이 어떻게 그렇게 노예처럼 그에게 복종할 수 있었는지 이해가 간다.[13)]

바쿠닌과 네차예프는 서로에게 매료된 상태로 관계를 시작했다. 네차예프는 바쿠닌의 타협 없는 극단주의에서 편안함을 느꼈고, 바쿠닌은 네차예프의 광기 어린 에너지에서 힘을 얻었다. 그들은 팸플릿을 만들고 잡지를 펴내고 조국 러시아를 향해 혁명을 선동하는 편지를 써 발송했다. 두 사람이 만들어낸 에피소드는 여러 가지였다. 그 중에 특히, 그들 자신들은 매우 진지했으면서도 객관적으로 보면 우스꽝스러웠던 것이 가상의 혁명 조직을 놓고 벌인 감투 놀음이었다. 존재하지도 않는 '러시아혁명위원회'의 대표인 네차예프에게 바쿠닌이 마찬가지로 존재하지 않는 '세계혁명가동맹'의 러시아 지부 대표를 인증하는 증명서를 떼준 것이다. 이 증명서에는 2771번이라는 가상의 번호까지 붙어 있었는데, 바쿠닌의 서명과 함께 순전히 날조된 '유럽혁명가동맹 중앙위원회'라는 도장도 찍혀 있었다. 혁명가들의 전 세계 네트워크라는 인상을 주려는 속임수였다. 혁명에 도움이 될 수 있다는 판단이 들면, 어떤 수단도, 그것이 날조이건 기만이건 다 용인된다는 발상이 아니고서는 벌어질 수 없는 일이었다. E. H. 카는 이 장면을 두고 "그(바쿠닌)는 그때까지 전혀 들어본 적도 없고 또한 다시는 들어보지도 못하게 될 전혀 새로운 '세계', 즉 유럽혁명가동맹을 즉석에서 창립하려는 유혹을 물리칠 수 없었다"라고 비꼬아 논평했다. "이것은 희극에서도 그리고

러시아 아나키스트 미하일 바쿠닌. 네차예프는 바쿠닌의 타협 없는 극단주의에서 편안함을 느꼈고, 바쿠닌은 네차예프의 광기 어린 에너지에서 힘을 얻었다.

역사에서도 그 유례를 찾아볼 수 없는 지극히 재미있는 장면이었다."[14]

냉혹한 혁명 강령 〈혁명가의 교리문답〉

두 사람은 주거니 받거니 이런 '재미있는' 일을 꾸려 나갔지만, 머잖아 둘의 팽팽한 관계는 한쪽으로 급속히 기울었다. 젊은 네차예프가 나이 든 바쿠닌을 부하처럼 부리기 시작했고 바쿠닌은 이 모멸스러운 관계를 기꺼이 받아들였다. 그 기이한 관계가 끝내 바쿠닌의 삶을 파국으로 이끌어가기까지 바쿠닌의 네차예프에 대한 애착은 식을 줄 몰랐다. 네차예프가 처음 스위스에 머물던 6개월 사이에 이 '사랑과 착취의 관계'가 낳은 가장 충격적인 문건이 바로 〈혁명가의 교리문답〉이었다. 혁명적 극단주의자들의 태도, 의무 또는 행동 강령을 이보다 더 명료하게 정리해놓은 글은 없을 것이다. 네 항목에 모두 스물여섯 조항으로 이루어진 이 간략한 강령은 극단적인 비도덕과 무자비함을 제약 없이 표출함으로써 100년이 넘도록 수많은 논란과 찬탄과 혐오의 소용돌이 한가운데를 맴돌았다. 니힐리즘, 라흐메토프주의, 테러리즘, 예수회주의* 따위 그때까지 혁명 운동에 나타난 모든 과격한 경향을 종합해 한 단계 높여

---

* 교황에 대한 무조건 순종을 생명으로 삼고 절대적인 자기 헌신과 극단적인 금욕주의를 실천한다는 정신에 따라 로욜라가 창설한 가톨릭 성직수도회의 신념이자 원리.

놓은 것이 이 문건이었다. 〈혁명가의 교리문답〉은 혁명가를 현재의 질서를 파괴할 수만 있다면 어떠한 범죄도 배신도 사기도 거리낌 없이 저지르는 완전한 부도덕가로 묘사했다.

> 그(네차예프)는 세계 전체의 파괴를 설파하는 데 그치지 않았다. 그의 독창성은 혁명에 투신하는 사람들을 위해 '모든 것이 다 허용되어 있다'를 냉정하게 요구하고 그리하여 실제로 그 자신에게 모든 것을 허용했다는 데 있다.[15]

'혁명가가 본받아야 할 규율들'이란 부제를 달고 있는 〈교리문답〉은 이렇게 시작한다.

> 1. 혁명가는 불행한 운명에 갇힌 사람이다. 혁명가는 그 자신에 관한 한 관심사도 없고, 일도 없고, 감정도 없고, 애정도 없고, 재산도 없고 심지어는 이름도 없다. 혁명가 내부에 있는 모든 것은 유일무이한 배타적 관심사이자 총체적 주제이고 총체적 열정인 혁명으로 흡수된다.
>
> 2. 혁명가는 말로만이 아니라 행동으로, 자신의 존재 깊숙한 곳에서부터 모든 시민 질서, 교양 세계와 관계를 단절했으며 그 세계의 법, 규범, 도덕, 관습과 손을 끊었다. 혁명가는 그 세계의 무자비한 적이며, 그가 그 세계 안에서 계속 산다면 그것은 오로지 더욱 확실하게 그 세계를 파괴할 목적으로 그럴 것이다.
>
> 3. 혁명가는 어떤 종류의 교조주의도 경멸하며, 평화의 과학도 거부

한다. 평화는 미래 세대의 몫이다. 혁명가가 아는 과학은 오직 하나, 파괴의 과학이다. 혁명가는 파괴를 위해, 오로지 파괴만을 위해 역학, 물리학, 화학을, 그리고 어쩌면 의학을 공부한다. 오로지 파괴만을 위해 혁명가는 밤낮으로 인민의 삶을, 인민의 특성과 상태를, 이 사회 구조의 모든 조건을 가능한 모든 층위에서 철저하게 연구한다. 목적은 같다. 이 더러운 구조를 가장 빨리 가장 확실하게 파괴하는 것, 그것이 목적이다.

이어지는 조항에서 〈교리문답〉은 혁명가의 냉혹, 냉혈, 냉담 그리고 순교의 열정을 강조한다.

5. 혁명가는 불행한 운명에 갇힌 사람이다. 국가에 대한 무자비함, 교육과 신분으로 나뉜 사회 전체에 대한 무자비함으로 무장한 그는 국가와 사회가 자신에게 조금이라도 자비를 베풀 거라고 기대하지 않는다. 국가·사회와 혁명가 사이에는 생사를 건 투쟁만이, 감추어져 있든 드러나 있든 늘 끊임없이 벌어지는 무자비한 투쟁만이 존재한다. 혁명가는 날마다 죽을 각오를 해야 한다. 그는 고문을 견딜 수 있도록 자신을 훈련해야 한다.

6. 자신에게 엄격한 혁명가는 다른 사람에게도 엄격해야 한다. 혁명가는 혈육의 정, 우정, 사랑, 고마움, 그리고 심지어 존경심까지, 사람을 나약하게 만드는 모든 감정을 혁명의 대의를 향한 총체적인 냉혹한 열정으로 제압해야 한다. 혁명가를 위로해주는 것은, 혁명가에게 위안,

보상, 만족을 주는 것은 단 하나 혁명의 성공뿐이다. 밤낮으로 혁명가는 오로지 한 가지만, 하나의 목표만, 다시 말해 무자비한 파괴만 생각해야 한다. 피도 눈물도 없이, 한순간의 휴지도 없이 이 목표를 향해 분투하면서 혁명가는 늘 스스로 재가 될 각오를, 혁명의 승리를 가로막는 것은 하나도 남김없이 자기 손으로 파괴할 각오를 해야 한다.

7. 진정한 혁명가는 본성상 어떤 종류의 낭만주의도, 어떤 종류의 섬세한 감정도, 열정도, 흥분도 용납하지 않는다. 혁명가는 본성상 사적인 증오심도 복수심도 허용하지 않는다. 혁명에 대한 열정이 혁명가에게 정상적이고도 항구적인 본성이 되면 이제 그 열정은 차가운 계산과 결합되어야 한다. 언제나 그리고 어디서나 그는 사적인 생각에 이끌리는 사람이 아니라 혁명이라는 보편적인 대의의 명령을 받는 사람이어야 한다.

이미 파괴와 폭력을 여러 번 설교했지만 이어지는 〈교리문답〉은 더욱 단호한 목소리로 무자비한 파괴와 파괴를 위한 음모를 명령한다.

13. 혁명가가 공적인 세계, 신분 질서의 세계, 그리고 이른바 교양 세계에 침투하는 것은 오로지 하루라도 빨리 그 세계를 더욱 완전하게 파괴할 목적 때문이다. 만일 그가 그 세계에 있는 어떤 것에라도 연민을 느낀다면, 그 안에 있는 모든 사람, 모든 것이 가증스러워야 하는데 그 세계 내부의 지위나 관계, 심지어 인명을 제거하는 임무 앞에서 뒤로 물

러선다면, 그는 혁명가가 아니다. 훨씬 더 나쁜 것은 그 안에 가족이나 친구, 연인이 있는 것이다. 그들이 그의 행동을 막을 수 있다면, 그는 혁명가가 아니다.

14. 혁명가는 무자비한 파괴를 목표로 삼아 사회에서 자신이 아닌 다른 사람으로 위장해 살 수 있어야 하고 또 자주 실제로 그렇게 살아야 한다. 혁명가는 모든 곳에 침투해야 한다. ……

〈교리문답〉은 마지막에 이르러 거듭 기존 체제와 질서의 '완전한 파괴'를 준엄하게 요구한다.

24. …… 우리의 관심사는 오직 열정적이고, 완전하고, 총체적이고, 무자비한 파괴뿐이다.

26. 이 산적들의 세계를 하나로 통합해 모든 것을 산산이 무너뜨릴 절대 무적의 세력으로 만드는 것, 이것이 우리 조직과 음모와 과제의 모든 것이다.[16]

자기 파괴적 증오와 불타는 복수심

〈혁명가의 교리문답〉이 지닌 어조의 살벌함과 내용의 폭력성 때문에, 바쿠닌의 아나키즘을 따르는 사람들 대다수는 이 문건의 저작권을 전적으로 네차예프 것으로 돌렸다. 그러나 23항에서 "지금까지 서구의 혁명 운동은 늘 새로운 사회를 건설하고 혁명적인 국가를 건설한다면서 기존의 정치 형태를 새로운 정치 형태로 바꾸는 데 그쳤다. 인민을 구할 수 있는 단 하나의 혁명은 어떤 형태가 되었건 국가 전체를 완전히 뿌리 뽑고 러시아의 모든 국가 전통, 구조, 계급을 없애는 혁명뿐이다"라고 한 데서 국가의 즉각적인 폐지라는 아나키즘 강령을 엿볼 수 있듯이, 또 문장의 여기저기서 바쿠닌 특유의 문체와 용어를 찾아볼 수 있는 데서 알 수 있듯이 바쿠닌이 이 문건 작성의 협력자였음은 분명한 것으로 보인다. 그러나 나중에 바쿠닌이 네차예프와 결별한 뒤 그에게 보낸 편지(1870년 6월 2일치)에서 〈혁명가의 교리문답〉을 놓고 '너의 교리문답'이라고 한 것으로 볼 때, 그 구상과 핵심은 네차예프에게서 나왔다고 보아야 한다. 또 네차예프와 관계를 끊고 제정신으로 돌아온 바쿠닌이 이 잔혹하고도 비정한 글을 쓰는 데 자신이 연루됐음을 대놓고 인정하기 어려워한 심리적 사정도 있었던 듯하다. 네차예프조차도 훗날 감옥에 갇혀 바깥의 혁명가들과 연락을 주고받을 때 네차예프주의의 '정수'를 담아놓은 이 문건을 자신이 쓰지 않았다고 부인했다. 그만큼 지하 혁명 조직에도 충격적인 문건이었던 것이다.

네차예프 연구자 니컬러스 월터는 〈혁명가의 교리문답〉을 "다른 어느 혁명적인 문건보다 더 반항적인", "순수하고 총체적이며 열광적이고 허무적인 자기 파괴적 혁명주의"의 표현이라고 설명했다.[17] 그런데 바로 그 점, 그 극단의 반항심과 파괴욕 때문에 이 문건은 공공연히 찬양받기도 했다. 《아나키스트의 초상》의 저자 폴 애브리치가 다른 저작(《바쿠닌과 네차예프》)에서 한 설명이 그 찬양의 실상을 알려준다.

그것은 이미 러시아에서는 자이치넵스키와 이슈틴이, 서구에서는 카르보나리당과 청년이탈리아당이 제안한 생각과 의견을 표현하고 있다. 그러나 이것은 이 선구자들의 무자비함과 비도덕성을 극단으로 밀고 가 가장 강력한 혁명가의 행동 강령이 되어 한 세기 이상 혁명의 역사에서 독보적인 위치를 차지했다.[18)]

〈혁명가의 교리문답〉이 요구하는 인간형은 '혁명을 향해 쉬지 않고 움직이는 기계', 가장 섬세한 감정조차 정확하게 계산해 지울 것은 지우고 살릴 것만 살리는 '혁명의 전산기'에 가까운 것이었다. 그것은 바쿠닌은 말할 것도 없고 주창자인 네차예프 자신조차 완벽하게 실현할 수 없는 것이었음은 물론이다. 〈교리문답〉 6항은 분명히 '가족애와 같은 나약한 감정을 혁명의 대의를 향한 냉혹한 열정으로 제압해야 한다'고 했지만, 그는 끝내 가족에 대한 연민을 뿌리치지 못했다. 네차예프가 1870년 4월 동생 안나에게 보낸 짧은 편지가 이런 사정을 얼핏 보여준다.

나는 늘 네가 어떻게 지내는지 잘 알고 있지만, 내 소식을 보낸 지는 꽤 오래되었구나. 네 모든 게 잘 되기를 빌며 모든 사람에게 뜨거운 포옹을 보낸다. 가을에 아버지가 모스크바에 오면 볼 수 있을지도 모르겠구나.

널 사랑하는 오빠, 세르게이

날 용서해라.

할머니와 할아버지에게 따뜻한 입맞춤을 보낸다.[19)]

네차예프는 자기 안에 있는 가족에 대한 애정을 억누를 수 없었다. 가족에 대한 그의 연민은 위험한 줄 뻔히 알면서도 소식을 주고받을 정도로 강력했다. 그는 걷잡을 수 없는 증오심과 복수심에 휩싸여 있었고 그 증오와 복수의 용광로 속에 모든 것을 용해해버렸지만, 그의 복수심에 밑불을 땐 것은 자신뿐만 아니라 자신의 가족 또한 이 더러운 체제의 희생자라는 생각이었다. 그는 어머니의 이른 죽음, 가난, 아버지의 권위주의 따위의, 가족으로 인해 얻은 고통조차 이 사회의 억압적 불평등 체제가 만들어낸 것으로 보았으며, 그것을 사회를 향해 불타는 복수심으로 되돌렸다. 가족에 대한 유년기의 원망이 성인이 되어 사회를 향한 무한대의 증오로 대체됐던 것이다.

'혁명가, 불행한 운명에 갇힌 사람'

1869년 9월 러시아를 떠난 지 6개월 만에 네차예프는 다시 러시아로 돌아왔다. 이번에는 '유럽혁명가동맹' 인장이 찍힌 가짜 증명서와 국제적 혁명가 바쿠닌의 신임과 함께 들어왔다. 그리고 다른 무엇보다 중요한 것, 즉 암호로 필사된 〈혁명가의 교리문답〉을 끼고 들어왔음을 빠뜨려선 안 된다. 상트페테르부르크에서 네차예프는 곧바로 가상의 '러시아혁명위원회'의 지시에 따라, 그리고 〈교리문답〉의 지침에 따라 '인민의 복수'라는 혁명 조직을 결성했다. 핵심이 되는 최초의 조직원 5명 가운데 바로 페트로프 농업대학 학생 이바노프가 끼어 있었다. '인민의 복수'의 목표는 1870년 2월 19일을 기해 민중 봉기를 일으키는 것이었다. 이날은 1861년 알렉산드르 2세(1855~1881 재위)가 행한 농노 해방과 토지 개혁 9주년이 되는 날이었다. 알렉산드르 2세의 개혁 조치는 진정한 농노 '해방'도 아니었고 토지 '개혁'도 아니었기 때문에 그 기만성을 충분히 깨닫기만 하면 민중이 차르에 대항하여 봉기하고 체제를 뒤엎을 것이라고 네차예프와 그의 혁명가들은 믿었다(물론 실제로 그런 일은 일어나지 않았다). 어쨌거나 조직의 목표는 정해진 셈이었다. 그러나 이바노프의 분별력과 판단력은 네차예프의 맹목적 음모주의와 권위주의를 그대로 따르지 못하게 했다. 네차예프의 광기 어린 맹목적 음모주의가 혁명의 이름으로 어디까지 나아갔는지를 알베르 카뮈는 이렇게 묘사한다.

> 네차예프는 혁명의 군사화로 그치지 않았다. 지도자들은 부하들을 지휘하기 위해서라면 폭력과 거짓을 동원할 권리를 가진다는 점을 그

는 인정하는 것이다. 과연 그는 당장에 거짓말을 시작한다. 아직 만들어지지도 않은 중앙위원회의 대표를 자처한다든가, 결심을 망설이는 이들을 자신이 도모하려는 행동 속으로 끌어들이기 위하여 그 중앙위원회는 무제한의 수단을 보유하고 있다고 떠벌이는 것이 그런 경우들이다. 한술 더 떠서, 그는 혁명가들을 몇 가지 범주로 구분하여 그 첫째 범주에 속하는 자들(물론 지도자들 말이다)은 그 아래 범주에 속하는 자들을 "소비해버릴 수 있는 자본"*으로 간주할 권리를 갖는다고까지 공언한다. 역사상의 지도자들은 누구나 다 이와 같이 생각했을지 모르나 그것을 공공연히 입 밖에 내지는 않았던 것이다. 어쨌든 네차예프에 이르기까지 그 어떤 혁명 지도자도 감히 이 같은 내용을 자기 행동의 원리로 삼을 생각은 하지 못했다. 그때까지 그 어떤 혁명도 인간이 하나의 도구가 될 수 있다는 것을 행동 강령의 첫머리에 올려놓은 적이 없었다.[20]

이바노프는 자주 네차예프의 명령에 조건 없이 복종하기를 거부했고, 마침내는 조직을 떠날 생각까지 했다. 배신자는 〈혁명가의 교리문답〉 제16조가 알려주는 대로 죽음으로 죗값을 치러야 한다. 네차예프는 다른 세 명의 조직원(쿠즈네초프, 니콜라예프, 프리조프)

---

* 〈혁명가의 교리문답〉 10항 – 모든 동지는 자기가 처분할 수 있는 이류 또는 삼류 혁명가, 그러니까 아직 혁명에 완전히 투신하지 않은 사람을 수하에 여럿 두어야 한다. 그는 그들을 전체 혁명 자본 가운데 일부로 보아야 한다. 그는 자기 몫으로 배당된 이 자본을 경제적으로 써야 하며, 언제나 그 자본에서 최대한의 유용성을 뽑아내려고 분투해야 한다. 그는 자신도 혁명의 승리를 위해 소모될 운명에 있는 자본으로 보아야 하지만, 혁명에 완전히 투신한 사람들 전체의 동의 없이는 마음대로 처분할 수 없는 자본으로 보아야 한다.

과 공모해 1869년 11월 21일 이바노프를 페트로프 대학 공원의 작은 동굴로 불렀다.

> 쿠즈네초프가 이바노프의 발을 붙들어 꼼짝 못하게 만들자 네차예프가 그의 가슴에 앉아 주먹으로 때리고 목을 조르기 시작했다. 다른 사람들은 그걸 보고 겁에 질려 얼어붙어 버렸다. 그 사이 네차예프는 그들과 이바노프에게 욕설을 퍼부으며 계속 소리를 질렀다. 그때 이바노프가 네차예프의 오른손을 깨물었다. 이바노프는 몇 번 소리를 지를 수 있었다. "너희들 왜 나를 때리는 거야? 내가 뭘 어쨌다고?" 아무래도 그는 자기에게 무슨 일이 일어나고 있는지 처음에는 이해하지 못했던 것 같다. 네차예프가 니콜라예프에게 쿠즈네초프의 두건을 달라며 소리쳤다. "목을 졸라!" 그러자 니콜라예프가 손을 더듬어 이바노프의 목을 찾았으나, 그러다 그만 네차예프의 손을 떼어내고 말았다. 이바노프가 바닥에 얼굴을 돌리고 괴로운 신음소리를 토해냈다. 얼마 뒤 격투는 끝났으나 이바노프의 몸은 계속 경련을 일으켰다. 네차예프가 여전히 욕설을 퍼부으며 니콜라예프에게 자기 권총을 달래서 이바노프의 뒤통수에 대고 쏘았다. 총알이 그의 왼쪽 눈을 뚫고 나왔다.[21]

'이바노프 살해사건'이 터진 뒤 네차예프는 다시 국외로 탈출했다. 이번에는 이유가 분명한 긴급한 탈출이었다. 그는 다시 스위스로 가 바쿠닌에게 몸을 의탁했다. 이번에도 그는 이바노프 사건을 더욱 극적으로, 더욱 영웅적으로 부풀려 자신을 그 혁명적 처단 행위의 중심 인물로 만들었다. 그러는 사이 러시아에서는 이바노프 사건으로 '인민의 복수' 연루자 152명이 체포되고 그 중 절반이 재판에 회부됐다. 엄청난 사건이었다. 네차예프는 러시아 쪽의 수사망이 좁혀 들어오는 것을 느끼며 스위스와 영국, 프랑스 등지를 오가며 2년을 더 버텼다. 그 시기 동안에도 그의 사기와 기만과 갈취 행위는 사그라질 줄 몰랐다. 이바노프 사건의 진실이 유럽 혁명가 사회에 알려지고 네차예프의 악행들이 들통나면서 그의 처지도 악화됐다. 최후까지 네차예프를 싸고돌았던 바쿠닌도 자신을 철저히 이용하고 착취하려고만 드는 네차예프를 더는 참지 못하고 결별을 선언했다. 바쿠닌과 네차예프의 관계는 제1인터내셔널(국제노동자협회) 안에서 바쿠닌파와 주도권을 다투던 마르크스 진영에 결정적인 빌미를 주었다. 마르크스는 바쿠닌을 네차예프와 엮어 인터내셔널에서 제명해버렸다. 네차예프라는 럭비공은 세계 혁명 운동의 물길마저 예기치 못한 방향으로 트는 데 일조했다. 네차예프는 1872년 8월 스위스 취리히에서 체포됐고 정치범이 아닌 일반 형사범(살인범)으로 러시아에 인도됐다. 이로써 혁명가 네차예프의 광포한 활동적 삶의 시기는 끝났지만, 그의 인생은 앞으로 10년이나 이어질 대단원을 남겨 두고 있었다.

1873년 1월 종신형 판결을 받은 뒤 네차예프는 상트페테르부르크의 네바강 섬에 세워진 페트로파블롭스크 요새 독방에 감금됐다. 그 요새는 자신의 후원자였던 바쿠닌이 젊었을 적 감금돼 있었던 곳이자 체르니솁스키가 갇혀 라흐메토프라는 인간을 창조해낸 곳이기도 했다. 네차예프는 그 안에서도 음모와 조직 활동을 멈추지 않았다. 그는 감옥의 간수들을 압도적 카리스마로 사로잡아 자신의 수족으로 만들었다. 그러는 사이 네차예프와 〈교리문답〉은 비밀 혁명 운동의 어두우면서도 매혹적인 전설로 퍼졌다. 1870년대 말에 감옥 바깥에서는 네차예프주의적 행동 원리를 신조로 삼은 비밀 혁명 단체 '인민의 의지'가 활동하고 있었다. '인민의 의지'의 목표는 알렉산드르 2세를 암살하는 것이었다. 네차예프는 간수들을 통해 이들과 자신을 연결했고, 이어 이들을 지도하기 시작했다. '인민의 의지'는 먼저 네차예프를 탈옥시킬 생각이었지만, 그보다 먼저 1881년 3월 1일 알렉산드르 2세를 암살하는 데 성공했다. 그러나 그 사건은 네차예프를 영원히 요새의 무덤 속에 가두는 결과를 낳고 말았다. '인민의 의지'에 대한 대대적인 체포령이 떨어졌고 그 와중에 네차예프의 손발 노릇을 했던 요새의 간수들이 모조리 잡혔다. 네차예프는 더욱 극심해진 감시 속에서 고통받다 괴혈병과 결핵으로 1882년 11월 21일 눈을 감았다. 그 날은 13년 전 네차예프가 이바노프를 살해한 날이기도 했다. 네차예프의 최후는 〈혁명가의 교리문답〉의 첫 문장 '혁명가는 불행한 운명에 갇힌 사람이다'를 그대로 예언으로 만들어주는 비참한 모습이었다. 그때 그의 나이 서른다섯 살이었다.

혁명으로 구현된 복수의 심리학

네차예프가 보여주었던 범죄 혹은 사악함을 러시아어로는 네차옙시나라고 한다. 네차예프적 범죄 혹은 네차예프적 악이라는 뜻을 내포한 네차옙시나, 곧 네차예프주의는 공식적으로 부인되고 거부되었지만, 그것이 혁명의 역사에서 사라졌다는 증거는 빈약하다. 오히려 그 반대의 증거가 훨씬 더 많다. 1960~70년대의 비주류 과격 혁명 운동이었던 '블랙 팬서'나 '붉은 여단' 그리고 일본의 적군파는 네차예프주의와 〈혁명가의 교리문답〉을 자신들의 행동 원리로, '혁명의 성경'으로 찬양하거나 그 이념을 그대로 실행에 옮겼다. 그러나 더 중요한 것은 공식 혁명사의 상당 부분이 네차예프주의를 내적 원리로 삼고 있었다는 사실이다.

폼퍼는 네차예프주의의 일반성을 이렇게 설명한다.

> 네차예프주의는 혁명 운동에 어쩌다 나타난 병리현상이 아니었다. 그것은 복수의 심리학이 정치의 차원으로 이동한 것을 아주 뚜렷이 보여주는 예였다. 게다가 복수의 정치학은 러시아와 소련이 가장 극단적인 형태를 세계에 제공했을 뿐 러시아만의 고유한 문제도 아니었다. …… 그(네차예프)는 20세기 독재자들의 진정한 선구자였다.[22]

애브리치는 좀 더 직설적으로 말한다. "비록 그 규모가 작았다 해도 네차예프는 혁명에 필요하다는 명목으로 대량 학살을 저질렀던 스탈린의 전조가 되었다." 네차예프가 제안했던 노선을 따르는 혁명 운동은 민중에게 그들이 '실제로 원하는' 것이 아니라 '마땅히 원해야 하는' 것을 주겠다며 권력을 뒤쫓는 오만한 엘리트를 만들어낸다. 애브리치는 네차예프에게 한동안 휘둘렸던 바쿠닌도 죽음을 앞두고서는 자신의 생각을 고쳐 이렇게 말했다고 전한다.

생명력 있고 확고한 건 예수회적 속임수 위에 세워질 수 없고, 성공을 목표로 삼는 혁명 활동이 비열하고 천한 열정에서 지지를 구해서도 안 되며, 고상함과 자비로움, 선량한 사상 없이는 혁명도 승리할 수 없다는 점을 가장 먼저 깨달아야 한다.[23)]

카뮈는 《반항하는 인간》에서 '정오의 사상'을 이야기하면서 '절도'를, 다시 말해 절제와 한도를 반항에 결부한다.

절도는 반항의 반대가 아니다. 반항이 곧 절도이다. 절도를 주문하고 옹호하고 역사와 그 역사의 충돌을 통해 한계를 재창조하는 것이 반항이다. 우리는 모두 우리 내부에 우리의 감옥, 우리의 범죄, 우리의 피폐를 안고 있다. 그러나 우리의 과업은 세계의 이곳저곳에 그것들을 쏟아 내놓는 데 있는 것이 아니다. 우리의 과업은 우리와 타인들 속에서 그것들을 쳐부수는 데 있다.[24)]

카뮈가 보기에 반항하는 인간 네차예프는 절도를 뛰어넘어 자기 내부의 범죄와 감옥 속에 스스로 갇힌 사람이었다.

네차예프주의가 그 최소한의 기미마저 완전히 박멸된 무오류의 혁명 운동은 존재하기 어려울 것이다. 그러나 네차예프주의의 어두운 힘을 끊임없이 의식하고 이 불행한 이념과 거리를 두려는 노력을 게을리하는 한 진정한 혁명도, 진보도 이루어질 수 없을 것임은 분명하다. 바쿠닌이 말년에 깨달은 생각에 이의를 제기할 사람은 많지 않을 것이다. 보통 사람들은 일상의 경험 속에서 이미 터득한 진실을, 특별한 목적에 집착하는 어떤 사람들은 죽음이 임박해서야 깨달으며 또 다른 어떤 사람들은 죽음이 덮친 뒤에도 깨닫지 못한다.

복수와 파괴에 눈먼 자 히틀러는 벼랑 끝 너머로 내달렸다.
그의 삶의 속도 안에서 하나의 세계가
무(無)로부터 세워졌다가 그 자신과 함께 무로 사라졌다.
이렇게 짧은 시간에 이렇게 사나운 힘으로
하나의 건설 의지와 하나의 파괴 의지가 연달아 일어나
파멸적 충돌을 벌인 건 인류사에 전무후무한 일이었다.

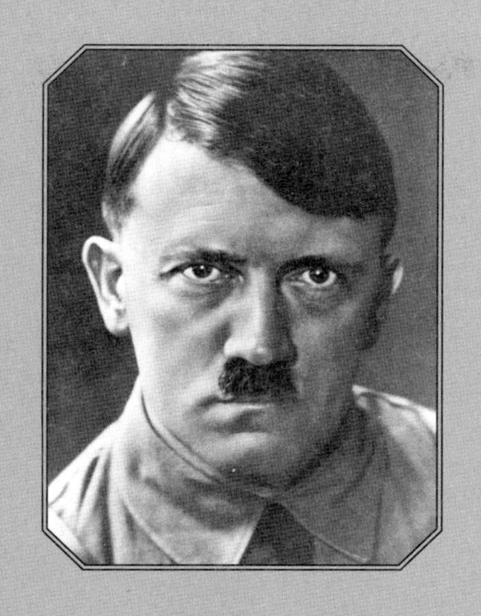

아돌프 히틀러

Adolf Hitler

르상티망, 혹은 몰락의 정치학

아돌프 히틀러(1889~1945)에게 삶은 거대한 공포였다. 아득한 황무지 위로 압도하는 어둠이 황혼의 땅거미처럼 진군했다. 유령의 무리가 기마군단을 이루어 밀어닥쳤다. 화염과 총성과 말울음 소리와 눈보라와 비바람이 내면의 황야를 사정없이 때렸다. 막대한 힘 앞에서 왜소한 존재는 가위 눌렸고 경기 들렸고 소스라쳤다. 어디를 둘러보아도 혼자였다. 아무도 들여다볼 수 없는 자기 내부의 황폐한 대륙에서 밤낮없이 벼락이 치고 전쟁이 벌어지고 삶과 죽음이 엇갈리고 암흑과 광명이 맞부딪쳤다. 겁에 질린 작은 인간은 쫓기고 웅크리고 숨어들었으나 공포의 검은 그림자를 피할 수 없었다. 더는 갈 곳이 없는 삶의 한계상황, 실존의 벼랑 끝에서 그는 자살을 결심한 자의 자세로 일어섰다. 생의 긴장과 압박에 난타당한 신경과 심장도 함께 일어섰다. 신경 하나하나에서, 혈관 하나하나에서 오랫동안 짓눌렸던 원한과 증오와 분노가 터져 나왔다. 삶의 반란에 뛰어든 남자는 독기가 스며 벌겋게 달아오른 감정들을 호령해 진격 명령을 내렸다. 사악한 본능들을 마지막 하나까지 불러내 채찍질했다. 복수와 파괴의 의지가 해일처럼, 지진처럼 대지를 덮쳤다. 모든 가치의 척도가 무너지고 오래된 전통과 단단한 신념이 함께 내려앉았다. 인간에 대한 믿음이 붕괴되고 세계에 대한 환상이 깨졌다. 모든 것을 불태워버리고 모든 것을 없애버리리라. 파괴에 눈먼 자는 한쪽 벼랑 끝에서 다른 쪽 벼랑 끝 너머로 내달렸다. 그의 삶의 속도 안에서 하나의 세계가 무(無)로부터 세워졌다가 그 자신과 함께 무로 사라졌다. 이렇게 짧은 시간에 이렇게 사나운 힘으로 하나의 건설 의지와 하나의 파괴 의지가 연달아 일어나 파멸적 충돌을 벌인 건 인류사에 전무후무한 일이었다. 인간은 인간에 대해 처음부터 다시 고민을 시작해야 했다.

폭군 아버지와 도전하는 아들

히틀러는 누군가 자신의 내부를 들여다볼까 봐 두려워했다. 자신의 과거를, 자신의 기원을 캐낼까 봐 두려워했다. 그는 권력을 잡기 전에도 권력을 잡은 뒤에도 자신의 출신과 이력을 알려줄 흔적을 지울 수 있는 한 노력을 다해 지웠다. "이 사람들이 내가 누군지 알아서는 안 된다. 그들은 내가 어디 출신이며 어떤 가문 출신인지 알아서는 안 된다."[1)]

히틀러는 1889년 4월 20일 독일에 맞붙은 오스트리아의 인강 기슭 브라우나우에서 태어났다. 아버지 알로이스 히틀러(1837~1903)는 소작농의 하녀였던 마리아 안나 시클그루버라는 미

어린 시절의 히틀러.

혼녀의 사생아였다. 시클그루버는 아들을 낳고 5년이 지난 뒤 방앗간 견습공과 결혼했다. 알로이스 히틀러는 어머니의 성 시클그루버를 그대로 쓰다가 마흔 살이 되어서야 자신의 성을 아버지의 성으로 바꾸었다. 비천한 출신 성분 그대로 알로이스 히틀러는 끔찍이도 가난하게 자랐다. 초등학교를 겨우 졸업한 뒤 그는 오스트리아의 수도 빈으로 가 구두제조공의 견습생이 되었다. 머리 좋고 야심이 컸던 알로이스는 얼마 뒤 세관 공무원이 되었고, 자신의 재능과 노력으로 승진을 거듭해 마지막에는 초등학교 학력으로 오를 수 있는 최고위직까지 올라갔다. 그는 평생 세 번 결혼했다. 아돌프 히틀러는 세 번째 결혼한 클라라 푈츨과의 사이에서 태어났다. 처음에 알로이스 히틀러 집의 가정부였던 클라라는 결혼할 때 남편보다 스물세 살이나 어렸다. 그녀는 아돌프를 낳기 전에 이미 세 아이를 낳았지만 모두 일찍 죽었기 때문에 어린 아돌프를 몹시 애지중지 키웠다. 그 뒤 아돌프의 남동생 에드문트와 여동생 파울라가 태어났지만, 에드문트는 아돌프가 열한 살 때 세상을 떠났다.

초등학교 시절 아돌프는 완벽하게 우수한 학생의 전형이었다. 성적표는 항상 '최고 점수'로 가득했다. 1900년 어린 히틀러는 린츠의 기술고등학교(8년제 실업계 중등학교)에 입학했다. 그 학교는 뒷날 철학자로 이름을 떨칠 동갑내기 루트비히 비트겐슈타인이 다닌 학교이기도 했다. 초등학교 시절 최우수 학생이었던 히틀러는 기술고등학교 1학년 때 낙제해 진급을 하지 못했다. 영재가 한순간에 백치가 된 것만 같았다. 히틀러는 뒷날 《나의 투쟁》에서 아버지가 자기를 관리로 만들려고 했기 때문에 거기에 저항하느라 공부를 팽개쳤다고 말했다. "나는 관리가 되고 싶지 않았다. 아니 싫었다. 무조건 싫었다. 아버지는 관리로서의 생활을 얘기해주고 나에게 이 직업에 대한 애착이나 기쁨에 눈뜨게 해주려고 여러 방법을 시도했지만 아무런 소용이 없었다."[2] 어린 히틀러의 꿈은 화가가 되는 것이었다. 《나의 투쟁》 안에서 히틀러는 사사건건 아버지와 부딪치는 반항하는 아들이다.

사태를 따져보면 히틀러는 처음부터 화가가 되려고 했던 것이 아니라, 먼저 체계적인 학습에서 등을 돌리게 됐고 그 뒤 예술 활동과 같은 감각적인 작업에서 출구를 찾았던 것으로 보인다. 그 전환에는 '오이디푸스 콤플렉스'라는 심리 기제가 가로놓여 있다. 프란츠 카프카의 아버지처럼 자수성가한 입지전적 인물이었던 히틀러의 아버지는 출세 의지만큼이나 강한 지배 의지를 품고 있었다. 여러 증언을 종합해보면 그는 집안에서 그 어떤 반항도 허용하지 않는 전제군주였고 폭군이었다. 말을 듣지 않는 어린 아들에게 초죽음이 될 정도로 채찍질하는가 하면 아내에게도 폭력을 휘둘렀다.[3] 히틀러의 여동생 파울라는 아버지의 폭력에 대해 이렇게 증언했다.

> 가장 심하게 아버지에게 도전해서 매일 그에 상응하게 매 맞은 사람은 오빠 아돌프였다. 아버지는 그의 당돌함을 고치려고 심한 매질을 가하고 공무원 직업을 선택하도록 강요했지만 소용이 없었다.[4]

아버지가 지나치게 폭력적이고 압제적일 경우 자식은 그 아버지를 아버지로 받아들이기를 거부하게 되고, 오이디푸스 시기를 순조롭게 극복하지 못한다. 아버지에게 도전하고자 하는 마음은 압도적인 두려움 때문에 의식 깊숙이 가라앉고 일종의 죄의식을 형성한다. 게다가 어머니와의 애착이 강할 경우 아버지의 폭압적 개입과 어머니에 대한 폭력은 어린 자식에게 견딜 수 없는 무력감을 심어준다. "아버지를 미워할수록 어머니의 관심과 사랑에 더욱 의존하게 되고, 어머니를 사랑할수록 비밀이 발견되어 아버지에게 응징당하지 않을까 걱정하게 되는 것이다. 이런 상황에서 어린 소년들은 흔히 침입자를 주변에서 제거할 수단과 방법에 대한 환상을 품게 된다."[5] 그러나 그 어떤 수단도, 방법도 알지 못하는 아이는 허약한 자신을 경멸하고 자책한다. 여기서 자기 자신의 가치를 하찮게 여기는 부정적인 자아관이 만들어진다. 이 부정적 자아관 옆에서는 침입자를 단번에 제거할 전능한 힘을 꿈꾸는 환상적 자아관이 자란다.

어린 히틀러에게는 여기에 한 가지 사건이 덧붙여졌다. 어머니의 애정을 놓고 경쟁했던 남동생이 일찍 죽어버린 것이다. 어머니 사랑의 경쟁자가 죽기를 바라는 아이의 소망이 남동생의 죽음으로 충족된 것인데, 그것은 곧바로 자기가 동생을 죽였다는 죄의식을 낳았다. 이미 아버지와의 관계에서 형성됐던 히틀러의 죄의식과 좌절감은 1900년 동생이 죽음으로써 한층 커졌고, 어린 히틀러는 죄책감을 피하기 위해 자신의 사고 과정을 억압해야 했다.[6] 사고 과정의 억압은 사고력을 요하는 체계적 학습에 대한 회피로 이어졌고, 이것이 학교 성적 급락으로 나타난 것이다.

그리고 이제 시작된 악순환은 아버지의 매질과 자식의 반항으로 더욱 나쁜 방향으로 흘렀다. 아버지와 아버지의 세계에 대한 전면적인 부정의 자세가 나타났다. 그것은 관리가 되라는 요구를 완강하게 거부한 데서 확인된다. 둘 사이의 갈등이 극에 다다랐던 1903년 아버지 알로이스 히틀러가 뇌출혈로 갑자기 사망했다. 아버지가 사라져버리기를 바랐던 아들은 이 충격적인 사건에서 또 한 번 죄책감을 느꼈다. 히틀러의 내면에는 무성한 죄의식의 숲이 펼쳐졌고, 허약한 자신을 경멸하는 자기 부정의 나무들이 들어섰으며, 폭압적인 아버지로 인해 생겨난 불안과 공포의 안개가 흘렀다. 내적인 평화와 안정이 깨어진 채 사고 과정이 억압된 히틀러는 학업을 계속하기 어려웠다. 1905년 히틀러는 폐결핵에 걸렸다는 의사의 진단을 받고 4학년을 겨우 끝낸 상태에서 그대로 기술고등학교를 그만두었다. 폐결핵은 일종의 구원이었다.

밑바닥에 내던져진 몽상가

열여섯 살 히틀러는 린츠의 집에서 하는 일 없이 빈둥거리며 환상의 세계를 더듬었다. 열두 살 때 히틀러는 리하르트 바그너(1813~1883)의 악극 〈로엔그린〉을 처음 보고서 이 앞 시대 천재 음악가에게 매혹됐다. 자퇴생 히틀러는 아버지가 남겨준 유산으로 틈만 나면 바그너의 악극을 보았다. 그 시절 그의 유일한 친구 아우구스트 쿠비체크와 〈리엔치〉를 보고 난 뒤 산으로 올라가 린츠의 야경을 바라보며 자신과 민족의 장래에 대한 상상을 이야기했다. 의미심장하게도 그때 그가 보았던 〈리엔치〉의 주인공은 중세 말기 로마의 민중 운동을 지도하다 세상의 몰이해로 몰락하게 되자 스스로 자기 파괴를 선택하는 인물이다.[7]

린츠에서 쿠비체크를 빼면 히틀러 주변엔 사람이 없었다. 그는 학교를 떠남과 동시에 사회와도 단절했다. 그 시절 그는 창백한 외톨이 젊은이였다. "그는 수줍음이 많았고 이쪽에서 먼저 말 걸지 않으면 말을 하지 않았다."[8] 자기 안에 갇혀 있었고, 자주 깜짝깜짝 놀랐다. 산책길에서 보게 된 소녀를 몇 년 동안이나 먼발치에 두고 몰래 짝사랑했다. 그러면서도 그는 한 번도 자신을 알리지 않았다. 대신에 10대의 히틀러는 소녀에게 바치는 '헤아릴 수 없이 많은 사랑의 시'를 썼다.[9] 현실과 거리를 둔 채 그는 자기 안의 환상 세계에서 살았다. 매일매일 산책하고 스케치하고 몽상에 빠지고 밤늦도록 책을 읽으며 되는 대로 살았다. 이 전망 없는 몽상가 아들을 보면서 어머니는 '불쌍한 아돌프의 미래'를 걱정했다. 그도 그럴 것이 어머니는 유방암에 걸려 서서히 죽어가고 있었다.

히틀러의 꿈은 화가가 되는 것이었다. 화가가 되는 것이야말로 자기가 속한 비좁은 세계에서 벗어나 자유롭고 속박 없는 멋진 삶으로 상승하는 것을 보장해주는 최선의 길이었다. 1907년 가을 그는 아픈 어머니를 뒤에 두고 수도 빈으로 떠났다. 미술아카데미 입학시험을 치렀으나 2차에서 낙방하고 말았다. 성공해서 돌아가리라는 결심은 한순간 물거품이 됐다. 미술아카데미 교장은 그에게 그림보다는 건축을 공부해보라고 권했다. 그러나 건축 공부를 하려면 고등학교 졸업시험 합격증이 있어야 했다. 끔찍한 기억만 남긴 학교를 다시 다닐 수는 없었다. 그해 12월 어머니가 세상을 떠났다. 낙방생 히틀러는 허겁지겁 린츠의 집으로 돌아왔다. 어머니를 잃은 히틀러는 서럽게 울었다. 암으로 고생하던 여인을 마지막까지 돌봤던 주치의는 그때의 히틀러를 이렇게 회고했다. "젊은 아돌프처럼 그렇게 비통해하고 슬픔에 가득 찼던 젊은이를 결코 보지 못했다."[10)]

1908년 2월 히틀러는 다시 한 번 미술아카데미에 도전하려고 빈으로 갔다. 그는 조각가의 집에서 과외 교습을 받으며 매우 열심히 시험 준비를 했다. 그러나 운명의 여신은 이번에도 그에게 미소를 보여주지 않았다. 그해 9월 시험에서 히틀러는 또다시 낙방했다. 두 번 낙방이면 재응시할 자격도 없었다. 세계는 그에게 문을 열어주지 않았다. 그는 환멸의 쓴 물을 삼켰다. 동경은 원한으로 바뀌었다. 그는 입학이 좌절된 걸 아무에게도 알리지 않고 그대로 빈에 남았다. 모든 사람들과 관계를 끊고 잠적했다. 히틀러에겐 부모에게서 상속받은 재산이 있었다. 그는 그 돈으로 얼마간은 여유 있게 살 수 있었던 것 같다. 그러나 몇 년 더 받을 수 있는 고아연금을 누이에게 돌려주고 나머지 유산도 다 떨어지자 1909년에는 무일푼

이 되었다. 그러는 중에 징집영장이 떨어졌다. 그는 어떻게든 군대에 가지 않으려고 이리저리 몸을 숨겼다. 돈도 떨어지고 도망자 신세가 된 그는 삶의 밑바닥까지 굴렀다. "며칠 밤을 공원 벤치와 커피숍에서 잠을 잤지만 겨울이 닥쳐오자 그럴 수도 없게 되었다."[11)]

진눈깨비가 내리는 11월 그는 집 없는 사람들을 위한 수용소에 여러 무숙자들과 함께 끼어들었다. 거기서 그는 라인홀트 하니슈라는 이름의 떠돌이를 알게 되었다. 하니슈는 나중에 쓴 보고서에서 이렇게 밝혔다. "왼쪽 간이침대에는 발이 완전히 상처투성이인 야윈 젊은이가 있었다. 나는 농부들에게서 얻은 빵을 그에게 좀 나누어주었다."[12)]

히틀러는 완전한 절망 상태의 무기력에 빠져 있었던 것 같다. 하니슈는 보고서에서 이렇게 증언했다.

> 그것은 비참한 삶이었다. 한번은 그에게 정말로 무엇을 기다리느냐고 물었다. "나도 나 자신을 잘 모르겠다"는 것이 그의 대답이었다. 나는 그렇게 희망 없고 비탄에 빠져 있는 사람을 본 적이 없다.[13)]

히틀러는 하니슈와 다음해 여름까지 일곱 달 동안 가까운 친구이자 사업상의 동지로 지냈다. 1909년 12월 병역 기피자에 대한 경찰의 수배가 심하지 않다는 사실을 안 히틀러는 메너하임이라는 대규모 싸구려 남자 기숙사로 거처를 옮겼다. 그곳은 온갖 형태의 사회적 실패자들의 집합소였다. 그곳에서 히틀러가 우편엽서에 빈

풍경을 담은 수채화를 그리면 하니슈가 그것을 내다 팔았다. 수익금은 나누어 가졌다. 그림을 그리지 않을 때는 값싼 찻집에서 신문을 펼쳐들고 몇 시간씩 읽곤 했다. 또 독서를 통해 지식을 쌓았다. 폐쇄적인 생활을 했던 히틀러에게 독서는 교양 습득의 거의 유일한 창구였다. 딜레탕트적 잡식성으로 그는 수많은 주제의 글을 읽었고 그것들을 선별해 기억의 창고에 저장했다.

그 시절 히틀러의 삶에 모범이 있었다면 리하르트 바그너가 그 경우였다. 바그너가 젊은 시절의 좌절과 비참을 딛고 위대한 명성을 얻었듯이 히틀러도 언젠가는 화가나 건축가로서 높다란 명예를 얻을 수 있으리라는 거의 환상에 가까운 희망을 품고 있었다. 세상이 예술가가 되겠다는 자신의 소망을 매몰차게 팽개쳐버렸지만 히틀러는 마지막 한 가닥 희망의 끈을 놓을 수 없었다.

두려워 혐오스러운 유대인

이 시기에 히틀러의 관심은 압도적으로 예술에 기울어 있었지만, 이 '세기말 빈'의 정치적 공기에 그의 머리도 서서히 물들어 갔다. 반유대주의라는 공기였다. 그 시절 오스트리아-헝가리 제국(합스부르크 제국)은 12개 민족 단위로 구성된 다민족 국가였다. 이미 전 시대에 시작된 민족주의 바람을 타고 민족체들은 저마다 자결과 독립을 주장했다. 1천만 독일계 주민이 지배 집단을 이룬 이 모자이크 국가는 늙은 프란츠 요제프 황제(1848~1916 재위)의 권위에 기대어 겨우 통일성을 유지하고 있었다. 국가는 자유주의 정책을 얼마간 느슨하게 구사함으로써 분열적이고 원심적인 힘을 다독일 수 있었다. 독일 민족주의자들에게 그런 상황은 참기 힘든 후퇴이자 양보로 느껴졌다. 독일 민족주의자들은 늙은 오스트리아-헝가리 제국을 공공연하게 비난하고, 새로이 강성 대국으로 등장한 독일 제국을 동경했다. 히틀러는 《나의 투쟁》에서 기술고등학교 시절에 벌써 오스트리아를 부정하고 독일을 사랑하는 독일 민족주의 운동에 눈떴다고 밝혔다.[14]

이 늙은 제국의 수도 빈은 여러 민족 구성원들의 집합처이자 경쟁 장이었다. 그들 가운데 특히 눈에 띄는 것이 유대인이었다. 프란츠 요제프 황제의 온건한 정책에 힘입어 이루어진 유대인 해방은 그들을 수도로 몰려들게 만드는 원동력이 되었다. 1857년 빈 인구의 2퍼센트에 지나지 않았던 유대인은 히틀러가 밑바닥 생활을 하던 1910년에는 인구의 8.5퍼센트를 이루었다. 그들은 맹렬한 성취욕과 교육열로 독일계가 장악한 경제·사회·문화의 핵심으로 질주했다. 1913년 빈만 보더라도 의학부 학생의 29퍼센트, 법학부 학생의 20.5퍼센트, 철학부 학생의 16.3퍼센트가 유대인이었다.[15] 이들은 고학력 직업에서 눈부시게 성공했고, 언론계에 막대한 영향을 끼쳤을 뿐만 아니라 금융 산업과 토착 산업에까지 점령할 듯한 기세로 덤벼들었다. 말하자면 유대인은 당시 가장 세련된 부르주아 신사의 모델이자 성공가도를 힘차게 내달리는 상승 계층의 전형이었다. 유대인에게 추월당한 사람들은 그들에게 경쟁심과 질투심, 나아가 증오심을 느꼈다. 그뿐만이 아니었다. 유대인은 단단한 지배 질서에서 이제 막 해방된 존재였기 때문에 선입견이나 기득권에서 비교적 자유로운 집단이었다. 이들 사이에서 기존 사회 질서를 혁명적으로 바꾸려는 좌익 혁명 운동 지도자들이 속속 등장했다. 이들의 혁명주의적 태도는 사회의 안정을 바라는 보수적 계층의 불안감과 공포심을 키웠다. 빈의 유대인 상황은 거의 전 유럽적인 상황이었다. 유대인은 경탄의 대상이 됨과 동시에 거부의 대상이 됐다.

히틀러가 빈에 머물던 시절 유대인 문제는 커다란 정치적 쟁점이었고 반유대주의는 일종의 유행이었다. 그 운동을 선도한 사람이 카를 뤼거(1844~1910)와 게오르크 리터 폰 쇠네러(1842~1921)였다. 뤼거는 탁월한 선동가적 재능을 발휘해 반유대주의를 전파하며 빈 시장으로 당선된 사람이었다. 그러나 능숙한 마키아벨리스트였던 뤼거는 시장에 당선된 뒤 반유대주의 구호에 매달리지 않고 현실적이고 구체적인 목표에 따라 빈 시정을 이끌었다. 히틀러는 운동을 불러일으켜 대중을 동원하고 현존하는 힘을 제 편으로 끌어들이는 뤼거의 탁월한 정치적 감각에 감명을 받았다. 뤼거의 온건한 반유대주의와 달리 쇠네러의 반유대주의는 훨씬 더 강경하고 철저하고 원칙적인 것이었다. 그는 광적인 독일 민족주의 운동가였고, 그런 만큼 오스트리아 제국을 경멸하고 증오했다. 독일 정신을 갉아먹고 해체하는 원흉으로 그는 유대인을 지목했다. 그때까지 주로 종교적·경제적 이유로 전개되던 유럽의 반유대주의는 쇠네러의 등장과 함께 정치사회적이고 특히 생물학적인 반유대주의로 결정적인 변화를 겪었다. 그는 반유대 특별법을 요구하였고 그의 추종자들은 목매단 유대인을 나타내는 반유대 표지를 시곗줄에 매달고 다녔다. 유대인을 세계의 모든 재앙과 공포의 원인으로 규탄하는 선전포고의 과격성으로 보아도 쇠네러는 히틀러의 선구자 가운데 하나였다.[16)]

히틀러가 빈 시절에 이 선구자들의 주장을 직접 실천했다는 증거는 없다. 유대인들은 히틀러의 엽서 수채화를 사는 가장 중요한 고객이었다. 싸구려 하숙집에서 만난 사람들 중에도 동유럽에서 막 상경한 유대인들이 적지 않았다. 생활 세계 차원에서 보자면 그는 유대인을 증오할 결정적 이유가 없었다. 《나의 투쟁》에서 그는 자신이 반유대주의로 생각을 바꾸는 게 얼마나 힘든 과정이었는지를 기술하고 있다.

> 이리하여 시간이 지남에 따라 반유대주의에 대한 나의 생각이 변해 갔다. 그러나 이것은 나에게 참으로 가장 곤란한 전환이었다. 이 전환은 나에게 최대의 내면적·정신적 격투를 요구했다. 수개월 동안 이성과 감성이 격투를 한 끝에 비로소 이성이 승리하기 시작했다. 그리고 2년 뒤엔 감성이 완전히 이성에 쫓겨났다.[17)]

그러나 히틀러가 이 시기에 완고한 반유대주의자로 전향한 것이 사실이라 해도 반유대주의를 자신의 삶의 문제로 받아들이기까지는 아직 많은 시간이 남아 있었다.

히틀러는 예술적 재능으로 부르주아 세계의 환영받는 존재가 되고 싶었다. 그러나 그 세계는 저 멀리서 초연하게 아름다운 빛을 발하고 있었을 뿐 그에게 조금도 그 빛을 나누어주지 않았다. 20대 초반의 청년은 오랫동안 낙담했고, 배척당한 자의 원한의 눈길로 그 세계를 바라보았다. 그 원한에는 여전히 선망과 동경의 감정이 짙게 깔려 있었다. 그는 부르주아 세계에 동일감과 이질감을 동시에 느꼈다. 희망이 커질 때 동일감이 커졌고, 절망이 커지면 이질감이 더 강력해졌다. 불안하게 표류하던 젊은이의 내면에 미래의 광포한 카리스마가 자라고 있을 것이라고는 아무도 예상하지 못했다. 수줍고 침울한 젊은이는 이 한없는 추락이 어디서 끝날지 두려움에 떨었다. 유대인 문제가 그의 관심사였다면 그것은 심리적으로 이 두려움을 촉발하는 것이었기 때문이었다. 두려움을 혐오감으로 치환함으로써, 다시 말해 두려운 대상을 혐오스런 대상으로 심리적으로 조작함으로써 그는 자신의 마음을 겨우 다스릴 수 있었다. 불안과 공포에 젖은 눈초리로 그는 이 몇 년 동안 삶의 밑바닥에서 사물과 사람과 세상을 관찰했다. 그림을 그리지 않을 때면 신문과 잡지를 보고 끝없이 책을 읽음으로써 지식을 차곡차곡 쌓고 나름의 세계관을 만들어 갔다. 그 세계관이란 내면의 불안과 공포에 대한 일종의 방어기제였다. 냉혹하고 무정한 세계상을 자신의 것으로 확립함으로써 그는 심리적 허약성을 감추고 이겨내려 했다. 그 시절 돈이 조금이라도 모이면 가장 먼저 보는 것이 바그너 악극이었다. 바그너는 억제할 수 없는 광대한 권력의지를 예술을 도구로 삼아 관철한 사람이었다. 젊은 히틀러가 변함없는 열정으로 바그너 예술에 열광했다는 것만이 미래의 히틀러를 예감케 할 뿐이었다.

히틀러를 구원한 전장의 한계 체험

1913년 5월 스물네 살의 히틀러는 자신에게 환멸과 좌절만 안겨준 빈을 떠나 독일 남부의 뮌헨으로 갔다. "빈은 가장 괴로운 인생의 학교였다. 나는 반쯤 어린아이였을 때 처음 발을 들여놓았다. 그리고 냉정하고 진지한 인간이 되어 이 도시를 떠났다."[18] 히틀러는 《나의 투쟁》에서 이 시기의 자신을 반쯤은 '운명의 주인'이 된 듯한 모습으로 묘사하고 있지만, 실상은 여전히 운명에 쫓기는 우울한 존재였다. 아마도 병역 기피가 뮌헨으로 간 일차적 이유였던 것 같다. 히틀러는 독일 정신이 퇴락한 오스트리아 제국에 봉사하고 싶은 마음이 없었다. 그는 이 시기에 확고한 게르만 민족주의자, 반오스트리아적 독일 민족주의자가 되어 있었다.

뮌헨에서 그는 슐라이스하이머 거리에 있는 재단사 집에 방 한 칸을 세내어 살았다. 이 새로운 기착지에서도 그는 이전 거주지에서와 특별히 다른 생활을 보여주지 않았다. 아름다운 건축물을 정확히 그려내는 스케치와 수채화가 그의 예술 활동의 전부였다. 그 시기에 수없이 많은 예술상의 모더니즘 혁명이 타올랐지만, 그는 아주 단조롭고 전통적인 주제에 몰두해 세상과 벽을 쌓고 살았다. 1914년 1월 18일 히틀러는 병역 기피 혐의로 독일 경찰에 체포돼 오스트리아 영사관에 넘겨졌다. 그는 오스트리아 병무 당국에 장문의 편지를 써 근심과 궁핍에 시달리느라 병역 의무를 이행해야 한다는 것을 생각지도 못했다고 애절하게 양해를 구했다. 당국은 그의 주장을 받아들여 병역 의무에 적합지 않다는 판단을 내려줬다. 이로써 그는 오스트리아의 사슬로부터 영원히 벗어났다.

1914년 유럽 하늘은 폭우가 쏟아지기 직전의 먹구름이었다. 어디에나 권태가 넘쳐났다. 그해 7월 28일 오스트리아가 세르비아에 선전포고를 했고, 동맹국 독일도 즉각 선전포고에 가담했다. 1차 세계대전이 터졌다. 오랫동안 답답한 갈증에 시달리던 독일과 유럽은 이상한 흥분으로 이 전쟁에 환호했다. 히틀러는 8월 1일 저녁 뮌헨 오데온 광장의 열광하는 인파 속에서 독일인들의 흥분을 함께 느꼈다. 히틀러는 《나의 투쟁》에서 그 순간의 열기를 이렇게 공들여 묘사했다.

> 그러더니 발칸 전쟁이 일어났다. 그와 더불어 최초의 바람이 신경이 날카로워진 유럽으로 불어왔다. 다가오는 시간이 무거운 악몽처럼 사람들을 짓눌렀고 열대의 더위처럼 푹푹 쪘다. 그래서 파국이 다가온다는 느낌은 계속된 근심의 결과로 마침내 동경이 되고 말았다. 하늘이여

1차 세계대전 시절 히틀러(앞쪽 왼쪽에서 첫 번째). 자원입대해 전쟁에 참여함으로써 히틀러는 비로소 외부자에서 국가·민족의 일원이 되었다.

이제는 막을 길 없는 운명을 차라리 내려주소서. 최초의 강력한 번갯불이 발 위로 떨어졌다. 뇌우는 시작되었다. 그리고 하늘의 천둥 속으로 세계 전쟁의 포열이 진동하는 소리가 섞여 들었다.[19]

스물다섯 살 히틀러는 10년 가까이 자신을 둘러쌌던 고립·고독·유폐 속에서 걸어 나왔다. 전쟁은 전망 없는 남자에게 자극이었고 충동이었고 구원이었다. 8월 3일 그는 바이에른 왕에게 직소를 올려 자원입대 허락을 구했다. 여기서 히틀러의 본질적 특성 가운데 하나가 최초로 모습을 드러냈다. 수없이 망설이고 갈팡질팡하고 머뭇거리다가 어느 순간이 되면 전광석화처럼 행동에 돌입하는 특성이었다. 허락은 곧바로 떨어졌다. 그는 생애 처음으로 거대한 단체의 일원이 되었다. 지휘관의 이름을 따 리스트 연대라고 불리는 바이에른 제16예비보병연대였다. 그의 삶에서 "가장 잊기 어려운 가장 위대한 시기가 바야흐로 시작"됐다.[20] 오스트리아 빈에서 그토록 끈질기게 병역을 거부했던 그는 독일 군대 참여에 '환희의 감사'를 느꼈다. 오스트리아의 병역 의무는 증오하는 낡은 제국에 봉사하는 일이었지만, 독일에서 군인이 된다는 것은 오랫동안 동경하고 흠모하던 세계에 온몸으로 참여하는 일이었다. 그는 비로소 당당한 주체가 되어 하나의 세계로 들어갔다.

10주간의 혹독한 훈련을 마친 뒤 10월 말 히틀러가 속한 연대는 플랑드르의 서부전선으로 배치됐다. 히틀러는 연대 사령부와 전초부대 사이를 오가는 연락병이 되었다. 그것은 그의 외톨이 성격에 어울리는 일이었다. 전쟁이 터졌을 때 사람들은 열광했지만, 전선의 전투는 결코 낭만도 열정도 아니었다. 생사를 넘나드는 한계 체험의 가장 직접적인 현장이었다. 리스트 연대는 한 달 만에 3600명의 병력 가운데 600명만 남았다. 죽음이 어른거리는 곳에서 병사들은 공포에 얼어붙었다. 그러나 히틀러는 정반대였다. 내면의 불안과 공포에 시달리던 젊은 남자는 세상이 공포로 바뀌자 자기 내부의 고통을 잊어버렸다. 그는 단순해졌고 명확해졌고 의무에만 충실했다. 서부 전선 배치 직후 상병으로 진급했고, 한 달 뒤에는 2급 철십자 훈장을 받았다. 1915년 2월 5일 그는 불명확한 글씨체로 전쟁터의 처참한 상황을 생생히 전하는 편지를 썼다.

> 곳곳에서 유혈이 낭자한 백병전을 벌이며 우리는 참호의 적들을 차례로 무찌른다. 참호에서 나오지 않은 적은 매몰된다. …… 내 동료들 중 나를 제외하고 한 명만 남는다. 결국 그도 전사한다. 총알 한 발이 나의 오른쪽 옷소매를 찢지만, 기적처럼 나는 다치지 않는다. 3일 동안 싸워서 결국 우리는 마지막 날에 영국군을 격퇴했다.[21]

히틀러에게 참호 공동체는 이제 고향이 되었다. 시민적 질서의 아웃사이더였던 히틀러는 처음으로 인정을 받았다. 상관들은 그를 완전히 신뢰할 수 있는 냉정하고 희생정신이 강한 인물로 평가했다. 연대 참모부는 아주 어려운 임무들을 기꺼이 상병 히틀러에게 맡겼다. 많은 사람들이 그를 불사조로 여겼다. 그는 휴가를 원하지 않았다. 그가 1916년 10월 가벼운 부상을 입었을 때 이것은 그에게는 영원히 지속되길 원했던 생활 형태를 중단시킨 괴로운 사건이었다.[22] 불사조라는 느낌은 히틀러 자신에게도 찾아왔다.

> 나는 몇몇 동료들과 참호에서 식사 중이었다. 갑자기 어떤 목소리가 나에게 "일어나서 그곳을 떠나라"라고 말하는 듯했다. 그 목소리는 너무나 명확한 강요였으므로 나는 마치 명령을 따르듯 자동적으로 따르게 되었다. 나는 즉각 일어나서 양철 식판을 들고 참호를 따라 18미터를 걸어갔다. 그러고 나서 자리에 앉아 식사를 계속했더니 마음이 좀 편안해졌다. 그러자마자 방금 떠난 참호 부분에서 섬광과 귀를 멀게 하는 폭음이 일어났다. 포탄이 내가 앉아 있었던 곳에서 터졌고, 거기 있던 사람은 모두 사망했다.[23]

모두가 죽어가는 곳에서 자신만은 마치 쏟아지는 총탄을 피하듯 죽음을 피해 살아남았다는 생존 경험은 그에게는 말로 할 수 없는 긍정적인 삶의 체험이었다. 그는 특별한 소명의식을 느꼈다. 그 의식이 아직은 미약했지만 어쨌든 그는 자신이 죽지 않을 것이라고 확신했다. 전쟁터의 병사로서 그는 모험과 질서의 욕망, 자유와 규율의 욕망을 동시에 충족받는 압도적으로 긍정적인 성장 체험을 했다. 그가 떠나온 늙은 오스트리아는 말하자면 어린 시절 그가 증오하고 부정했던 늙은 아버지였다. 반대로 전장은 그가 속하기를 열망하는 독일의 최전선이었다. 독일은 그에게 젊은 이상적인 어머니였다. 그는 독일을 가리켜 거의 언제나 모국, 곧 '어머니 나라'라고 불렀다. 그 어머니의 품 안에서 그 어머니와 함께 전장의 히틀러는 삶의 최전방에 서 있었다.[24)]

"내가 독일을 구하리라"

1918년은 독일이 패전에 다가가던 해였지만 히틀러에게는 영광스러운 한 해였다. 그해 5월 히틀러는 탁월한 용맹성을 기리는 연대 상장을 받았고, 8월에는 1급 철십자 훈장을 받았다. 사병이 최고 훈장을 받는다는 것은 이례적인 일이었다. 이렇게 용감하고 헌신적이라면 진급하는 것이 마땅했지만, 이상하게도 히틀러는 입대 시절의 상병 지위에 그대로 머물러 있었다. 연대 지휘부에서 그를 하사관으로 진급시키는 문제를 고려하기는 했으나, "지휘관으로서 성격을 발견할 수 없었기 때문에" 결국 대상에서 제외했다.[25)] 전쟁터가 그의 내면을 수많은 경험으로 채워 넣었지만, 그는 여전히 인간관계를 능숙하게 맺지 못하는 수줍은 사람이었고, 홀로 떨어진 외톨이였다. 뒷날 노도처럼 일어날 권력의지도 전장의 그에게선 찾아볼 수 없었다.

1918년 10월 플랑드르 전선에서 영국군이 쏜 가스탄에 여러 시간 노출된 히틀러는 눈이 멀었다. 그는 포메른에 있는 육군 병원으로 후송됐다. 육군 병원 침대에는 소문들이 떠돌았다. 왕조가 붕괴되었다느니 전쟁이 곧 끝날 거라느니 하는 어지러운 소문들이었다. 11월 10일 그는 "내 인생의 가장 끔찍한 소식"을 들었다. 독일 제국이 붕괴하고 독일에 혁명이 일어나 공화국이 선포됐다는 소식이었다. 히틀러는 절망했다. 자신이 온몸을 바쳐 영광을 지켜내려 했던 나라가 하루아침에 사라져버린 것이다. 히틀러의 나아 가던 눈이 다시 어두워졌다.

> 나는 눈앞이 또다시 캄캄해져 비틀거리면서 침실로 들어와 침대에 몸을 던지고 불타는 듯한 머리를 이불과 베개에 파묻었다. 나는 어머니의 무덤 앞에 선 날 이래 두 번 다시 운 일이 없었다. 나는 젊었을 때 잔인한 운명의 손에 잡히면 반항심이 불타올랐다. …… 하지만 지금 나는 울지 않을 수 없었다. 지금 비로소 나는 조국의 불행에 비한다면 개인적인 고뇌라는 것이 얼마나 작은 것인지 알았던 것이다.[26]

사람들은 독일 패전을 '배후의 음모'로 돌렸다. 독일은 도저히 패배할 수 없는 나라였는데, 후방의 배신자들이 나라를 팔아 넘겼다는 것이었다. 그것은 물론 사실이 아니었다. 독일은 이미 패전으로 기울고 있었고, 그 때문에 육군 최고사령관 루덴도르프 장군이 앞장서서 적대국과 강화조약 체결을 서둘렀다. 그러나 독일 국민은 제국 정부 안 좌파 평화주의자들이 전선을 배신하고 강화 음모를 꾸몄다고 믿었다. 패전이라는 믿을 수 없는 사실을 받아들이지 않으려는 일종의 국민적 자기 기만이었다. 배후 음모설은 그 진위와는 상관없이 독일 국민에게 완전한 진실로 받아들여졌고, 평화주의자들은 민족의 배신자, 국가의 등에 칼을 꽂은 자들로 비난당했다. 패전과 함께 이 좌파 평화주의자들의 혁명으로 성립된 바이마르공화국이 국민의 안정적 지지를 받지 못할 건 명약관화했다. 육군병원에서 히틀러가 들은 건 바로 이런 흉흉한 소문들이었다. "밤마다 증오가 커 갔으며, 그 증오는 바로 이 행위의 원흉에 대한 증오였다."[27] 히틀러가 지목한 원흉은 처음엔 다소 불분명하게 '11월의 범죄자'들이었지만, 시간이 지나면서 그것은 바이마르공화국의 최대 당파인 사회민주주의자, 노동자 파업을 주도하고 제국 전복에 앞장섰던 공산주의자로 분명해졌고, 이어 이들을 조직하고 이끄는 유대인으로 귀결했다.

히틀러는 병원 침상에서 조국을 배신한 세력, 더 직접적으로는 자신의 안온한 고향 '참호 공동체'를 파괴한 세력에 대해 우울한 복수심에 떨던 중 각성의 순간에 직면했다.

> 침대에 누워 있을 때, 어떤 생각이 떠올랐다. 즉, 내가 독일을 해방시키고 독일을 위대하게 만들 거라는 것이었다. 나는 그것이 실현될 것임을 즉각 알았다.[28]

《나의 투쟁》에서 히틀러는 "나는 정치가가 되기로 결심했다"[29]라고 썼지만, 이 결심이 드러나는 건 1년이 더 지난 뒤였다.

상병 히틀러는 갈 곳이 없었다. 그는 직업도, 거처도, 아는 사람도 없었다. 군대 밖으로 나가봐야 전쟁 전 억눌린 보헤미안 생활밖에 있을 것이 더 없었다. 히틀러는 갈 곳 없는 다른 많은 귀향병들처럼 군대에 남았다. 11월 말 퇴원한 그는 뮌헨으로 돌아가 자기 연대에 신고했다. 뮌헨의 정치 사정은 어지럽게 돌아갔다. 처음 정권을 잡았던 사회민주당은 1919년 4월 공산주의자 폭력 혁명으로 전복되고 그 자리에 소련식 소비에트공화국이 들어섰다. 그러나 소비에트공화국은 2주 만에 우익 의용군과 공화국 군대의 진압에 무너졌다. 좌익 혁명 세력과 우익 반혁명 세력 사이에 피비린내 나는 살인과 처형이 잇따랐다. 특히 좌익의 선부른 폭력행위가 너무 끔찍해 사람들은 이 볼셰비즘 신봉자들에게 공포심을 품게 되었다. 이 시기에 히틀러는 자기도 모르는 새 이 정치적 소용돌이에 휘말려들었다. 그가 배속된 대대가 4월의 소비에트 혁명에 참여한 것이다. 히틀러는 진압군에 체포됐다가 그를 아는 몇몇 장교들이 개입한 덕분에 석방됐다.

이 수동적인 휩쓸림은 그가 그때까지도 여전히 정치적 전망을 얻지 못했음을 보여준다. 목숨이 위태로운 이런 혼란 상황을 거치며 히틀러는 공산주의에 대한 적개심이 한층 뚜렷해졌다. 그는 진압군을 위해 소비에트 정권에 합류한 동료들을 찾아내는 일을 충실하게 했다. 이어 상병 히틀러는 뮌헨 지역사령부의 선전부가 개설한 강좌에 참여했다. 좌익 사상에 감염되기 쉬운 군인들을 민족주의적으로 계몽하는 것이 이 강좌의 목적이었다. 휴식 시간에 히틀러는 동료 수강생들을 상대로 열정적으로 자신의 정치적 견해를 이야기했다. 이때 처음으로 그에게 사람들을 설득하는 능력이 있다는 것이 드러났다. 뮌헨 사령부의 선전부는 히틀러를 데려다 병사들을 상대로 '민족적 반공교육'을 하도록 했다. 히틀러는 여기서 처음으로 연설 실습을 할 수 있었다. 선전부는 군대 바깥의 정치사회를 관찰하는 일에도 관심이 있었는데, 선전부 책임자는 히틀러에게도 그 일을 맡겼다. 그 무렵 히틀러는 뚜렷한 반유대주의자가 돼 있었다. 그 시기에 히틀러가 군 상부에 쓴 편지는 그의 반유대주의 강도를 보여주는 최초의 문서다.

> 유대인에게 모든 것은 돈과 권력욕을 만족시키겠다는 목적을 위한 수단일 뿐입니다. 유대인의 활동은 다른 민족들에게 종족 폐결핵을 유발하고 있습니다. …… 이성적인 반유대주의는 유대인의 특권에 대해서 계획적이고 법적인 투쟁을 벌여서 그것을 제거해야 합니다. 그 최종적인 목적은 유대인 자체를 확실히 제거하는 것이어야 합니다. 민족의 힘을 지닌 정권만이 이 두 가지 목적을 달성할 능력이 있습니다.[30)]

히틀러의 반유대주의는 이 시기에 이미 돌이킬 수 없을 정도로 확고해져 있었다. 그는 이때에 세운 반유대주의 원칙을 25년 뒤 최후의 순간까지 광적인 일관성으로 밀어붙인다.

선동가 히틀러 탄생

1919년 9월 히틀러는 생긴 지 1년이 채 안 된 독일노동자당이라는 조그만 지역 당의 토론 행사에 참석했다. 선전부의 명령에 따른 것이었다. 지겨운 토론회가 끝나기를 기다리던 히틀러는 참석자 중 한 사람이 바이에른을 독일 제국에서 분리해 오스트리아와 통합해야 한다고 말하는 것을 듣고 벌떡 일어서 그 주장을 사정없이 반박했다. 토론회가 끝난 뒤 당의 창설자인 안톤 드렉슬러(1884~1942)가 다가와 그에게 《나의 정치적 각성》이라는 소책자를 주었다. 히틀러는 병영에 돌아와 그 소책자를 읽고, 드렉슬러의 인생 역정에서 자기 자신의 생각과 같은 요소를 발견했다. 며칠 후 그는 '독일노동자당에 가입되었다'는 내용의 엽서와 당원증을 받았다. 반쯤의 당혹감과 반쯤의 호기심을 안고 그는 아주 허름한 음식점에서 열린 당 위원회 모임에 참석했다. 그것은 당이라기보다는 '비밀 결사와 초저녁 맥주 모임의 혼합체'에 가까웠다. "너무하다, 너무해! 이것은 확실히 가장 심한 가짜 단체다. 이런 클럽에 가입해야만 하는 것일까?"[31] 무언가를 결정해야 할 때 머뭇거리고 두려워하는 습성 그대로 히틀러는 '가입이냐, 거절이냐' 문제로 며칠 동안이나 평정을 잃었다.

> 이틀 동안의 고뇌에 넘친 숙고와 생각 끝에 나는 마침내 일보 전진해야 한다는 확신에 도달했다. 그것은 나의 생애를 결정하는 가장 중요한

결단이었다. 물러난다는 것은 있을 수 없고 이미 허락되지 않는 일이었다.[32)]

히틀러는 55번째로 독일노동자당의 당원이 되었다. 당에 가입하자마자 그는 완전히 다른 사람이 되었다. 선전 담당 일을 맡았다. 지치지 않는 에너지로 그는 끊임없이 일을 만들었다. 조용한 토론 모임 같았던 당은 갑자기 솟아난 활력으로 술렁거렸다. 1919년 10월 16일 당은 새 입당자의 의견을 따라 최초의 공식 집회를 열었다. 111명이 참석한 이날 저녁 집회에서 히틀러는 두 번째 연사로 연설했다. 빈의 밑바닥 시절 이래 오랫동안 우울한 독백 속에 담아 두었던 증오의 감정들, 분노의 이미지들, 원한 섞인 고발들이 터져 나왔다. 연설이 끝날 무렵 작은 맥주홀 안에 모인 사람들은 전기가 오르는 듯 흥분했다. 막연히 느끼기만 했던 일이 현실을 통해 입증되었다. 그날의 놀라운 체험을 그는 이렇게 적었다. "나는 연설할 수 있었던 것이다!"[33)]

알을 깨고 나와 자신이 되는 순간이 구체적으로 존재한다면 이것이 바로 그 순간이었다. '일상의 껍질'을 깨뜨리는 '운명의 망치질'이었다.[34)] 이날 저녁 전망 없이 방황하던 서른 살 젊은이에게서 선동가 히틀러가 태어났다. 이 순간이야말로 그가 정치가가 되기로 결심한 결정적 순간이었다. 사람들을 단지 설득할 뿐만 아니라 그들의 내면에 잠자고 있던 감정들을 끄집어내 불질러버리는 말의 힘을 그때 그는 현실로 확인했다. 이 첫 경험은 그를 광적인 속도로 앞으로 내달리게 했다. 일 주일이 멀다하고 그는 맥주홀 집회를 열었다. 그해 겨울 동안 7번이나 연달아 집회를 열었고 청중은 조금씩 늘어나 마지막에는 4백 명을 헤아렸다. 그는 연설이 지닌 압도적인 힘을 깨달았다. 자신의 내면에 있는 두려움, 억눌림, 증오심의 감정을 쏟아내 청중의 감정과 만나게 하면 전기가 흐르고 벼락이 떨어졌다. 청중의 흥분과 전율과 열광은 그에게로 다시 돌아와 더 사나운 고발의 폭포수가 되었다. '11월의 범죄자들', 독일 민족을 팔아먹은 배신자들, 간교한 평화주의자들, 야비한 사회민주주의자들, 폭력적인 공산주의자들, 비열한 유대인들이 그의 끝없는 규탄의 과녁이 됐다. 패전에 절망하고 베르사유 평화조약이 강요한 굴욕적인 항목에 자존심이 만신창이가 된 사람들이 광적인 선동가의 목소리에 빨려들었다.

숭배받는 지도자

입당한 지 다섯 달 만에 히틀러는 최초의 대중 집회를 열었다. 당은 벌써 히틀러를 중심으로 하여 돌아갔다. 그 사이 명목상의 당수 카를 하러는 당의 급속한 대중화에 마음이 불편해져 은퇴하고 안톤 드렉슬러가 당수로 취임했다. 뮌헨 맥주홀에서 열린 제1회 대중 집회는 2천 명을 헤아리는 청중을 불러 모았다. 사무실도 없던 초라한 당은 이제 여론에 영향을 줄 수 있는 대중 정당으로 일어섰다. 히틀러의 심장은 "기쁨으로 거의 파열할 것 같았다." 홀 안의 상당수는 공산당원을 비롯해 집회를 방해하려는 세력이었다. 히틀러는 연설을 시작했다. 시시각각 야유는 찬성과 환호에 압도돼 갔다. 연설은 청중의 감정을 고양시켰고, 선동가의 자기 상승으로 이어졌다. 연설이 끝났을 때 "내 앞에는 새로운 확신, 새로운 신념, 새로운 의지로 결합된 사람들로 가득 찬 홀이 있었다."[35]

이날 독일노동자당은 25개조 강령을 발표했다. 모든 독일인을 대독일로 통합하고, 굴욕적인 베르사유 조약을 파기하며, 유대인을 독일 민족에서 배제하고, 모든 부당 이익을 몰수하며, 대기업의 이익을 노동자에게 분배한다는 내용을 강령에 포함했다. 또 강령은 자본주의의 남용을 제거하겠다는 것, 공산주의의 계급투쟁 노선을 극복하겠다는 것, 그리고 강력하게 통합된 국가 공동체 안에서 모든 계층의 화해를 이룩하겠다는 것을 다짐했다. 비록 히틀러 자신이 직접 만든 것은 아니었지만 이날 발표된 강령은 국가사회주의의 본질적 요소를 내장한 것이었다. 일 주일 뒤 독일노동자당은 '국가사회주의독일노동자당'으로 이름을 바꾸었고, 이 당은 약칭으로 '나치'라고 불렸다.

그러나 나치당의 본질은 강령이나 이념에 있지 않았다. 히틀러에게 그것은 어디까지나 수단이었을 뿐 목적이 될 수 없었다. "이념이란 그것 자체가 목적인 것처럼 자부하면 위험해진다. 사실 그것은 목적을 위한 수단에 지나지 않는 것이다. 내게는, 그리고 참다운 국가사회주의자에겐 단 한 가지 신념만 있다. 즉 민족과 조국이다."[36] 이런 '이념의 실용주의' 때문에 히틀러는 한 번도 진지하게 국가사회주의를 정의하지 않았다. 그리고 또 이 때문에 단순한 국가 지상주의자에서부터 좌익 사회주의자까지 여러 부류가 국가사회주의 우산 아래 모일 수 있었다. 현실을 있는 그대로 용납할 수 없는 갖가지 불만 세력도 여기에 합류했다. 히틀러는 이들이 자신의 권위에 직접적으로 도전하지 않는 한 다 아우르고 조종했다.

히틀러의 무기는 말이었다. 그의 모든 힘은 말에서 나왔다. "이 세계에서 가장 위대한 혁명은 결코 거위 깃털 펜으로 인도된 것이 아니다. 종교적·정치적 방법으로 위대한 역사적 격변을 일으킨 힘은 영원한 '말의 마력'뿐이다."[37] 히틀러에게 이념이란 단지 몇 개의 원칙에 지나지 않았을 뿐이므로, 언제나 그에게 핵심적으로 중요한 것은 선전의 기술과 대중의 동원이었다. 대중을 장악하는 자가 권력을 장악한다는 것이 그의 변치 않는 신념이었다. 여기에서 대중심리학자 히틀러의 어두운 안목이 빛을 발했다. '대중의 심리'에 대해 그는 이렇게 말했다.

> 대중의 심리는 어중간하거나 약하면 아무것도 느끼지 못한다. 여성과 같은 것이다. 여자는 약자를 지배하기보다는 강자에게 굽히기를 좋아한다. 마찬가지로 대중은 간청하는 사람보다는 지배자를 사랑하고, 자유주의적인 태도로 너그럽게 받아들이는 것보다는 독불장군처럼 자기 주장만 펴는 이론에 대해 내심 더욱 만족한다. …… 대중은 오직 목적의식이 확고한 표현들의 가차 없는 힘과 잔인성만을 보며, 그 잔인성

앞에 마침내 스스로 몸을 굽힌다.[38)]

히틀러는 이 대중심리학에 입각해 실제로 대중을 상대했다. 그는 간청하지 않고 명령하고 선포하고 자극하고 억센 손아귀로 끌어당겼다. 그러나 그의 말들은 대중의 은밀한 소망, 곧 복수욕, 증오심, 원한감정에 아부하는 것이기도 했다. 그는 마치 신탁을 말하는 자의 당당한 권위로 대중의 비위를 맞추었다. 대중이 듣고자 하는 말이 그의 입에서 튀어나오는 것이었다. 그러므로 히틀러의 연설장은 빈곤과 궁핍과 좌절의 시대에 휩쓸린 대중의 자기 확인, 자기 탐닉의 현장이었다.

나치당의 성장과 함께 히틀러의 당내 영향력은 눈덩이처럼 커갔다. 그것은 당수 안톤 드렉슬러와의 대결을 피할 수 없게 만들었다. 드렉슬러는 당이 합법적인 길을 걸어 의회에 진출하기를 바랐다. 그러나 그 시절 히틀러는 온건한 의회주의적 방법을 거부하고 급진적 · 혁명적 전망을 제시했다. 대중의 힘을 동원해 폭력적으로 정권을 타도하고 권력을 잡아야 한다는 것이 그의 생각이었다. 말 그대로 보수적 가치를 위한 혁명, '보수 혁명'이었다. 1921년 여름 히틀러는 드렉슬러와의 권력 투쟁 중 탈당 선언을 했다. 드렉슬러가 민족주의 정당들의 연합을 주장한 데 대해 히틀러는 연합은 있을 수 없으며 모든 정당이 해산한 뒤 회원들이 개별적으로 나치당에 입당해야 한다고 주장했다. 히틀러의 탈당으로 당이 흔들렸다. 히틀러는 재입당의 조건으로 독재적 권한을 요구했다. 당 위원회는 조건 없이 투항했다.

> 위원회는 이미 당신의 엄청난 지식을 인정하고 있으며, 당신이 보기 드문 희생정신으로 이 운동의 번영을 위해서 정직한 공을 쌓아올린 것을 인정하고 있습니다. 연설가로서의 희귀한 재능을 인정하여 당신에게 독재적 권한을 양도할 준비가 되어 있습니다. 위원회는 당신이 당으로 돌아와서 드렉슬러가 이미 오래전부터 여러 번이나 당신에게 양도하려고 한 당수의 직분을 맡아주신다면 진심으로 환영하는 바입니다.[39)]

히틀러는 당 창설자인 드렉슬러를 명예 당수로 밀어내고, 나치당에 입당한 지 22개월 만에 전권을 장악한 당수가 됐다. 이때부터 히틀러 주변에서 '지도자 숭배'가 시작됐다. 뮌헨의 민족주의 시인이자 히틀러 후원자였던 디트리히 에카르트는 이 해 8월 4일 당보인 〈민족 감시자〉에서 처음으로 히틀러를 '지도자(퓌러 · Führer)'로 찬미했다. 독재 체제를 구축하고 1년이 지난 뒤 추종자 루돌프 헤스는 히틀러를 구세주의 모습으로 그려냈다.

> 자기 자신의 순수함과 최종 승리에 대한 믿음, 그리고 엄청난 의지력이 그분에게 대중을 열광시키는 매력적인 연설의 힘을 주었다. 그분 자신은 대중과 공통점이 없을 정도로 너무나 위대하다. 곤궁에 처했을 때 그분은 피를 쏟아 붓는 것을 두려워하지 않는다. 중요한 질문은 항상 피와 철을 통해 결정된다. 그분은 유일한 분이시며, 혼자 힘으로 목표

1928년 8월 31일 뮌헨에서 나치 지도부를 모아놓고 연설하는 히틀러.

에 도달하셨다. 우리는 그분이 언제 구원을 위해 오실지 아직 모른다. 그러나 그분이 오고 있다는 사실을 수백만의 사람들은 느끼고 있다.[40]

나치당은 이제 명실상부하게 히틀러 당이 되었다. 아무도 그의 권위에 도전할 엄두를 내지 못했다. 1921년 11월 나치당의 완력 부대인 돌격대가 만들어졌다. 애초에 집회의 정리대에 지나지 않았던 이 무리는 11월 4일 나치당 집회를 깨부수러 온 적색 노동자들과 피투성이 난투극을 벌이며 집회를 지켜낸 뒤 돌격대라는 이름으로 불리게 되었다. 돌격대는 히틀러의 폭력 혁명을 수행할 공격과 정복의 도구였다. 히틀러는 이렇게 말했다. "사람들을 결합시킬 수 있는 것은 두 가지가 있다. 이상을 함께하는 것과 악당 노릇을 함께하는 것이다."[41]

히틀러주의의 교과서, 《나의 투쟁》

1922년 10월 알프스 남쪽의 이탈리아 파시스트 베니토 무솔리니(1883~1945)가 '로마 진군'을 통해 권력을 잡았다. 히틀러는 흠모하는 파시즘 선구자의 행동에서 적잖은 자극을 받았다. 거사의 날이 다가오고 있었다. 1923년 독일 전역은 맹렬한 인플레이션으로 대중의 삶이 곤두박질쳤다. 그렇잖아도 곤궁한 생활이 견딜 수 없는 강도로 진창에 처박혔다. 언제나 대중의 고통과 불만에서 에너지를 얻는 나치당은 인플레이션의 폭발과 함께 당세를 더욱 확장했다. 오랜 세월 좌절의 고통을 맛봤던 히틀러는 대중의 절망에 공명하면서 대담하고 도전적인 어조로 깊이 상처받은 사람들의 자존심을 어루만지고 부추기고 거기에 성스러움을 입혔다. 한동안 히틀러의 중요한 추종자였던 쿠르트 뤼데케는 그 시절 히틀러의 연설 체험을 이렇게 말했다.

> 이 남자가 연설하는 것을 들었을 때 나를 사로잡은 감정들을 어떻게 묘사하면 좋을지 모르겠다. 그가 독일의 수치를 말하면 나는 어떤 적을 향해서도 덤벼들 준비가 되어 있다고 느꼈다. 독일 남자의 용기에 호소하는 것은 무기를 들라는 외침 같았고, 그가 설교하는 가르침은 계시가 되었다. 그는 마치 제2의 루터처럼 보였다. 나는 이 사람에게 정신이 팔려서 다른 모든 것을 잊었다. …… 나는 종교적 개종에 비할 만한 체험을 했다.[42]

1922년 말 6천 명이었던 당원 수는 이듬해 11월에는 5만 5천 명이 넘었다. 폭발적인 증가였다. 이 힘을 믿고 히틀러는 무솔리니가 그랬던 것처럼 군중 진격으로 국가를 전복할 구체적인 계획을 세웠다. 뮌헨의 군·경찰·정계의 보수파 지도자들과 동맹해 바이에른주를 장악한 뒤 여세를 몰아 베를린으로 진격한다는 것이 그의 계획이었다. 1923년 11월 8일 저녁 히틀러와 그의 돌격대는 뮌헨의 시민 양조장에서 열린 주 행사장에 뛰어들어 '민족 혁명'이 일어났음을 선포했다. 그러나 히틀러와 뜻을 같이하겠다던 보수파 지도자들이 하루가 채 지나지 않아 그에게서 등을 돌렸다. 이튿날 히틀러는 절망적인 태도로 시위대를 이끌고 오데온 광장을 향해 행진했다. 경찰과 시위대 사이에 총격전이 벌어졌고 히틀러는 팔에 부상을 입고 돌격대 구급차에 실려 갔다. 이틀 뒤 그는 체포돼 란츠베르크 요새 감옥에 수감됐다. 붙잡히기 전 그는 은신처에서 모든 것이 끝났다고 생각했다. 권총으로 자살하려 했으나 주변에서 만류해 포기했다. 히틀러의 혁명도 운명도 여기가 막장인 듯싶었다.

그러나 이듬해 2월 열린 재판에서 모든 것이 뒤집혔다. 탁월한 선동가는 다시 한 번 법정을 자신의 선전장으로 바꾸었다. 내란 수괴로 법정에 선 히틀러는 자신에게 부과된 모든 죄목을 스스로 떠맡아 그것을 국가와 민족을 위한 의로운 거사로 바꾸어냈다. 히틀러는 민족 운동의 진두 지휘자요 국가 재건의 최고 일꾼으로 자신을 드러내 보였다. 나라를 위기에 빠뜨리는 마르크스주의에 대항해 목숨을 걸고 싸운 투사로 내세웠다. 최후 진술에서 그는 당당하게 선언했다.

> 독일 사람으로서 자기 민족과 조국을 위해서 최선을 다했고, 싸우다가 죽으려 한 이 사람들을 역사라는 법정이 심판할 것입니다. 여러분이 우리더러 유죄라고 1천 번이나 판결하여도 영원한 역사 법정의 여신은 미소 지으며 검사의 구형과 이 법정의 판결을 찢어버리고 말 것입니다.[43]

재판장은 히틀러를 이른 시일 안에 사면할 것이라고 보장하고 나서야 3명의 민중 판사에게서 유죄 선언을 내리도록 할 수 있었다. 히틀러는 내란죄로는 최저 형량인 5년의 금고형을 선고받았다. 6개월 뒤 형집행정지를 할 수 있다는 선고도 함께 받았다. 그는 40명의 쿠데타 참가자들과 함께 란츠베르크 요새로 이송됐다. 히틀러는 특별한 대접을 받았다. 거대한 회의실에서 추종자들을 놓고 강연했고, 하루 여섯 시간씩 방문객을 맞았다. 란츠베르크는 사실상 나치당 중앙당사나 다름없었다. 4월 20일 그의 서른다섯 살 생일에는 곳곳에서 온 꽃다발과 소포들이 여러 방을 가득 채웠다.

히틀러가 이 감옥에서 한 가장 중요한 일은《나의 투쟁》을 집필한 것이었다. 그가 구술하면 같이 수감된 루돌프 헤스가 타자기로 받아 쳤다. 석 달 반 뒤《나의 투쟁》1부가 완성됐다. 이 책은 히틀러의 경험과 이념과 정책과 전략이 망라된 특별한 문건이었다.《나의 투쟁》은 말하자면 파시즘의《군주론》이었고 나치즘의 교리문답이었으며 히틀러주의의 교과서였다. 숨 막힐 정도로 철저한 이념의 건조물이자 나치 이데올로기의 총화였다. 그의 세계관과 인간관이 벌거벗은 채로 그대로 노출돼 있으며, 권력을 잡으면 무슨 일을 할 것인지 낱낱이 기록돼 있다.

히틀러의 이 기록은 '인종'과 '공간'이라는 두 이념으로 요약할 수 있다. 히틀러는 모든 독일 민족이 하나가 되는 대독일제국의 건설을 책의 맨 앞에 제시하고 있다. "독일 · 오스트리아는 모국인 대독일로 복귀하지 않으면 안 된다." 그리고 독일과 오스트리아의 경계에서 태어난 그 자신은 이 필생의 사업을 완수할 운명을 타고났음을 암시한다. 대독일은 민족의 생존과 안전과 번영을 위해 새로운 생존 공간을 얻어야 한다. 그것은 해외 식민지 개척으로는 이룰 수 없고 직접적으로 영토를 확장함으로써만 이룰 수 있다. 히틀러는 슬라브인들이 살고 있는 동유럽의 광대한 땅, 우크라이나를 넘어 우랄산맥에 이르는 거대한 땅덩어리를 민족의 새로운 생존 공간으로 삼아야 한다고 못박는다. 그 땅을 확보하려면 러시아와의 전쟁은 피할 수 없다. 러시아와 전쟁을 하려면 후방의 안전을 확보해야 하는데, 그러려면 영국과 동맹을 맺어야 한다. 히틀러는 이렇게 책 안에서 앞으로 전개될 외교·전쟁 정책을 낱낱이 밝혀놓았다. 세계 역사에서 어떤 정복자도 이렇게 시간표를 미리 제시해놓고 그 시간표에 맞춰 역사의 열차를 출발시킨 적이 없다. 히틀러가 2차 세계대전을 앞두고 영국의 동맹을 얻으려 그토록 맹렬하게 노력했던 것도 상황을 이 시간표를 맞추기 위함이었다.

히틀러는 또 한 민족 혹은 인종이 생존하려면 공간을 확보하기 위해서 반드시 내부의 인종적 적을 제거해야 한다고 주장했다. 그 적이 바로 유대인이다. 유대인은 언제나 다른 민족에 기생해서 살아야 하는 기생충이다. 유대인은 한 민족을 내부에서부터 갉아먹고 무너뜨리는 전염병이자 악성 종양이며 페스트다. 유대인은 다른 민족을 완전히 장악해 노예로 만들기까지 온갖 수단과 방법을 가리지 않고 동원한다.

의회주의·평화주의·민주주의가 이들이 한 민족을 고사시키려

구사하는 이데올로기이며, 국제 금융 자본이 이들의 침탈 무기다. 동시에 유대인이 이끄는 마르크스주의 운동 또한 민족을 내부에서 붕괴시키는 파괴적 도구로 쓰인다. 그러므로 모든 민족의 적은 단 하나 유대인에게로 모인다. 인류가 생존하고 번영하려면 이들을 반드시 제거하고 절멸시켜야 한다. 히틀러의 유대인관은 자기 내부의 온갖 부정적인 것을 외부로 돌리는 심리학적 투사의 인종주의적 변형임에 틀림없다. 자기 안에 있지만 자기 것으로 받아들일 수 없는 특성들이 밖으로 던져져 타자에게 들러붙는 것이다.

동시에 유대인 문제에 관한 과격한 결론은 그가 이 책에서 이야기하는 '선전의 기술'과도 그대로 맞아떨어진다. 그는 대중을 설득하려면 단 하나의 적만을 제시하라고 말한다.

> 참으로 위대한 민중 지도자의 기술이란 민중의 관심을 분열시키지 않고 언제나 어떤 유일한 적에게 집중시키는 데 있다. 민중의 투쟁 의지의 이용이 집중적이면 집중적일수록 운동의 흡인력은 점점 커지고 타격의 강도도 더해지는 것이다. 다양한 적을 인식하는 것은 약하고 불안정한 성격의 소유자에겐 단지 쉽사리 자기의 정당성에 의심을 품는 계기를 만들 뿐이므로, 따로따로 있는 적이라도 한 범주에 속해 있는 것처럼 생각하게 하는 것이 위대한 지도자의 재능인 것이다. …… 그러므로 내적으로는 서로 다른 적을 언제나 하나로 묶어야만 한다. 그리하여 자기의 지지자인 대중의 눈에는 단지 하나의 적에 대해서만 투쟁이 벌어지고 있는 것처럼 비치게 해야 한다.[44]

히틀러는 반유대주의를 정당화하는 이론적 기초로 당대에 유행하던 악성의 사회진화론 혹은 인종진화론을 제시한다. 자연 상태의 모든 것이 약육강식, 우승열패, 적자생존의 법칙에 종속되듯이 사회도 이 자연법칙에 따라 약한 것은 도태하고 강한 것만이 살아남는다는 것이다. 히틀러는 이것을 인종 혹은 민족 차원에 적용해 거기서 적자생존의 법칙을 찾아낸다. 한 인종이 생존하려면 다른 인종과의 싸움에서 이겨야 하고 그들을 제압해야 한다. 그러므로 인류는 영원한 전쟁 상태에 있다.

히틀러는 여기서 더 나아가 우수한 인종이 열등한 인종을 딛고 살아남는 것이 도덕법칙이며 그 도덕법칙을 실행하는 것은 인류에게 부과된 의무라고까지 주장한다. 인종 투쟁과 인종 박멸은 이제 도덕적 의무가 된다. 그리고 다시 여기서 전체주의 원리가 이끌려 나온다. 한 민족 또는 국가가 승리하려면 그 민족 또는 국가의 구성원들이 개인의 권리를 완전히 포기하고 전체에 헌신하고 자기를 희생해야 한다. 개인의 자유는 전체의 의지 앞에서 물러서야 한다.

이 전체주의 원리에서 다시 지도자 원리가 솟아오른다. 무질서한 개체를 이끌고 전체의 의지를 실현하는 존재로서 지도자의 존재는 전체, 곧 한 민족이나 국가가 자기를 유지하고 번영하려면 반드시 실현해야 할 과제다. 이 지도자에게는 무제한의 권력과 권위가 부여돼야 한다.

그 지도자의 내면은 어떤 모습인가. 히틀러는 자연법칙은 양심이니 휴머니즘이니 하는 싸구려 감상을 용납하지 않기 때문에 그런 생각을 가차 없이 치워버려야 한다고 생각했다. "나는 양심과 도덕성이라 불리는 괴수의 더럽고 타락한 변형으로부터 자유로운 사람이다."[45] 그는 자연의 가혹한 질서를 숙명으로 받아 안은 무정한 사람이 올바른 사람이라고 생각했다. 앞 시대의 철학자 프리드리히 니체(1844~1900)가 사유 실험의 과정에서 하나의 인간상으로 제시했던 '금발의 야수'가 히틀러에게서 현실의 야수로 등장한 것과 같다. 니체가 말한 금발의 야수는 이런 모습이었다. "이 야수는 아무런 죄책감 없이 살인, 방화, 강간, 고문 등과 같은 끔찍한 일을 자행한 후에도 의기양양하며 평온한 마음으로 마치 대학생들이 사소한 싸움을 끝내고 훌쩍 떠나듯이 사라진다."[46]

양심과 도덕을 거부하는 히틀러에게 야수가 되는 것은 역설적으로 도덕적 명령이었다. 그것은 동시에 자기 내부에서 언제까지나 사라지지 않았던 불안과 공포를 제압하려는 과격한 방어기제의 극단적 발현이기도 했다. 지도자가 그런 무정한 야수를 내면에 간직했으므로 그를 따르던 무수한 추종자들도 각기 저마다 야수를 마음에 품었다. 뒷날 나치 친위대가 그토록 많은 사람들을 살육하고 살인 공장에서 수백만 명의 유대인을 조직적이고 기계적으로 도살한 것도 히틀러의 이념에서 나온 기괴한 도덕적 정언명령의 결과였다.

《나의 투쟁》은 이렇게 독학자가 허약한 개념적 기반 위에 광범위한 지식과 경험으로 쌓아올린 거대한 세계관적 구조물이었다. 이 관념의 구조물을 완성한 뒤 히틀러는 이전과는 전혀 다른 사람으로 바뀌었다. 그는 자기 자신의 개인적 특성을 하나씩 지워 나갔으며 자기 얼굴에 얼음장 같은 외양을 씌웠다. 마치 살아 있는 조각상처럼 그는 인간적 감정을 초월한 듯한 거의 추상적인 비개성의 모습으로 자기 자신을 양식화했다. 그를 자주 공격하던 히스테리적 신경질도 이때부터 사라졌다. 패배하지 않고 물러서지 않고 주저앉지 않는다는 확고한 자신감이 그의 걸음과 태도와 표정에 배어들었다. 나아가 히틀러는 감옥 안에서 이전의 폭력 혁명 원칙을 내버렸다. 국가의 권위를 정면으로 치받는 전복적 방식으로는 권력을 장악할 수 없다는 현실을 받아들였다. 이제부터 그는 권력의 정점에 이르기까지 철저히 합법적 방식을 고수한다.

나치당의 권력 장악

1924년 12월 히틀러는 형집행정지로 출감했다. 그 사이 지도자가 없는 나치당은 난장판으로 바뀌어 있었다. 히틀러는 1925년 2월 당을 다시 창설하는 대회를 열었다. '복종이냐 결별이냐'를 요구하는 두 시간 연설로 그는 당을 재건하고 통일시켰다. 당을 새로 세운 뒤 히틀러는 베르히테스가덴 근처 오버잘츠베르크의 별장을 세냈다. 그는 산 위의 별장에서 세상을 내려다보며 오랜 시간 머물렀다. 그 무렵 히틀러는 역량 있는 연설가 그레고어 슈트라서(1892~1934)를 동지로 얻었다. 그에게 북부 독일의 당 조직을 건설하는 일을 맡겼다. 과격한 선동가 요제프 괴벨스(1897~1945)도 당의 신출내기로서 슈트라서와 함께 일했다. 두 사람을 묶어준 것은 그들의 과격주의였다. 슈트라서와 괴벨스는 좌익적 견해를 고집하고 있었다. 나치당이 러시아의 볼셰비키와 연대해야 하며 국내의 공산주의와 싸워서는 안 된다는 것이 그들의 견해였다. 그들에게 중요한 것은 민족적 차원에서 프롤레타리아 계급 혁명을 계속하는 것이었다. 그것이 국가사회주의의 본질적 내용과 동떨어진 것임은 두말할 필요도 없는 것이었다. 북부 독일에서 슈트라서와 괴벨스의 영향력은 뮌헨의 히틀러의 영향력을 위협할 정도로 급속히 자라났다. 이념적으로 낙후한 히틀러를 당에서 추방해야 한다는 소리도 나왔다.

히틀러는 산 속의 별장에서 이 사태를 묵묵히 지켜보았다. 그는 1926년 2월 밤베르크에서 전국 당지도자 대회를 열었다. 다섯 시간에 걸친 연설로 그는 슈트라서 일파를 완전히 제압했다. 괴벨스는 일기에 이렇게 썼다. "슈트라서가 연설하고 있다. 말이 막히고, 더듬고, 떨면서, 미숙한 태도로. 선량하고 정직한 슈트라서, 아, 맙소사, 우리는 저 아래 있는 돼지들보다 별로 나을 게 없구나! 나는 아무 말도 할 수 없다! 마치 머리에 한 방 맞은 것 같다."[47]

괴벨스도 슈트라서도 히틀러의 압도적인 힘 앞에서 무릎을 꿇었다. 그들이 논리에 제압당한 것은 아니었다. 히틀러는 말의 힘을 넘어서 어떤 강력한 최면술적인 영향력으로 그들의 저항력을 꺾었다. 히틀러를 만난 수많은 사람들이 그의 눈빛이 내는 최면력에 대해 이야기했다. 나치 운동에 반감을 품었던 한 경찰관이 히틀러를 만난 장면에서도 같은 증언이 나왔다.

> 그는 최면을 거는 듯 저항할 수 없는 눈빛으로 경찰관의 눈을 응시했다. 그 가련한 경찰관은 완전히 그에게 넘어갔다. 오늘 아침 그는 나에게 다가와 고백했다. "어젯밤부터 나는 국가사회주의자입니다. 하일, 히틀러!"[48]

히틀러는 이념조차도 자기 자신 아래 두었다. 어떤 이념도 원칙도 지도자의 의지보다 중요하지 않다고 그는 단언했다. 이 당지도자 대회 이후 괴벨스는 히틀러에게 급속히 매료돼 광적인 충복이 됐다. 괴벨스는 6월 어느 날 일기에 이렇게 썼다. "흥분시키는 데 타고난 인물! 그 사람과 함께 우리는 세계를 정복할 수 있다. 그를 풀어주어라, 그러면 그는 부패한 공화국을 뒤흔들어놓을 것이다."[49]

그러나 히틀러에게는 아직도 자기 시간이 오지 않았다. 1920년대 후반 내내 나치당은 뮌헨 지역 당의 한계를 넘어서지 못하고 있었다. 1928년 제국의회 선거에서 겨우 2.6퍼센트만을 얻었을 뿐이다. 나치 선동가들의 거친 연설도 공격적 선전도 먹혀들지 않았다. 그러다가 마침내 때가 왔다. 1929년 10월 24일 뉴욕 주식시장이 붕괴했다. 세계 경제가 일대 타격을 받았다. 단기 외채를 많이 쓰고 있던 독일에서 그 충격은 특히 컸다. 가공할 도산과 실업의 파도가 밀어닥쳤다. 이 국가적 재난이야말로 나치당에게는 권력을 향해 진군할 더없이 좋은 기회였다. 나치당은 광적인 선거전을 벌였고 바이마르 공화국은 비명을 지르기 시작했다. 대통령이 총리를 자기 뜻대로 임명하는 비상통치권이 국가의 붕괴를 막고 있었다. 1930년 9월 제국의회 선거에서, 파산한 사람들, 일자리를 잃은 사람들, 절망한 사람들, 불안에 떠는 사람들이 대거 나치당에 표를 던졌다. 지지율이 수직으로 상승했다. 히틀러당은 18.3퍼센트의 표를 얻었고 107명의 당선자를 제국의회에 보낼 수 있었다. 갈색 제복을 입은 히틀러의 추종자들이 승전고를 울리며 제국의사당으로 행진해 들어갔다.

앞서 그해 6월 히틀러는 나치당을 가톨릭교회의 서열과 조직 원칙 아래 피라미드적 지휘 체계로 완성했음을 발표했다. 그 맨 꼭대기에 지도자가 서 있음은 물론이었다. 히틀러는 로마의 교황이 교회 안에서 무오류의 존재이듯이, 자신도 정치 영역 안에서 무오류의 존재임을 선포했다. 당은 거의 종교적인 공동체로 변신했다. 지도자-교황은 모든 반성이나 비판, 당내 표결이 전혀 닿을 수 없는 고독한 기념비적 영역으로 올라갔다. 지도자의 신격화가 시작됐다. 괴벨스가 베를린에 도입한 인사말이자 전투 명령어인 '하일 히틀러!'가 이제 일상의 영역에서 널리 쓰이게 되었다.

1930년 300만 명으로 불어난 실업자는 2년 뒤 600만 명으로 폭증했다. 심리적 낙담의 최저점이 또다시 꺼져 내렸다. 유례없는 자살 파동이 뒤따랐고, 한 시대가 몰락하는 느낌이 말기적 분위기를 타고 번졌다. 사람들은 누군가가 나타나서 자신들을 구원해주기를 갈망했다. 구원자를 향한 동경이 대중의 마음 깊숙한 곳까지 파고들었다. 히틀러는 이제 권력의 대기실 바로 앞까지 와 있었다.

1932년 내내 히틀러는 자신의 모든 연설 능력과 선전 기술을 총동원해 총력전을 펼쳤다. 그해 대통령 선거에 히틀러는 대통령 후보로 출마했다. 히틀러는 현대의 기술적 매체들을 최초로 동원함으로써 선거전에서만큼은 모든 경쟁자들을 완전히 따돌렸다. 축음기 음반을 5만 장이나 발송하고 발성영화를 제작해 배포했으며 선거 화보를 발간했다. 그러나 히틀러의 필사적 노력도 현직 대통령인 파울 폰 힌덴부르크(1847~1934)의 권위를 누르지 못했다. 히틀러는 30퍼센트를 득표했고, 힌덴부르크는 49.6퍼센트를 얻었다. 마흔두 살의 젊은 후보는 그보다 나이가 두 배나 많은 전설적인 영웅을 상대로 '거인들의 싸움'을 벌였다. 과반수 득표자가 없었으므로 결선 투표를 치러야 했다. 4월 3일 히틀러는 저 유명한 비행기 유세를 시작했다. 그는 하루에 서너 군데씩 비행기를 타고 돌며 선거일인 4월 10일까지 21개 도시에서 연설했다. 투표 결과는 36.7퍼센트대 53퍼센트였다.

히틀러는 대통령 선거에서 떨어졌지만 낙심하지 않았다. 정치가가 된 뒤로 이토록 많은 국민이 이토록 열광적으로 자신을 연호하고 찬양한 적은 없었다. 권력의 문이 바로 눈앞이었다. 히틀러는 곧바로 7월의 제국의회 선거전에 뛰어들었다. 다시 한 번 제국의 하늘을 가르는 선전의 속도전이 펼쳐졌다. 1932년 7월 31일 유권자들의 37.1퍼센트가 히틀러에게 표를 던졌다. 나치당은 사회민주당을 저만치 밀쳐내고 마침내 제1당의 자리에 올랐다. 608석의 의석 중 230석이 나치당의 갈색 제복에 돌아갔다. 권력의 코앞에서 히틀러는 외쳤다. "우리가 권력을 잡는다면, 우리는 신께 맹세코 그것을 지킬 것이다. 우리는 권력을 결코 놓지 않을 것이다."[50)]

그러나 힌덴부르크 대통령은 히틀러에게 총리 자리를 내주려 하지 않았다. 출신 성분도 분명치 않은 이 정치계의 이방인, 사납고 거친 에너지를 마구 뿜어대는 과격 정당의 우두머리를 믿을 수 없었다. 그는 한사코 이 선동가를 회피했다. 그가 이 이질적 정치가의 존재를 마지못해 승인한 것은 해가 바뀐 다음이었다. 1933년 1월 30일 히틀러는 마침내 제국 총리라는 타이틀을 거머쥐었다. 히틀러는 집권하기 전에 이미 수없이 공언한 대로 한번 잡은 권력을 결단코 내놓지 않을 것이었다. 많은 관찰자들이 이 집념을 무시했다. 총리 자리가 몇 달이 멀다 하고 수시로 바뀌는 이 정치 혼란기에 히틀러 같은 뜨내기가 그 자리에서 오래 버틸 거라고 아무도 생각하지 않았다. 사회민주당 의원 대표였던 루돌프 브라이차이트도 똑같은 마음이었다. 그는 히틀러가 총리가 됐다는 소식을 듣고 마침내 그가 몰락하게 됐다며 기뻐서 손뼉을 쳤다.[51)] 그러나 그는 히틀러의 제3제국 아래서 바이마르 근교 부헨발트 수용소로 끌려가 거기서 종말을 맞았다.

정치의 미학화, 정치의 연극화

총리 취임 후 한 달이 채 안 된 2월 27일 제국의사당 방화 사건이 벌어졌다. 이 사건은 네덜란드 출신 공산주의자 마리누스 판 데어 루베가 저지른 단독 범행이었다. 그러나 방화범이 누구냐고 묻는 것은 부차적인 문제였다. 히틀러는 이 사건을 자신의 독재 프로그램을 가동하는 데 즉각 이용했다. 그날 밤에만 공산당 간부를 비롯해 위험인물 4천 명이 체포됐다. 다음날 히틀러는 '민족과 국가를 보호하기 위한 긴급 법령'을 발동했다. 그 다음날에는 '독일 민족에 대한 배신과 국가 반역의 책동을 막기 위한 긴급 법령'이 추가로 발동했다. 긴급 법령은 법치 국가를 항구적인 비상 국가로 바꾸어버렸다.

3월 5일 치러진 제국의회 선거에서 나치당은 288석을 얻었다. 나치당은 급성장했지만 여전히 과반수에 미치지 못했고 헌법을 개정하는 데 필요한 3분의 2 의석에는 턱없이 부족했다. 이어 그는 새로운 긴급 법령을 발동해 나치당이 3분의 2에 이를 때까지 좌파 의원들을 체포해 들였다. 히틀러는 의회의 동의를 받지 않고 통치할 수 있는 전권위임법을 관철했다. 의회주의 체제는 치명타를 입었다. 의회는 제거되고 정부에 무제한의 권리가 부여됐다. 모든 것이 히틀러의 뜻대로 움직였다. 권력을 잡은 지 석 달이 채 안 돼 온갖 저항력이 무력화됐다.

4월 1일 유대인 상점 보이콧 운동이 벌어졌다. 그것은 제3제국이라는 야수가 인종주의의 발톱을 내밀기 시작했음을 보여주는 사건이었다. 5월 1일 독일 전역은 노동절을 축하했다. 좌익 운동가들이 수십 년 동안 쟁취하려 애썼던 노동자의 날이 히틀러 정권 아래서 불쑥 선물로 주어진 것이다. 다음날로 모든 노동조합이 해체됐다. 해체된 것은 노동조합뿐만이 아니었다. 공산당이 먼저 붕괴했고 이어 사회민주당이 사라졌으며 히틀러의 집권을 도왔던 국가주의 정당들도 문을 닫았다. 거의 매일같이 정치 단체들이 해체되거나 자진 해산했다. 정부는 7월 14일 국가사회주의독일노동자당이 유일 정당이라고 선언했다. 이 모든 과정이 그야말로 일사천리로 이루어졌다.

좌파에서 우파까지 모든 정치 권력들이 별다른 저항도 없이 순식간에 소멸한 것은 국가사회주의 권력 장악 과정의 독특하기 이를 데 없는 특징이었다. 배제되고 감금되고 억압당한 것은 국민 전체로 보면 소수였다. 대다수 국민들은 혼란과 분열의 시대가 끝나는 데 안도했고 행복해했다. 지식인들은 시대의 온갖 이론적 싸움에 넌더리가 난 터라 새 정권의 반이론적이고 반사변적인 행동주의에 빨려들었다. 히틀러는 대중이 마음 깊은 곳에서 무엇을 찾는지 알아보았다. 그는 대중의 헌신 욕구, 참여 욕구, 소속 욕구를 충족시켰다. 국가와 하나가 되고 민족과 하나가 되고 역사와 하나가 된다는 느낌을 불러일으켰다. 히틀러는 존경받는 정치가의 합법성을 빠르게 획득했다. 전체주의 총통 국가의 초석이 놓였다.

히틀러가 원한 것은 단순한 독재, 단순한 권력이 아니었다. 권력을 장악하고 확장하고 이용하고 마침내 다 써버린 그 쉬지 않는 행동은 단순한 독재자의 행동 법칙과는 전혀 어울리지 않는 것이었다. 그는 게르만 민족의 치명적인 위협에 맞서겠다는 사명감에 사로잡혀 있었다. "나는 독재자가 아니며 절대로 독재자가 되지 않을 것"이라고 그는 말했다. 그리고 얕잡아보는 태도로, 독재자 노릇이라면 "바보 멍청이라도 통치를 할 줄 알 것"이라고 말했다.[52] 그에게 정말 중요했던 것은 국민 전체의 동의와 열광이었다. 국민의 일반의지를 완전히 체현한 진정한 권력자, 진정한 지도자가 되는 것을 그는 열망했다. 그는 권력의 단맛에 빠지지 않고 쉼 없이 앞으로 내달렸다.

1934년 8월 마침내 늙은 힌덴부르크 대통령이 사망했다. 히틀러는 대통령 권한까지 넘겨받았다. 1인 지배 총통국가가 완성됐다. 외교상으로도 그는 치밀하고도 과감한 행보로 자신의 보폭을 넓혔다. 그의 명성은 나라 밖으로도 널리 퍼졌다. 히틀러를 만났던 영국의 역사학자 아널드 토인비도 그의 논리와 명징성, 정신적 능력에 경탄했다.

히틀러는 이미 《나의 투쟁》에서 세계 정복이라는 열차시간표를 내놓았지만 아무도 거기에 주목하지 않았다. 1935년 9월 뉘른베르크법이 제정돼 유대인이 국민으로서의 권리를 박탈당했을 때도 특별한 반감을 일으키지 않았다. 다수의 독일인들이 유대인에게 질투심과 경쟁심을 느꼈고 그들의 몰락을 은근히 기대했다. 외국의 반응도 그다지 다를 바 없었다. 1936년 베를린 올림픽은 독일의 부활을 온 세계에 알리는 선전장이었다. 집권 직전 600만 명을 넘었던 실업자는 3년 만에 완전히 사라졌다. 배제된 소수파를 제외하면 독일은 그야말로 모범적인 국민 공동체가 된 것만 같았다. 히틀러는 '파우스트적 업적'을 이루어낸 초인의 이미지를 얻었다. 1937년 뉘른베르크 당대회는 초인 히틀러가 직접 연출한 거대한 제의 무대의 절정이었다. 엄숙하고 신비하고 놀라운 바그너적 공간에서 그는 도취에 빠진 목소리로 외쳤다.

> 여러분이 없다면 내 인생은 무엇일까요! 여러분이 나를 찾아냈다는 사실, 여러분이 나를 믿었다는 사실이 여러분의 삶에 새로운 의미, 새로운 과제를 주었습니다. 내가 여러분을 찾아냈다는 사실이 나의 삶과 나의 투쟁을 가능하게 해주었습니다![53]

거의 신비적인 황홀경, 신성한 망아의 분위기가 뉘른베르크에 모인 사람들 사이에 감돌았다. 독일의 적성국인 프랑스의 외교관조차도 당대회를 참관한 뒤 자기 같은 외국인도 국가사회주의자가 되었음을 고백하고 싶었다고 말했다.[54] 히틀러는 젊은 날 이루지 못했던 예술가의 꿈을 정치의 영역에서 정치를 재료로 삼아 현실에서 이루었다. 히틀러의 연설, 히틀러의 정치는 현실의 캔버스에 재현한 거대한 역사화였고, 현실의 무대에 세운 거대한 연극이었다. 그것은 말 그대로 정치의 미학화, 정치의 연극화의 절정이었다. 히틀러는 젊은 날의 소망을 이렇게 충족시켰다. 그러나 그의 내면 깊

군중의 환호를 받는 히틀러. 1934년 8월, 힌덴부르크 대통령이 사망하고 히틀러는 대통령 권한까지 넘겨받았다. 히틀러의 연설은 사람들을 황홀경에 빠지게 했다.

숙한 곳에서 부글부글 끓는 거의 본능적인 의지, 제어할 길 없는 충동은 훨씬 더 큰 무대를 원하고 있었다.

신들의 몰락

1938년 히틀러는 신중한 평화주의자의 가면을 벗어던지고 자신의 열차시간표 맨 앞에 쓴 오스트리아와의 합병을 단행했다. 3월 12일 히틀러는 독일 국경을 넘어 자신이 태어난 나라로 들어가 곧바로 린츠에 입성했다. 다음날 아침 린츠 교외 레온딩에 있는 어머니와 아버지의 무덤에 찾아가 꽃을 바쳤다. 하루 뒤 히틀러는 자신에게 밑바닥 삶을 강요했던 원한의 도시 빈의 영웅 광장에 섰다. "독일 민족과 제국의 지도자이자 총리로서 나는 역사 앞에서 이제 내 고향이 독일제국에 편입되었음을 알립니다."[55] "하나의 민족, 하나의 국가, 하나의 지도자!"라는 외침이 광장을 메웠다. 열광과 탄성과 흥분이 빈을 휩쓸었다.

이어 10월에는 독일계 주민 350만 명이 거주하는 체코 수데텐 지역이 독일에 통합됐다. 이듬해 3월 히틀러는 체코의 본토마저 병합했다. 이제 드러날 대로 드러난 야수의 발톱은 감추려야 감출 수도 없었다. 히틀러의 시간표에는 아직 남아 있는 것이 더 있었다. 영국과 동맹을 맺는 일이었다. 그것은 동부의 광대한 땅을 정복하려면 꼭 필요한 후방 안전책이었다. 그러나 영국은 히틀러의 뜻을 완강히 거부했다. 사태가 틀어지기 시작했다. 자신이 살아 있는 동안 대업을 완수해야 한다는 초조감에 쫓긴 히틀러는 어쩔 수 없이 먼저 러시아와 불가침조약을 맺었다. 1939년 8월 23일이었다. 후방을 제압한 뒤 최종 목표물에 덤벼들자는 계산이었다. 모스크바 조약이 체결되고 일 주일 뒤인 9월 1일 히틀러는 폴란드로 탱크를 들이밀었다. 폴란드와 동맹조약을 맺은 영국과 프랑스도 즉각 선전포고를 했다. 2차 세계대전이 터졌다. 독일군은 숨 돌릴 틈도 주지 않고 바르샤바를 무너뜨렸다. 이듬해 5월 히틀러는 벨기에 · 네덜란드 · 룩셈부르크를 치고 곧바로 프랑스를 향해 진격했다. 모든 것이 역사상 유례가 없는 전격전이었다. 한 달 만에 파리가 무너졌다. 6월 24일 히틀러는 정복자로서 파리의 샹젤리제 거리를 지나 개선문을 통과했다. 그의 생애 최고의 순간이었다.

한 달 전 영국 새 총리가 된 윈스턴 처칠(1874~1965)은 취임 연설에서 자신은 이 나라에 "피와 고난과 눈물과 땀밖에는 제공할 것이 없다"라고 말했다. 처칠의 등장은 유럽에 작은 희망의 신호였다. 저 무시무시한 독일의 독재자에게 굴복하는 것이 유럽이 떠안은 어쩔 수 없는 운명이라는 널리 퍼진 패배감을 영국 신임 총리는 처음으로 흔들었다. 처칠은 어떤 상황에서도 전쟁을 계속할 것이라는 확고한 결심을 의회에서 밝혔다. 히틀러는 다시 한 번 타협책을 찾았으나 완고한 영국인의 마음을 돌려놓을 수는 없었다. 히틀러의 시간표에 따르면 마지막 열차가 떠나야 했다. 1941년 6월 22일 히틀러는 소련 침공 명령을 내렸다. 공격 전날 밤 그는 이렇게

1943년 4월 10일 베를린의 기차역에서 히틀러가 전쟁 동맹국 이탈리아의 수반 무솔리니를 맞이하고 있다.

말했다. "마치 어둡고, 한 번도 본 적이 없는 방으로 통하는 문 앞에서 저 문 뒤에 무엇이 있는지도 모르고 서 있는 것 같다."[56)]

그것은 죽음을 향해 돌진하는 자살자의 태도였다. 더 큰 모험, 더 큰 위험, 더 큰 공포에 뛰어드는 것만이 자기 내부의 불안을 잠재울 수 있기라도 하는 양 그는 마지막 도박에 절망적으로 판돈을 걸었다. '바르바로사 작전'이란 이름이 붙은 히틀러의 소련 침공은 인류 역사상 최대 규모의 작전이었다. '파라오 콤플렉스'라고 지칭할 수 있는, 거대한 것에 대한 그의 유아적 탐닉은 군사 작전에서조차 유례없는 크기로 아찔하게 제 모습을 드러냈다. 180개 사단으로 이루어진 400만 명의 군인, 자동차 60만 대, 전차 3580대, 비행기 2740대가 모스크바를 향해 진군했다. 소련 진격을 앞두고 히틀러는 250명의 고위 장교를 모아놓고 앞에 놓인 전쟁의 새로운 성격을 설명했다.

> 이 싸움은 세계관의 전쟁이고 인종 전쟁이며, 전례 없고 무자비하고 가차 없는 엄혹성을 가지고 수행되어야 할 것이다.[57)]

> 볼셰비즘에 대한 파괴 판결은 반사회적인 범죄를 향한 것과 같다. 공산주의는 미래에 대한 엄청난 위협이다. 우리는 병사의 동지애라는 관점에서 벗어나야 한다. 공산주의는 전에도 동지가 아니었고, 뒤에도 동지가 아니다. 절멸 정책이 중요하다.[58)]

이 전쟁은 히틀러가 망상 속에서 그렸던 거대 생존 공간 확보 전쟁이자 공산주의에 대한 세계관의 전쟁이었다. 친위대 대장 하인리히 힘러가 이끄는 안전경찰 부대에게는 작전 지역에서 '특수 임무'를 수행하라는 임무가 떨어졌다. 모든 유대인, 모든 아시아 소수 민족, 모든 공산당 간부, 모든 집시를 죽이는 것이었다. 야수의 냉혹함으로, 또 얼마 뒤 유대인 수용소에서 더 큰 규모로 이루어질 기계적 정확성으로 특수 부대는 이 인간 살육 작전을 수행했다.

본진의 공격 속도는 광포했다. 믿지 못할 정도의 압도적인 승리가 계속됐다. 히틀러는 늦어도 9월 중순이면 모스크바가 함락될 것이라고 믿었다. 그러나 초기의 전격전은 시간이 갈수록 둔탁해졌다. 예정보다 두 달이나 지체된 10월 2일 마침내 모스크바 공격이 시작됐다. 곧 찬 비가 내리고 얼음이 얼더니 매서운 북극의 추위가 닥쳐왔다. 월동 준비가 안 된 독일군은 무방비 상태였다. 소련의 '붉은 군대'가 반격에 나섰다. 그 무렵 일본이 진주만을 공습했다. 전쟁은 유럽을 넘어 미국이 직접 개입한 전 지구적 차원의 전쟁으로 커졌다. 히틀러의 처지에서 보면 모든 것이 엉망이 되었다.

1942년 말 스탈린그라드는 전쟁의 전환점을 이루는 사상 최악의 격전지가 되었다. 전략적 거점이자 스탈린이라는 이름으로 두 나라에 모두 심리적 거점이기도 했던 이 도시를 두고 독일과 러시아는 총력전을 펴부었다. 전투가 길어지면서 '탈환이냐 사수냐'는 군사 심리학상 결정적인 것이 됐다. 1943년 2월 2일 스탈린그라드를 지키던 독일군의 군대가 항복함으로써 전세는 일순간에 소련 쪽으로 넘어갔다. 이제 동부와 서부 모든 전선에서 독일군의 위축이 두드러졌다.

1944년 6월 6일 연합군은 노르망디 상륙작전을 성공시켰다. 절망감에 사로잡힌 히틀러는 마지막 한 사람까지 저항하라는 구호만 반복했다. 시시각각으로 적군이 독일의 목을 조여왔다. 7월 20일 클라우스 폰 슈타우펜베르크 대령이 히틀러 암살을 기도했다. 총통사령부 작전회의실 회의 탁자 밑에서 폭탄이 터졌다. 히틀러는 경미한 상처만 입었을 뿐 무사했다. 기적 같은 일이었다. 이 사건은 절망감에 사로잡혀 있던 그에게 다시 한 번 섭리의 개입과 구원의 느낌을 불러일으켰다. "모든 것을 한번 더 되살려보면 나로서는 사태가 분명해집니다. 내게는 아무 일도 일어나지 않는다는 것이죠."[59]

그러나 구원은 오지 않았다. 1944년 9월 서부 전선에서 독일 영토로 연합군이 진격해 들어왔다. 이듬해 1월에는 동부 전선의 소련군 부대가 독일 영토에 탱크를 들이밀었다. 사방이 포위된 히틀러는 총통 관저 뜰 지하 10미터에 만들어놓은 벙커로 피신했다. 1930년대 초부터 히틀러는 "우리가 몰락한다면 세계의 절반을 함께 몰락으로 끌고 갈 것이다"라고 여러 차례 밝혔다. 그리고 독일 민족에 대해서도 '세계 정복 아니면 절멸'이라는 과격한 이분법을 강요했다. 히틀러는 독일 내부의 모든 것을 불태우라고, 적에게 문명의 폐허만 남겨주라고, 모든 것을 파괴하라고 명령했다. 거의 비현실적인 파괴 열망이 그를 사로잡았다. 세계가 불타고 신들이 몰락하는 바그너적 모티프들을 적군의 진격에 한없이 망가져 가는 독일 땅 안에서 재현하려 했다.

1945년 4월 16일 소련은 250만 병사로 베를린 공략에 나섰다. 모든 것들이 무너지고 망가진 폐허의 도시 지하 벙커에서 히틀러는 죽음을 결심했다. 그는 최근에 벙커로 온 그의 애인 에바 브라운과 결혼식을 올렸다. 총통은 결혼하지 않는다는 선언을 히틀러는 최후의 순간에 깨뜨렸다. 이어 유서가 작성됐다. 히틀러는 정치적 유서에서 '국제유대주의와 그 하수인'에 대한 한없는 증오를 이야기했다. 1919년 선동가로서 정치 세계에 첫 발을 내디딜 때와 똑같은 목소리로 이 죽음의 순간에도 그는 반유대주의 신념을 다시 밝혔다.

4월 30일 오후 히틀러는 부인이 된 에바 브라운과 벙커 안에서 자살했다. 그의 요청대로 시신은 벙커 밖 총통 관저 뜰에서 불태워졌다. 그의 죽음은 바그너의 4부작 〈니벨룽겐의 반지〉 마지막 작품 〈신들의 황혼〉 중 최후의 장면을 재현한 것이었다. 영웅 지크프리트의 시체가 불에 탈 때 멀리서 신들의 세계가 붕괴하듯이, 히틀러의 시신은 소련군의 포격에 무너지는 베를린 한가운데서 지크프리트처럼 타올랐던 것이다. 유사 이래 가장 광포한 상상력을 정치 현실에서 펼쳤던 인간, 모든 척도를 뛰어넘는 무시무시한 에너지로 세계를 열광시키고 세계를 공포에 떨게 했던 인간, 아돌프 히틀러의 출현과 몰락으로 인류는 끔찍하고도 아득한 새로운 체험의 지평 위에 놓였다.

개정판 머리말

1) 한나 아렌트, 《난간 없이 사유하기》, 신충식 옮김, 문예출판사, 2023, 715쪽.

머리말

1) 로버트 서비스, 《스탈린, 강철권력》, 윤길순 옮김, 교양인, 2007, 989쪽.
2) 같은 책, 80쪽.
3) 밀란 쿤데라, 《참을 수 없는 존재의 가벼움》, 이재룡 옮김, 민음사, 1999, 230쪽.
4) 같은 책, 230쪽.
5) 같은 책, 231쪽.
6) 장 이폴리트, 《헤겔의 정신현상학 1》, 이종철 · 김상환 옮김, 문예출판사, 1986, 205쪽.
7) 같은 책, 213쪽; 게오르크 헤겔, 《정신현상학 1》, 임석진 옮김, 한길사, 2005, 226쪽.
8) 알베르 카뮈, 《시지프의 신화》, 김화영 옮김, 책세상, 1997, 185~186쪽.

장 자크 루소

1) 장 자크 루소, 《고백》, 김봉구 옮김, 박영률출판사, 2005, 11쪽; 게오르크 홀름스텐, 《루소》, 한미희 옮김, 한길사, 1997, 19~20쪽.
2) 루소, 《고백》, 12쪽.
3) 같은 책, 13쪽.
4) 같은 책, 70쪽.
5) 같은 책, 26쪽; 이용철, 《루소: 분열된 영혼》, 태학사, 2006, 35~36쪽.
6) 루소, 《고백》, 38쪽.

7) 같은 책, 46쪽.
8) 이용철, 《루소: 분열된 영혼》, 44~45쪽; 루소, 《고백》, 52~53쪽.
9) 루소, 같은 책, 117쪽.
10) 같은 책, 192쪽.
11) 같은 책, 228쪽.
12) 홀름스텐, 《루소》, 59~60쪽; 루소, 《고백》, 241쪽.
13) 장 자크 루소, 《고독한 산책자의 몽상》, 김중현 옮김, 한길사, 2000, 208쪽.
14) 이용철, 《루소: 분열된 영혼》, 137~138쪽.
15) 루소, 《고백》, 348쪽.
16) 홀름스텐, 《루소》, 87쪽.
17) 같은 책, 87~88쪽.
18) 이용철, 《루소: 분열된 영혼》, 165쪽.
19) 같은 책, 165쪽.
20) 홀름스텐, 《루소》, 80쪽.
21) 윌리엄 랭어 엮음, 《뉴턴에서 조지 오웰까지—서양 근현대사 깊이 읽기》, 박상익 옮김, 푸른역사, 2004, 230쪽.
22) 이용철, 《루소: 분열된 영혼》, 153쪽.
23) 루소, 《고백》, 369쪽.
24) 홀름스텐, 《루소》, 96쪽에서 재인용.
25) 같은 책, 93쪽에서 재인용.
26) 장 자크 루소, 《인간 불평등 기원론》, 주경복 · 고봉만 옮김, 책세상, 2003, 140쪽.
27) 같은 책, 95쪽; 홀름스텐, 《루소》, 104~105쪽.
28) 홀름스텐, 같은 책, 105쪽.
29) 같은 책, 106쪽.
30) 루소, 《인간 불평등 기원론》, 177~178쪽.
31) 빌헬름 바이셰델, 《철학의 에스프레소》, 안인희 옮김, 아이콘C, 2004, 269쪽.
32) 같은 책, 267쪽.
33) 장 자크 루소, 《신엘로이즈》, 1부 '스물네 번째 편지'; 이용철, 《루소: 분열된

영혼》, 246쪽에서 재인용.

34) 홀름스텐, 《루소》, 139쪽에서 재인용.

35) 같은 책, 142쪽에서 재인용.

36) 장 자크 루소, 《에밀》, 김중현 옮김, 한길사, 2003, 53쪽.

37) 같은 책, 328쪽.

38) 같은 책, 208쪽.

39) 같은 책, 349쪽.

40) 같은 책, 346~347쪽.

41) 장 자크 루소, 《사회계약론》, 이환 옮김, 서울대출판부, 1999, 20~21쪽. 번역자는 일반의지를 '전체의사'라고 옮겼으나, 일반적으로 통용되는 표현을 따라 '일반의지'로 바꾸었다.

42) 홀름스텐, 《루소》, 168~169쪽에서 재인용.

43) 루소, 《고백》, 618쪽.

44) 이용철, 《루소: 분열된 영혼》, 258쪽.

45) 홀름스텐, 《루소》, 193쪽.

46) 이성형, 〈볼테르의 계몽주의 사상〉, 이근식 · 황경식 엮음, 《자유주의의 원류》, 철학과현실사, 2003, 299쪽.

47) A. 듀랜트 · W. 듀랜트, 《루소와 혁명》, 205쪽; 홀름스텐, 《루소》, 193~196쪽에서 재인용.

48) 아르놀트 하우저, 《문학과 예술의 사회사 3》, 반성완 · 백낙청 · 염무웅 옮김, 창비, 1999, 99쪽.

49) 홀름스텐, 《루소》, 203~204쪽.

50) 하우저, 《문학과 예술의 사회사 3》, 100쪽.

51) 루소, 《고독한 산책자의 몽상》, 25쪽.

52) 같은 책, 138쪽.

53) 루소, 《인간 불평등 기원론》, 125쪽.

54) 루소, 《사회계약론》, 12쪽.

55) 같은 책, 90쪽.

56) 루소, 《에밀》, 856쪽.

57) 홀름스텐, 《루소》, 231쪽.

58) 하우저, 《문학과 예술의 사회사 3》, 102쪽.

미셸 푸코

1) 디디에 에리봉, 《미셸 푸코 상》, 박정자 옮김, 시각과언어, 1995, 45쪽.

2) 같은 책, 1995, 60쪽.

3) 같은 책, 1995, 60쪽.

4) 같은 책, 1995, 61쪽.

5) 같은 책, 1995, 63~64쪽.

6) 이진경, 《자본을 넘어선 자본》, 그린비, 2005, 328~329쪽.

7) 에리봉, 《미셸 푸코 상》, 166쪽.

8) 미셸 푸코, 《광기의 역사》 초판 서문; 에리봉, 《미셸 푸코 상》, 172~173쪽에서 재인용.

9) 미셸 푸코, 《광기의 역사》, 이규현 옮김, 나남출판, 2003, 767쪽; 에리봉, 《미셸 푸코 상》, 178쪽.

10) 미셸 푸코, 《푸코의 맑스—두치오 트롬바도리와의 대담》, 이승철 옮김, 갈무리, 2004, 77쪽.

11) 푸코, 《광기의 역사》, 815쪽; 에리봉, 《미셸 푸코 상》, 180쪽.

12) 에리봉, 같은 책, 215쪽.

13) 같은 책, 275쪽.

14) 미셸 푸코, 《말과 사물》, 이정우 옮김, 민음사, 1986, 439~440쪽; 에리봉, 《미셸 푸코 상》, 280~281쪽.

15) 푸코, 《푸코의 맑스—두치오 트롬바도리와의 대담》, 103쪽.

16) 미셸 푸코, 《지식의 고고학》, 이정우 옮김, 민음사, 2000, 41쪽.

17) 푸코, 《푸코의 맑스—두치오 트롬바도리와의 대담》, 130~134쪽.

18) 같은 책, 35~36쪽.

19) 미셸 푸코, 《담론의 질서》, 이정우 옮김, 새길, 1993, 33쪽.

20) 디디에 에리봉, 《미셸 푸코 하》, 박정자 옮김, 시각과언어, 1995, 50쪽

21) 에리봉, 《미셸 푸코 상》, 99쪽.

22) 같은 책, 99~100쪽.

23) 푸코, 〈부록1 — 지식과 권력: 푸코와 들뢰즈의 대화〉, 《푸코의 맑스 — 두치오 트롬바도리와의 대담》, 191~192쪽.

24) 같은 책, 140쪽.

25) 미셸 푸코, 《성의 역사 1: 앎의 의지》, 14쪽; 에리봉, 《미셸 푸코 상》, 129쪽.

26) 미셸 푸코, '이념의 르포르타주', 〈코리에레 델라 세라〉, 1978년 11월 12일; 에리봉, 《미셸 푸코 상》, 149쪽.

27) 에리봉, 같은 책, 158~159쪽.

28) 같은 책, 208쪽.

29) 이광래, 《미셸 푸코》, 민음사, 1989, 305쪽.

30) 〈에스프레소〉(1984년 7월 15일), 61쪽; 〈영어판 옮긴이 서문〉, 《푸코의 맑스 — 두치오 트롬바도리와의 대담》, 26쪽에서 재인용.

31) 프레데리크 그로 외, 《미셸 푸코 진실의 용기》, 심세광 외 옮김, 길, 2006, 23쪽.

32) 김태원, '후기 푸꼬를 어떻게 읽을 것인가', 〈안과밖〉 21호, 창비, 2006, 200쪽.

33) 김태원, '후기 푸꼬를 어떻게 읽을 것인가', 같은 책, 187쪽에서 재인용.

루트비히 비트겐슈타인

1) 데이비드 에드먼즈 · 존 에이디노, 《비트겐슈타인은 왜?》, 김태환 옮김, 웅진닷컴, 2001, 105쪽.

2) 레이 몽크, 《루드비히 비트겐슈타인》, 남기창 옮김, 문화과학사, 2000, 48쪽에서 재인용.

3) 같은 책, 43쪽.

4) 앨런 재닉 · 스티븐 툴민, 《빈, 비트겐슈타인, 그 세기말의 풍경》, 석기용 옮김, 이제이북스, 2005, 145쪽.

5) 같은 책, 43쪽.

6) 같은 책, 157~158쪽.

7) 아돌프 로스, 《장식과 범죄》, 현미정 옮김, 소오건축, 2006, 292쪽.

8) 재닉 · 툴민, 《빈, 비트겐슈타인, 그 세기말의 풍경》, 149쪽.

9) 몽크, 《루드비히 비트겐슈타인》, 62쪽.

10) 쿠르트 부흐테를 · 아돌프 휘프너, 《비트겐슈타인》, 최경은 옮김, 한길사, 1999, 52쪽.
11) 에드먼즈 · 에이디노, 《비트겐슈타인은 왜?》, 60쪽.
12) 몽크, 《루드비히 비트겐슈타인》, 74쪽.
13) 같은 책, 76쪽; 박병철, 《비트겐슈타인》, 이룸, 2003, 28쪽.
14) 부흐테를 · 휘프너, 《비트겐슈타인》, 57쪽.
15) 에드먼즈 · 에이디노, 《비트겐슈타인은 왜?》, 78쪽.
16) 몽크, 《루드비히 비트겐슈타인》, 168쪽.
17) 루트비히 비트겐슈타인, 《논리 · 철학 논고》, 이영철 옮김, 천지, 1991, 34쪽.
18) 같은 책, 143쪽.
19) 에드먼즈 · 에이디노, 《비트겐슈타인은 왜?》, 109쪽.
20) 몽크, 《루드비히 비트겐슈타인》, 340쪽.
21) 같은 책, 326쪽.
22) 같은 책, 340쪽.
23) 재닉 · 툴민, 《빈, 비트겐슈타인, 그 세기말의 풍경》, 361쪽.
24) 몽크, 《루드비히 비트겐슈타인》, 342~343쪽.
25) 에드먼즈 · 에이디노, 《비트겐슈타인은 왜?》, 37쪽.
26) 같은 책, 40쪽.
27) 같은 책, 217쪽.
28) 몽크, 《루드비히 비트겐슈타인》, 498쪽.
29) 같은 책, 788쪽.
30) 박병철, 《비트겐슈타인》, 61쪽.
31) 부흐테를 · 휘프너, 《비트겐슈타인》, 191쪽.
32) 이승종, 《비트겐슈타인이 살아 있다면》, 문학과지성사, 2002, 7~8쪽.

프란츠 카프카

1) 클라우스 바겐바흐, 《프라하의 이방인 카프카》, 전영애 옮김, 한길사, 96쪽.
2) 클로드 티에보, 《카프카—변신의 고통》, 김택 옮김, 시공사, 1999, 표지 날개에서 재인용.

3) 프란츠 카프카, 《카프카의 아버지께 드리는 편지》, 정초일 옮김, 푸른숲, 1999, 25쪽.
4) 같은 책, 180~181쪽.
5) 같은 책, 123쪽.
6) 같은 책, 124~125쪽.
7) 박홍규, 《카프카, 권력과 싸우다》, 미토, 2003, 152쪽.
8) 같은 책, 253쪽에서 재인용.
9) 같은 책, 275쪽.
10) 바겐바흐, 《프라하의 이방인 카프카》, 73쪽에서 재인용.
11) 카프카, 《카프카의 아버지께 드리는 편지》, 116쪽.
12) 박홍규, 《카프카, 권력과 싸우다》, 330쪽.
13) 프란츠 카프카, 《카프카의 편지 — 약혼녀 펠리체 바우어에게》, 변난수 · 권세훈 옮김, 솔, 2002, 911~912쪽; 박홍규, 《카프카, 권력과 싸우다》, 418~420쪽.
14) 바겐바흐, 《프라하의 이방인 카프카》, 167쪽.
15) 마르트 로베르, 《프란츠 카프카의 고독》, 이창실 옮김, 동문선, 2003, 149쪽.
16) 같은 책, 149~150쪽.
17) 박홍규, 《카프카, 권력과 싸우다》, 323쪽.
18) 카프카, 《카프카의 편지 — 약혼녀 펠리체 바우어에게》, 17쪽.
19) 바겐바흐, 《프라하의 이방인 카프카》, 132쪽.
20) 같은 책, 184쪽.
21) 프란츠 카프카, 《밀레나에게 보내는 편지》, 박환덕 옮김, 범우사, 2003, 20쪽.
22) 티에보, 《카프카 — 변신의 고통》, 104쪽.
23) 카프카, 《카프카의 아버지께 드리는 편지》, 41~42쪽.
24) 이진경, '카프카: 큐비즘적 서사공간과 욕망의 건축술', 〈문학과 경계〉(2001 · 여름 · 창간호), 문학과경계, 2001, 8쪽.
25) 티에보, 《카프카 — 변신의 고통》, 129쪽에서 재인용.

나쓰메 소세키

1) 히야마 히사오, 《루쉰과 소세키 — 동양적 근대의 창출》, 정선태 옮김, 소명출

판, 2000, 45쪽.

2) 오경, 《가족관계로 읽는 소세키 문학》, 보고사, 2003, 49쪽에서 재인용.

3) 같은 책, 22쪽에서 재인용.

4) 유상희, 《나쓰메 소세키 연구》, 보고사, 2001, 25~26쪽에서 재인용.

5) 같은 책, 34쪽에서 재인용.

6) 미요시 유키오 엮음, 《일본 근대문학의 최고작가 나쓰메 소세키 서간집—소가 되어 인간을 밀어라》, 이종수 옮김, 미다스북스, 2004, 211쪽. 1906년 고미야 도요타가에게 보낸 편지.

7) 같은 책, 45쪽.

8) 히야마 히사오, 《루쉰과 소세키—동양적 근대의 창출》, 29쪽.

9) 나쓰메 소세키, 〈나의 개인주의〉, 《나의 개인주의 외》, 김정훈 옮김, 책세상, 2004, 51쪽.

10) 미요시 유키오 엮음, 《일본 근대문학의 최고작가 나쓰메 소세키 서간집—소가 되어 인간을 밀어라》, 8쪽 역자 서문에서 재인용.

11) 같은 책, 8쪽 역자 서문에서 재인용.

12) 같은 책, 84쪽.

13) 같은 책, 94쪽.

14) 유상희, 《나쓰메 소세키 연구》, 60쪽.

15) 미요시 유키오 엮음, 《일본 근대문학의 최고작가 나쓰메 소세키 서간집—소가 되어 인간을 밀어라》, 94쪽.

16) 유상희, 《나쓰메 소세키 연구》, 81쪽.

17) 가라타니 고진, 《일본 근대 문학의 기원》, 박유하 옮김, 민음사, 1997, 18쪽에서 재인용.

18) 나쓰메 소세키, 〈나의 개인주의〉, 《나의 개인주의 외》, 55쪽.

19) 미요시 유키오 엮음, 《일본 근대문학의 최고작가 나쓰메 소세키 서간집—소가 되어 인간을 밀어라》, 116쪽.

20) 나쓰메 소세키, 〈문학론 서〉, 《나의 개인주의 외》, 29쪽.

21) 유상희, 《나쓰메 소세키 연구》, 88쪽에서 재인용.

22) 나쓰메 소세키, 〈나의 개인주의〉, 《나의 개인주의 외》, 32쪽.

23) 같은 책, 55쪽.
24) 유상희, 《나쓰메 소세키 연구》, 103쪽.
25) 나쓰메 소세키, 《풀베개》, 오석윤 옮김, 책세상, 2005, 186~187쪽.
26) 유상희, 《나쓰메 소세키 연구》, 191쪽에서 재인용.
27) 같은 책, 159쪽에서 재인용.
28) 히야마 히사오, 《루쉰과 소세키—동양적 근대의 창출》, 105쪽에서 재인용.
29) 같은 책, 105쪽.
30) 나쓰메 소세키, 〈점두록〉, 《나의 개인주의 외》, 173쪽.
31) 미요시 유키오 엮음, 《일본 근대문학의 최고작가 나쓰메 소세키 서간집—소가 되어 인간을 밀어라》, 199쪽.

조제프 푸셰

1) 슈테판 츠바이크, 《어느 정치적 인간의 초상》, 강희영 옮김, 리브로, 1998, 9~10쪽에서 재인용.
2) 장 마생, 《로베스피에르, 혁명의 탄생》, 양희영 옮김, 교양인, 2005, 367~369쪽.
3) 같은 책, 364쪽.
4) 츠바이크, 《어느 정치적 인간의 초상》, 39쪽.
5) 알베르 마티에즈, 《프랑스 혁명사 하》, 김종철 옮김, 창작과비평사, 1982, 465쪽.
6) 같은 책, 481~482쪽.
7) 츠바이크, 《어느 정치적 인간의 초상》, 45~49쪽.
8) 마티에즈, 《프랑스 혁명사 하》, 590쪽.
9) 같은 책, 590쪽.
10) 알베르 소불, 《프랑스 대혁명사 하》, 최갑수 옮김, 두레, 1994, 43~44쪽.
11) 장 마생, 《로베스피에르, 혁명의 탄생》, 625쪽.
12) 같은 책, 643쪽.
13) 같은 책, 650쪽.
14) 같은 책, 653쪽.
15) 같은 책, 664쪽; 마티에즈, 《프랑스 혁명사 하》, 605쪽.

16) 장 마생, 《로베스피에르, 혁명의 탄생》, 649쪽.
17) 츠바이크, 《어느 정치적 인간의 초상》, 143쪽.
18) 같은 책, 151쪽.
19) 이저 월로치, 《나폴레옹의 싱크탱크들》, 차재호 옮김, 홍익출판사, 2001, 212쪽.
20) 츠바이크, 《어느 정치적 인간의 초상》, 342쪽.

세르게이 네차예프

1) 가라타니 고진, 《마르크스 그 가능성의 중심》, 김경원 옮김, 이산, 1999, 7쪽.
2) 안나 그리고리예브나 도스토예프스카야, 《도스또예프스끼와 함께한 나날들》, 최호정 옮김, 그린비, 2003, 273~274쪽.
3) 콘스탄틴 모출스키, 《도스토예프스키》 제2권, 김현택 옮김, 책세상, 2000, 619쪽.
4) 장 프레포지에, 《아나키즘의 역사》, 이소희 외 옮김, 이룸, 2003, 390쪽.
5) 니콜라이 체르니셰프스키, 《무엇을 할 것인가》, 서정록 옮김, 열린책들, 2003, 373쪽.
6) 같은 책, 8쪽. '역자의 말'에서 재인용.
7) 같은 책, 379쪽.
8) 필립 폼퍼, 《네차예프, 혁명가의 교리문답》, 윤길순 옮김, 교양인, 2006, 123쪽.
9) 같은 책, 167쪽.
10) 같은 책, 168쪽.
11) 알베르 카뮈, 《반항하는 인간》, 김화영 옮김, 책세상, 2003, 269쪽.
12) E. H. 카, 《반역아 미하일 바쿠닌》, 박순식 옮김, 종로서적, 1989, 279쪽.
13) 폼퍼, 《네차예프, 혁명가의 교리문답》, 279~280쪽.
14) 카, 《반역아 미하일 바쿠닌》, 280~281쪽.
15) 카뮈, 《반항하는 인간》, 269쪽.
16) 〈혁명가의 교리문답〉은 《네차예프, 혁명가의 교리문답》(필립 폼퍼) 214~221쪽에서 재인용.
17) 폴 애브리치, 《아나키스트의 초상》, 하승우 옮김, 갈무리, 2004, 74쪽.
18) 폼퍼, 《네차예프, 혁명가의 교리문답》, 209쪽.

19) 같은 책, 287쪽.
20) 카뮈, 《반항하는 인간》, 272쪽.
21) 폼퍼, 《네차예프, 혁명가의 교리문답》, 258쪽.
22) 같은 책, 453쪽.
23) 애브리치, 《아나키스트의 초상》, 93~96쪽.
24) 카뮈, 《반항하는 인간》, 490쪽.

아돌프 히틀러

1) 요아힘 페스트, 《히틀러 평전 1》, 안인희 옮김, 푸른숲, 1998, 53쪽.
2) 아돌프 히틀러, 《나의 투쟁 상》, 서석연 옮김, 범우사, 1999, 31쪽.
3) 월터 C. 랑거, 《히틀러의 정신분석》, 최종배 옮김, 솔, 1999, 156쪽.
4) 하랄트 슈테판, 《아돌프 히틀러》, 최경은 옮김, 한길사, 1997, 30쪽.
5) 랑거, 《히틀러의 정신분석》, 215쪽.
6) 같은 책, 247~248쪽.
7) 요아힘 페스트, 《히틀러 최후의 14일》, 안인희 옮김, 교양인, 2005, 191쪽.
8) 랑거, 《히틀러의 정신분석》, 168쪽.
9) 페스트, 《히틀러 평전 1》, 68쪽.
10) 슈테판, 《아돌프 히틀러》, 42쪽.
11) 페스트, 《히틀러 평전 1》, 102쪽.
12) 같은 책, 102쪽.
13) 랑거, 《히틀러의 정신분석》, 173쪽.
14) 히틀러, 《나의 투쟁 상》, 37쪽.
15) 페스트, 《히틀러 평전 1》, 639쪽.
16) 같은 책, 97쪽.
17) 히틀러, 《나의 투쟁 상》, 96쪽.
18) 같은 책, 189~190쪽.
19) 페스트, 《히틀러 평전 1》, 130쪽; 히틀러, 《나의 투쟁 상》, 233쪽.
20) 히틀러, 《나의 투쟁 상》, 241쪽.
21) 슈테판, 《아돌프 히틀러》, 65쪽.

22) 같은 책, 67쪽.
23) 랑거, 《히틀러의 정신분석》, 55쪽.
24) 같은 책, 219쪽.
25) 슈테판, 《아돌프 히틀러》, 70쪽.
26) 히틀러, 《나의 투쟁 상》, 292~293쪽.
27) 같은 책, 294쪽.
28) 랑거, 《히틀러의 정신분석》, 55쪽.
29) 히틀러, 《나의 투쟁 상》, 295쪽.
30) 페스트, 《히틀러 평전 1》, 208쪽.
31) 히틀러, 《나의 투쟁 상》, 316쪽.
32) 같은 책, 319쪽.
33) 같은 책, 506쪽.
34) 페스트, 《히틀러 평전 1》, 217쪽.
35) 히틀러, 《나의 투쟁 상》, 525~526쪽.
36) 같은 책, 306쪽.
37) 같은 책, 165~166쪽.
38) 같은 책, 79쪽; 페스트, 《히틀러 평전 1》, 113쪽.
39) 페스트, 《히틀러 평전 1》, 255쪽.
40) 슈테판, 《아돌프 히틀러》, 95~96쪽.
41) 페스트, 《히틀러 평전 1》, 263~264쪽.
42) 같은 책, 277쪽.
43) 같은 책, 342쪽.
44) 히틀러, 《나의 투쟁 상》, 180~181쪽.
45) 랑거, 《히틀러의 정신분석》, 266쪽.
46) 뤼디거 자프란스키, 《니체—그 생애와 사상의 전기》, 오윤희 옮김, 문예출판사, 2003, 400~401쪽.
47) 페스트, 《히틀러 평전 1》, 413쪽.
48) 랑거, 《히틀러의 정신분석》, 70쪽.
49) 슈테판, 《아돌프 히틀러》, 88쪽.

50) 같은 책, 136쪽.

51) 페스트, 《히틀러 평전 1》, 632쪽.

52) 요아힘 페스트, 《히틀러 평전 2》, 안인희 옮김, 푸른숲, 1998, 760쪽.

53) 같은 책, 916쪽.

54) 같은 책, 918쪽.

55) 같은 책, 972쪽.

56) 같은 책, 1122쪽.

57) 존 키건, 《2차세계대전사》, 류한수 옮김, 청어람미디어, 2007, 279쪽.

58) 페스트, 《히틀러 평전 2》, 1126쪽.

59) 같은 책, 1221쪽.

광기와 천재

2024년 1월 5일 초판 1쇄 발행

- 지은이 ──────── 고명섭
- 펴낸이 ──────── 한예원
- 편집 ───────── 이승희, 윤슬기, 양경아, 김지희, 유가람
- 본문조판 ────── 성인기획
- 펴낸곳 교양인

우 04015 서울 마포구 망원로6길 57 3층
전화 : 02)2266-2776 팩스 : 02)2266-2771
e-mail : gyoyangin@naver.com

ISBN 979-11-93154-18-2 03900